Über dieses Buch

Wer bestimmte Äußerungsformen der Sexualität moralisch verurteilt und die Macht hat, diesen Anspruch Gesetz werden zu lassen, der übt Herrschaft aus — sei es mittels religiöser Sündenregister oder über Strafgesetzbücher. Die Frage nach der Legitimität der für uns gültigen Bestimmungen muß immer wieder entschieden an die gestellt werden, die solche Herrschaft ausüben.

Ehe man darauf vorschnell eine ideologisch gefärbte oder religiös verklemmte Antwort wagt, sollte gründlich untersucht werden, was menschliche Sexualität bedeutet, wie sie sich äußert, in welchen Formen verschiedene Gesellschaften damit »fertig geworden« sind. Denn die Frage, was als »normal« *gilt* und was vielleicht »normal« *ist*, was als unzüchtig *gilt* und was unzüchtig *ist*, bedarf ernsthafterer Diskussionen, als bisher zumeist geschehen.

Der Autor nennt sein Buch daher einen aus aktuellem Anlaß unternommenen Versuch, die umstrittene Problematik »Sexualität und Pornographie« vor allem in ihren gesellschaftlichen Zusammenhängen wissenschaftlich und gleichzeitig verstehbar zu vermitteln. — Das Buch ist die überarbeitete und erweiterte Fassung einer Serie, die im Frühjahr 1971 in der *Frankfurter Rundschau* erschienen ist. Aus dem Leserecho dazu eine Stimme: »Verglichen mit dem Gros der Literatur zu diesem Thema kommt es einem daher fast wie ein Wunder vor, wenn innerhalb einer Serie von dreißig Folgen nahezu jeder Satz sich unterschreiben läßt, ohne daß zuvor kritische Vorbehalte um der guten Sache willen verdrängt werden müßten.«

Der Autor

Anton-Andreas Guha, geboren 1937, ist seit 1967 Redakteur bei der *Frankfurter Rundschau*. Er studierte Germanistik, Geschichte und Englisch in Erlangen, Soziologie und Psychologie in Frankfurt.

Anton-Andreas Guha

Sexualität und Pornographie

Die organisierte Entmündigung

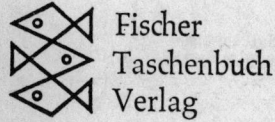

Fischer
Taschenbuch
Verlag

Originalausgabe

Fischer Taschenbuch Verlag
 1.–25. Tausend: Oktober 1971
26.–33. Tausend: Juli 1972

Umschlagentwurf: W. Reniem
unter Verwendung einer Zeichnung

Fischer Taschenbuch Verlag GmbH, Frankfurt am Main
© Fischer Taschenbuch Verlag GmbH, Frankfurt am Main, 1971
Printed in Germany
ISBN 3 436 01467 2

Inhalt

Vorbemerkung

Dieses Buch ist die überarbeitete und erweiterte Fassung einer Serie, die im März und April in der *Frankfurter Rundschau* erschienen ist. Dabei habe ich mich bemüht, die Besonderheiten, die für eine Zeitungsserie gelten, auch der Buchfassung zu erhalten, aus mancherlei Gründen: Ein Journalist wird auch dann, wenn er eine schwierige und kontroverse Problematik in seiner Zeitung darzustellen versucht, nicht vergessen dürfen, daß er grundsätzlich für alle Leser schreibt, denn er ist in einem »Dienstleistungsunternehmen« tätig. Die Leserschaft einer Tageszeitung wie der *Frankfurter Rundschau* aber ist ein Querschnitt der gesamten Bevölkerung — alle Altersgruppen sind vertreten, so gut wie alle Berufe, alle Bildungsstufen und alle sozialen Schichten, alle Temperamente und Charaktere, übrigens auch und schließlich alle nur denkbaren Überzeugungen und Ansichten. Ein hochdifferenziertes Gebilde also, wer wollte es in wenigen Worten beschreiben.

Jeder Leser aber hat einen Anspruch darauf, daß ihn die Zeitung, was auch immer sie ihm an Vielfalt zur Lektüre anbietet, auch informiert (die politische Linie der Zeitung bleibt davon unberührt). Dieser Satz ist freilich leichter geschrieben, als seine Forderung verwirklicht; er stellt den Journalisten vor allem dann vor größte Schwierigkeiten, wenn dieser, wie beim Thema »Sexualität und Pornographie«, die Rolle eines Vermittlers zwischen verschiedenen Wissenschaften und dafür nicht vorgebildeten Lesern übernimmt.

Diese Schwierigkeiten beginnen bereits bei der Sprache. Wollte der Journalist die Sprache der Wissenschaften, hier vor allem der psychologischen und soziologischen, benutzen, so richtete er eine für den allergrößten Teil der Leserschaft unüberwindliche Verständnisbarriere auf; er schriebe für eine exklusive Minderheit und machte sich damit gleichzeitig selbst überflüssig, denn dieses Geschäft könnte dann gleich Wissenschaftlern überlassen werden. Daher ist er gezwungen, die begrifflich-abstrakte Sprache der Wissenschaften (die zuweilen freilich nur ein komplizierter Jargon ist) wie ein Dolmetscher in eine plastische, möglichst »alltägliche« Sprache zu übersetzen. Das wiederum ist nur bis zu einem gewissen Grade möglich, denn die übersetzte Sprache muß so flexibel bleiben, daß sie ihren Gegenstand auch »transportieren«, d. h. fassen und weitervermitteln kann.

Der »Gegenstand«, das sind wissenschaftliche Aussagen und ihre Begründungen: psychologische, soziologische, philosophische und historische, deren Kompliziertheit wiederum Verständigung, und damit Information, erschwert. Der Journalist, der wissenschaftliche Aussagen seiner Leserschaft vermitteln will, muß daher zwangsläufig abermals vereinfachen, die Problematik aufgliedern, sie gewissermaßen flächig darstellen, einige Aspekte herausgreifen und stärker betonen, andere vernachlässigen, sich auch gegebenenfalls wiederholen, damit die Zusammenhänge nicht reißen.

Und damit der so aufbereitete Stoff auch ja nicht langweilig wird — nichts sollte ein Journalist mehr fürchten, als Langeweile beim Leser zu erzeugen —, müssen in das Manuskript hin und wieder »lesbare«, farbige, durchaus unterhaltende Passagen (sogenannte »Feature-Elemente«) eingeflochten werden.

Gleichwohl sind der Aufbereitung und Vereinfachung auch hier Grenzen gesetzt, andernfalls sich der Journalist der Gefahr der Simplifizierung, und damit der Un-Informierung, um nicht zu sagen der objektiven Manipulation, aussetzte. Die wissenschaftliche Fundierung darf nicht verlorengehen.

Die Serie und dieses Buch sind der aus aktuellem Anlaß unternommene Versuch, die umstrittene Problematik »Sexualität und Pornographie« vor allem in ihren gesellschaftlichen Zusammenhängen wissenschaftlich und gleichzeitig verstehbar zu vermitteln. Das überwiegend zustimmende Echo aus der Leserschaft auf die Serie ließen mich vorläufig hoffen, daß dieser Versuch halbwegs gelungen ist. Im übrigen wird die Presse m. E. künftig ihren Anspruch und ihre Aufgaben ohnehin nur dann noch erfüllen können, wenn es ihr gelingt, an der wissenschaftlichen Diskussion teilzuhaben und sie ihrer Leserschaft verstehbar zu vermitteln. Andernfalls werden sich Geschehen und technisch-wissenschaftlich bedingter Wandel vollends so verfremden, daß sie zum unbegriffenen Schicksal werden, dem man sich nur fügen kann. Die kognitiven Fähigkeiten werden mit den rapiden gesellschaftlichen Veränderungen nicht Schritt halten können, was »Realitätsersatz« in jedweder Form ermöglicht. Information für eine breitere Öffentlichkeit wird dann nicht mehr möglich sein.

Frankfurt a. M., im Sommer 1971　　　　*Anton-Andreas Guha*

Erster Teil: Die Dämonisierung der Sexualität

>»Angesichts der aktuellen und potentiellen Schäden, die gegenwärtig der Menschheit von ihren Verwaltern angetan werden, hat das sexuelle Schutzbedürfnis etwas Irres.«
>
> Theodor W. Adorno

1. Die Sex-Welle: brechen die Dämme der Moral?

Ein Mädchenkalender aus dem Jahre 1884 enthielt aus Sorge um die »seelische Sauberkeit« folgenden Ratschlag: »Wenn Du ein Bad nimmst, so streue etwas Sägemehl auf das Wasser, damit Dir der peinliche Anblick Deiner Scham erspart bleibe!«

Diese Denunzierung und Abwertung des menschlichen Körpers erscheint heute als grotesk, ja geradezu als krankhaft. Die Einstellung zur menschlichen Sexualität sei freier und toleranter geworden, das sei ein erheblicher Fortschritt, sagen die Liberalen. »Die Sex- und Porno-Welle vergiftet unsere Jugend, wir werden in den Strudel der sexuellen Anarchie gerissen«, behaupten die Konservativen in unserem Lande, die christlichen Parteien, die christliche oder konservative Presse, die Kirchen und: die Nationalen. Im Grunde genommen habe sich die leibfeindliche Haltung nicht geändert, versichern die anderen, die als »linke Moralapostel« verdächtigt werden, unter ihnen zahlreiche Wissenschaftler.

Die Toleranz in Fragen der Moral und der Sexualität »ist nur Schein«, schreibt beispielsweise der verstorbene Frankfurter Soziologe Theodor W. Adorno. Und die sogenannte »Sex- und Porno-Welle«, die so viel Entsetzen hervorrufe, sei nichts anderes als ein Ergebnis der nach wie vor bestehenden Unterdrükkung der menschlichen Sexualität, meint der Philosoph Arno Plack. Denn in der Gesellschaft, in der Sexualität kein Problem ist, wäre Pornographie völlig reizlos und überflüssig.

Adorno und andere Vertreter der Frankfurter Schule, wie Herbert Marcuse, Jürgen Habermas, Leo Kofler u. a., sehen zwar durchaus eine gewisse Liberalisierung der sexualfeindlichen Moral, aber sie bestreiten, daß sie den Menschen freier mache; sie führen den Abbau eines sexualfeindlichen Normensystems auf die Erfordernisse eines konsumorientierten, spätkapitalistischen Wirtschaftssystems zurück, das nicht mehr den asketischen, lustfeindlichen, sparsamen, in Zucht und Sitte oder in der Furcht vor dem Herrn lebenden Menschen brauche, sondern den beweglichen, genußfreudigen, zumindest erwartungsfrohen Konsumenten und Verbraucher. In letzter Konsequenz bedeutet dies, daß die Moral abhängig wäre von sozio-ökonomischen Bedingungen und den sie leitenden Interessen, wobei diese Interessen aber vom Abbau einiger tradierter Sexualnormen nicht bedroht würden, da es Mittel und Wege gebe, die Sexualbedürfnisse unter — indirekter — Kontrolle zu halten und auszunutzen.

Wie also sollte eine sachliche Orientierung möglich sein angesichts dieser Widersprüchlichkeit der Standpunkte, die (vor

Die Sex-Welle rollt, sichtbar an jedem Zeitschriftenkiosk. Droht der Untergang des Abendlandes, wie viele meinen?

allem von konservativer Seite) mit erbitterten gegenseitigen Angriffen und Vorwürfen verteidigt und behauptet werden? In den sexualpädagogischen Aufklärungsschriften, den »Traktaten« protestantischer und katholischer Theologen und Erzieher, in den Kirchenzeitungen, in der katholischen Familienzeitschrift »Die Stimme der Familie«, aber auch in der konservativen Tages- und Wochenpresse werden viele Beweise dafür vorgebracht, daß »das sittliche Chaos heraufzieht« und »die Dämme der Moral« brechen. Boulevardblätter und Illustrierte zeigten unverhüllt nackte Menschen, sogar »beim Austausch von Intimitäten«. Selbst das Fernsehen, eine Anstalt des öffentlichen

Rechts, mache bereits mit, weswegen es von der konservativ-nationalen »Deutschland-Stiftung« als »Bordell« bezeichnet wird. Ein Großteil unserer Jugend »vergnügt sich bei wüsten Orgien«, halbwüchsige Schüler »pflegten öffentlich Geschlechtsverkehr«, so der CSU-Parteivorsitzende Franz Josef Strauß. Auf den Brettern des Theaters werde der »Geschlechtsverkehr ungeniert ausgeführt«; Schriftsteller wie Günter Grass dürften »Schweinereien« als Kunst verkaufen. Vor den Sexfilmen hat die Freiwillige Selbstkontrolle in Wiesbaden längst kapituliert. Studenten hausen angeblich »wie Schweine« in Kommunen, Familien treiben Partnertausch, und Nachtclubs gehen mit ihren Stripperinnen auf die Dörfer, weil Geld ja nicht stinkt. Tatsächlich gibt es bereits eine zugelassene Sexpartei, und die diversen St.-Pauli-Zeitungen werden nicht eingezogen, sondern dürfen in Millionenauflagen mit dem Slogan werben »Seid nett aufeinander«. Beate Uhses Sex-Läden machen gegen heftige Widerstände steigende Umsätze, das ist wahr, und vor den Ständen der Sex-Messen drängen sich die Menschen zu Tausenden, nachdem sie stundenlang auf den Einlaß gewartet hatten.

»Das Volk tanzt um das Goldene Kalb des Sexus«, resigniert ein katholischer Bischof, und ein protestantischer Moraltheologe beklagt einträchtig mit einem katholischen Kollegen »die sexualisierte Atmosphäre der Gegenwart«.

Einer, der sich in der Kulturgeschichte der Menschheit auskennt, könnte darauf verweisen, daß diese Klagen alte Klagen seien. Eigentlich brächten sie die Moralisten jeder Generation immer wieder aufs neue vor in der gleichen beschwörenden Heftigkeit, und siehe, die Gesellschaft lebe immer noch.

Wir finden solche Schreckensrufe über zunehmende sittliche Verwahrlosung, von der vor allem die Jugend betroffen sei, auf assyrischen Steintafeln ebenso wie auf altägyptischen Papyrusstückchen, altgriechische Sittenmeister brachten sie zu Pergament, desgleichen die ehrwürdigen Kirchenväter, die Stadträte mittelalterlicher Städte, die Erzieher des 18. und 19. Jahrhunderts und so fort durch die Generationen bis in die Gegenwart.

Eines hat sich freilich geändert: Selten in der Geschichte hat die Jugend ähnliche Freiheiten und finanzielle Möglichkeiten gehabt, ihr Leben nach eigenen Moralanschauungen zu gestalten und sogar eine jugendliche »Subkultur« zu entwickeln. Die Jugend ist aus einer Reihe von soziologischen und psychologischen Gründen unabhängiger geworden. Die Erwachsenen greifen außerhalb der Familien kaum noch mit harten Strafen ein, um diese angeblich sexuell verwilderte Generation zur Ordnung zu rufen; vielmehr verstärkt sich der Trend, daß sich die Erwachsenen am Lebensstil der Jugend orientieren. Jungsein ist heute modern und gleichbedeutend mit leistungsfähig, erfolgreich und glücklich sein. In den diversen Jugendmagazinen wird die »junge Moral« geradezu aggressiv verteidigt gegenüber der »verstaubten« Moral »der Alten« und ihrer »Dämmerschwüle«.

Der Entrüstungssturm der traditionellen Moral erreichte Mitte November 1970 einen vorläufigen Höhepunkt, als der Rechtsausschuß des Bundestages in einer dreitägigen Anhörung zahlreicher Experten — Theologen, Soziologen, Psychologen, Sexualwissenschaftler, Rechtsexperten — fragte, ob Pornographie (altgriechisch Porná = Hure und graphein = schreiben, also etwa »Hurenliteratur«) sozial schädlich sei. Denn die Bundesregierung bereitet ein Gesetz vor, das im Rahmen der geplanten Strafrechtsreform den Paragraphen 184 des Strafgesetzbuches, der die »Verbreitung unzüchtiger Schriften« unter Strafe stellt, lockern soll. Die sozial-liberale Bundesregierung ist der Ansicht, daß der Staat sich nicht mehr anmaßen dürfe, den erwachsenen Bürger moralisch zu bevormunden. (Inzwischen scheint freilich Bundesjustizminister Jahn Angst vor der eigenen Courage bekommen zu haben, so daß der liberale Gesetzentwurf entschärft wird.)

Der Staat, eine jahrhundertelange Stütze der »öffentlichen Moral«, bringe sich damit »ohne notwendigen Grund selbst zum Einsturz«, klagt der Chor christlich-frommer Kommentatoren. Die beiden großen christlichen Kirchen schlossen sich zu einem ökumenischen Schutz-und-Trutz-Bündnis zusammen, sittlich gefestigte Bürger gründen »Aktionen Porno-Stop«, um die Liberalisierung des Paragraphen zu verhindern. Sie scheinen kurzfristig Erfolg zu haben.

Auf die Dauer aber scheint es ein Kampf gegen Windmühlen zu sein. Der Konsum von Pornographie ist durch kein Gesetz mehr aufzuhalten; der repressive Paragraph 184 hat sich erledigt (zugunsten einer »Scheinbefreiung«?), seine Strafdrohung schreckt niemanden mehr, selbst wenn da und dort ein Staatsanwalt überfallartig einen Sex-Laden ausheben und das pornographische Material beschlagnahmen läßt. Das sicherste Indiz für die Überholtheit eines Paragraphen oder eines Moralgebots ist nicht so sehr die Tatsache, daß immer mehr Menschen dagegen verstoßen, sondern daß er nicht mehr ökonomischen Interessen entspricht. Das kann fast als historisches Gesetz gelten.

Aber auch unter den Liberalen und »Fortschrittlichen« war das Echo auf diese Anhörung im Deutschen Bundestag bemerkenswert gering, obwohl sich die Mehrzahl der Gutachter für eine Aufhebung des Paragraphen 184 aussprach. Zumindest die liberale Presse reagierte mit unverkennbarer Unsicherheit, obgleich mit dem Paragraphen 184 nicht nur das spezielle Problem der Pornographie, sondern das der Sexualität des Menschen insgesamt zur Debatte stand. »Eine wirkliche Befreiung der Sexuali-

tät von den jahrtausendealten Fesseln der Unterdrückung«
hätte aber nicht nur tiefgreifende Folgen für den einzelnen, für
sein Empfinden und Verhalten, sondern verständlicherweise
auch für die gesamte Gesellschaft, nach Ansicht vieler Wissenschaftler wäre sie sogar ein erster Schritt, den Verlauf des Kul-
tur- und Zivilisationsprozesses zu verändern. »Eine sexuelle
Befreiung ohne eine Veränderung der Institutionen einer Gesellschaft ist nicht möglich«, meint z. B. Dr. Jürgen Friedrichs
vom Seminar für Sozialwissenschaften an der Universität Hamburg. Er ist nur ein Beispiel für viele.
Allerdings: Eine gewisse »sexuelle Befreiung« findet doch
augenscheinlich statt, ohne daß sich die Institutionen der Gesellschaft veränderten. Handelt es sich also nur um eine Scheinbefreiung oder ist eine »Veränderung der Institutionen einer
Gesellschaft« doch nicht notwendig?
In der liberalen Wochenzeitung »Die Zeit« sprach sich z. B.
der offenbar völlig verunsicherte Haug von Kuenheim dafür
aus, Politiker und nicht Sachverständige darüber entscheiden zu lassen, ob Pornographie für Erwachsene freigegeben
werden solle oder nicht. Eine gefährliche, für einen Journalisten
unverständliche These. In den USA beispielsweise kam eine
von der Nixon-Regierung selbst eingesetzte Sachverständigen-
kommission nach umfangreichen Untersuchungen zu dem Ergebnis, Pornographie sei weder sozialschädlich noch gefährde
sie Ehe und Familie oder die Jugend. Unter dem Druck des konservativen Teils der Öffentlichkeit verwarf Präsident Nixon das
Ergebnis der Wissenschaftler und verbot sogar die Publikation.
Er entschied also »politisch«, das heißt in diesem Falle: nach
Vorurteilen.
Was also hat es mit der Wirkung der Pornographie auf sich?
Ist die Sexwelle ein Anzeichen dafür, daß »unsere Gesellschaft
in einer sexuellen Schlammflut ertrinken« wird, oder ist die
Sexwelle nur »Schein«, ein bloßer Ersatz für freie Sexualität, in
Wirklichkeit aber Ausdruck einer bestehenden »repressiven
Sexualmoral«, sogar eine Stütze der herrschenden Moral, der
»Moral der Herrschenden«?

2. Die Verinnerlichung der sexualfeindlichen Normen

Vor vier Jahren behauptete ein Kölner Oberstaatsanwalt kurz
und bündig: »Pornographie ist die Darstellung der primären
Geschlechtsorgane.« Damit hat sich dieser Jurist, dessen Ansicht über die Geschlechtsorgane des Menschen, wie wir noch
nachweisen werden, als repräsentativ für eine weitverbreitete

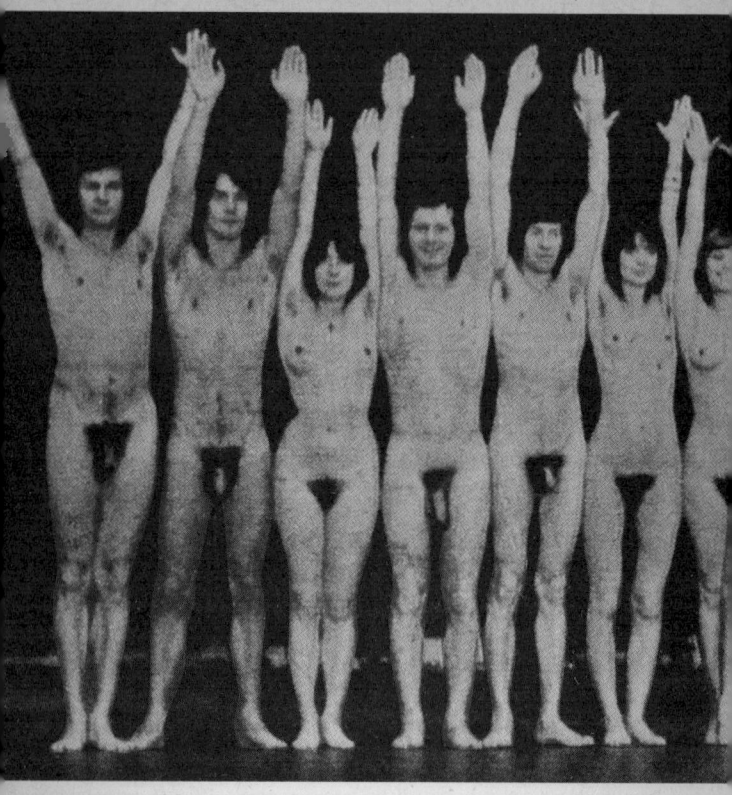

Der nackte menschliche Körper erregt, auch der Rechtsprechung zufolge, immer noch »öffentliches Ärgernis«. Gibt es von diesem Tatbestand auch ein »privates Ärgernis? Unser Bild zeigt Ensemblemitglieder des Musicals »Oh, Calcutta«, das gegenwärtig in Hamburg läuft. Die kühlen, als tolerant bekannten Hamburger hielten den Anblick nackter Körper offenbar für ästhetisch; der befürchtete Tumult blieb jedenfalls weitgehend aus.

und einflußreiche Sexual-Auffassung gelten kann, eigentlich nur unwesentlich von der Moral des Jahres 1884 entfernt. Demnach käme jeder Mensch täglich mit der verbotenen Pornographie in Berührung, weil er doch täglich notwendigerweise mit seinen Geschlechtsorganen in Berührung kommt. Bliebe der Herr Oberstaatsanwalt konsequent, so müßte er ebenso wie jener Mädchenkalender von 1884 fordern, daß der Mensch

Sägemehl aufs Badewasser streue oder sich nicht nackt vor den Spiegel stelle, damit ihm »der Anblick seiner eigenen Pornographie erspart bleibe«.

Und der katholische Autor Bäuerle bewegt sich in seinem Traktat »Du und Dein Mädel« faktisch auf demselben moralischen Niveau: »Gewiß darf man sich in der Ehe auch nackt sehen. Aber das echte Schamgefühl soll mit dem richtigen Takt erfühlen, wo und in welcher Art dies tragbar ist.« Sein Kollege Binder läßt in der Schrift »Ich will heiraten« die sexuelle Lust selbst zwischen Ehegatten nur bedingt zu: »Sünde ist endlich auch alles, was im Übermaß sinnlicher Freude gegen das Zartgefühl verstößt.«

Man bedenke, daß diese kirchlichen »Aufklärungs«-Schriften millionenfach verbreitet werden; sie haben immer Hochkonjunktur. Wir werden uns mit ihnen noch beschäftigen.

Aber die Herabwürdigung der menschlichen Sexualität, die in diesen simplen Beispielen als grotesk entlarvt wird und den tatsächlichen »Fortschritt« gegenüber 1884 dokumentiert, ist also in unserer Gesellschaft, zumindest bei einflußreichen Gruppen und Persönlichkeiten, immer noch gang und gäbe.

Mindestens acht von zehn Vätern oder Müttern beginnen ohne Überlegung zu schlagen oder brechen in heftige Schelte aus, wenn sie ihr Kind dabei ertappen, daß es mit »seinen primären Geschlechtsteilen« spielt, womöglich gar noch zusammen mit einem Nachbarkind. Das Kind begreift naturgemäß das Warum und den Sinn dieser Strafe nicht, es fühlt sich unschuldig, weil es mit seinen Geschlechtsteilen noch in problemloser Natürlichkeit lebt. Aber die Strafe der Eltern, jener Personen, die das Kind liebt und mit denen es sich identifiziert, weil es sein Ich erst noch entwickeln muß, erschüttert und beeinflußt seine Psyche (Seele) nachhaltig. Setzen die Eltern diese »sittliche«, das heißt sexualfeindliche Erziehung nachdrücklich fort, übernimmt das Kind dieses Gebot in sein Unterbewußtsein, wo es zusammen mit anderen anerzogenen und gelernten Geboten und Verboten (die durchaus vernünftig sein können) gewissermaßen als Steuerungszentrale für das Verhalten oder, wie der psychologische Fachausdruck heißt: als Über-Ich, für den Rest des Lebens automatisch weiterwirkt. Die Strafe wird überflüssig.

Das Über-Ich steuert, kritisiert und unterdrückt nicht nur das bewußte Handeln und Verhalten, sondern verbietet sogar bereits das Denken und Fühlen, ja es vermag zu verhindern, daß Denken und Fühlen überhaupt ins Bewußtsein eindringen können. Die wenigsten Eltern wissen z. B., daß schon der Säugling und das Kleinkind über eine ausgeprägte (freilich nicht genitale) Sexualität verfügen, die das gesamte Gefühlsleben bestimmen und damit das kindliche Verhalten. Insofern wissen sie auch nichts über die z. T. verhängnisvollen Folgen, die sich aus der Unterdrückung dieser frühkindlichen Sexualität für das weitere Lebensschicksal ihres Kindes ergeben können.

Dieses Über-Ich ist eine merkwürdige und bedeutsame Instanz der menschlichen Psyche. Es ist eine gewissermaßen künstliche Zensurstelle, weil es erst von der Gesellschaft, in der das Kind heranwächst, geschaffen wird, wobei zunächst die Eltern als Vertreter der Gesellschaft wirken. Dieses Über-Ich nimmt — vermittelt durch die Erziehung der Eltern — die in einer Gesellschaft herrschenden Gebote und Verbote, Werte und Normen auf, kurzum die herrschende Moral, und zwar völlig unkritisch, weil das Kind ihren Sinn naturgemäß noch nicht begreifen kann; es wird jedoch gezwungen, sich nach ihnen zu verhalten, ansonsten es riskiert, bestraft zu werden. In unserem Falle: Das Kind, das beim ersten Doktor-Spielen bestraft worden ist, wird beim zweiten Male automatisch an die Strafe denken. Auch wenn die Eltern nicht mehr dabei sind, wird es nur noch mit Schuldgefühlen Doktor spielen oder es sein lassen, obwohl es gerne möchte. Das Über-Ich sagt ihm bereits, sein kleiner Penis oder seine Vagina seien etwas Schmutziges und Böses, von dem man die Finger lassen müsse.

Das Über-Ich wirkt also im Unterbewußtsein fort und gibt dem Menschen schließlich das Gefühl und die tiefste Überzeugung, daß alle die anerzogenen, genauer: aufgezwungenen Gebote, Verbote, aber auch Anschauungen usw. seine eigenen seien. Er merkt nicht, daß er mit dem Über-Ich tief in seinem Innersten einen mächtigen, verläßlichen, aber unerkannten Repräsentanten der geltenden Moral sitzen hat, gewissermaßen einen Polizisten, der ihm nachdrücklich sagt, was er zu tun oder zu lassen hat. Bei »Zuwiderhandlungen« straft dieser Polizist: Man hat ein schlechtes Gewissen, fühlt sich schuldig oder gar minderwertig. Gar nicht so selten tritt der Fall ein, daß ein Mensch, der sich schuldig fühlt, unbewußt nach Strafe verlangt, damit das Vergehen getilgt werde und er sich wieder frei, entlastet fühlen dürfe. Wird er nicht von anderen bestraft, etwa weil sie nichts merken, so straft sich der Sünder selbst, ohne daß ihm die Zusammenhänge klar würden, weil die Antriebe ja aus dem Unterbewußtsein kommen. Die Gewissens-»Pein« kann so stark sein, daß er sein Vergehen aufdeckt, in irgendeiner Form »beichtet«; oder er verliert die Freude am Dasein, wird mürrisch oder apathisch; ja, viele Menschen strafen sich, ohne daß sie sich dessen bewußt würden, dadurch, daß sie sich — beispielsweise im Beruf — selbst Knüppel zwischen die Beine werfen, daß sie sich beispielsweise nach Aufgaben drängen, denen sie nicht gewachsen sind; ihr Scheitern und ihren Mißerfolg erleben sie gleichwohl masochistisch als Lust, als Abtragung einer unbewußten Schuld. Oder sie fühlen sich von anderen verfolgt, belauert und ständig kritisiert. Der Konflikt kann sich dann in einer Kette von Ursache und Wirkung zuletzt so zuspitzen, daß derart gewissensmäßig gepeinigte Menschen keinen anderen Ausweg mehr sehen als den Selbstmord.

Die automatische Wirkung des Über-Ich können wir am Verhalten eines Hundes demonstrieren. Je besser dressiert — und das heißt schließlich: mit Härte und Strafen erzogen — ein Hund ist, desto auffälliger benimmt er sich, wenn er etwas »ausgefressen« hat. Sein Herr sieht sofort, daß mit dem sich verlegen herumdrückenden, den Schwanz einziehenden Tier etwas nicht stimmt. Der Hund verlangt unterwürfig nach Strafe. Hat ihn sein Herr verprügelt, springt er wieder fröhlich herum.

So fügt sich der Mensch wie von selbst in die vorgegebene — gerechte oder ungerechte — soziale Ordnung ein, wobei es ihm in den meisten Fällen kaum »einfallen« wird, ihren Sinn kritisch in Frage zu stellen. Das Kind, das mit Strenge erzogen wird, lernt, auch später alle anderen Arten von Autoritäten zu respektieren, sich andererseits aber selbst autoritär zu verhalten, sobald es eine Möglichkeit dazu hat.

Der soziale Zweck des Über-Ich ist es also u. a., die Triebhaftigkeit der menschlichen Natur zu zügeln, zu kontrollieren und sie einem moralisch-gesellschaftlichen Wertsystem anzupassen. Der geniale Entdecker der tiefverborgenen Grundstrukturen der menschlichen Psyche, Sigmund Freud, nannte in seiner psychoanalytischen Theorie diese Triebnatur des Menschen einfach das »Es«.

Das Es ist die älteste und umfänglichste Schicht der menschlichen Psyche, der dunkle Bereich des Unbewußten und der Primärtriebe. Der Rahmen dieser Untersuchung müßte gesprengt werden, sollte die Freudsche Trieblehre hier eingehender dargestellt werden, zumal dort, wo es wissenschaftliche Auseinandersetzungen um einzelne Probleme gibt. Anerkannt ist jedoch, daß die moderne Psychoanalyse der Sexualität eine entscheidende Rolle für das bewußte und unbewußte Verhalten und Handeln des Menschen, für seine seelische Entwicklung und Charakterbildung zuschreibt, wobei Sexualität umfassend bestimmt wird als »Lustgewinnung aus Körperzonen« und gerade nicht auf die Genitalien beschränkt ist.

Körperliche Lust aber empfindet bereits der Säugling vom ersten Lebenstage an, etwa wenn er gestillt wird, an der Brust der Mutter liegen kann oder wenn ein Mensch in seiner Nähe ist. Es gilt aber auch die Umkehrung: Der Säugling empfindet dann eben auch die Verweigerung von Lust, den schmerzlichen Verzicht. Wenn er Hunger hat oder in seinem Kot liegt und die Mutter ausbleibt, wehrt er sich dagegen und schreit. Wird ihm die Mutter, die Quelle seiner körperlichen Lust, für längere Zeit oder für immer entzogen, weil sie ihn — das Kind ist womöglich unehelich — nicht annimmt oder nicht annehmen kann (die uneheliche Mutter muß arbeiten oder will nicht das Leben schon hinter sich haben) und ihn in ein Kinderheim steckt, so beginnt der Säugling in den meisten Fällen seine emotionale Entwicklung ganz oder teilweise einzustellen. Auch seine geistige Entwicklung bleibt zurück, sein Intelligenzquotient sinkt erheblich unter den durchschnittlichen Wert. Mit einem Wort: Ein Säugling, dessen körperliches Lustempfinden durch Liebesentzug drastisch eingeschränkt wird, ist bedroht, sich zu einem psychisch wie geistig beschädigten, liebesunfähigen, im Wortsinne a-sozialen Menschen zu entwickeln. Diese Entwicklung ist bereits nach wenigen Jahren irreparabel, wie Kinderpsychologen und Psychoanalytiker (stellvertretend seien René A. Spitz und Anna Freud genannt) zweifelsfrei nachgewiesen haben.

Damit kann das Schicksal der frühkindlichen Sexualität nicht hoch genug eingeschätzt werden. Indessen: Weder findet eine entsprechende Aufklärung der Eltern statt noch kümmert sich die Gesellschaft als ganze genügend um ledige Mütter und deren Kinder, noch schließlich ist eine Besserung der finanziell wie personell katastrophalen Verhältnisse in den Kinder- und Säuglingsheimen abzusehen.

Das Es ist bestrebt, seinen Triebbedürfnissen auf dem kürzesten Wege Befriedigung zu verschaffen, die möglichst lange andauert; dabei kennt — so Freud — das Es »keine Wertungen, kein Gut und Böse, keine Moral«.
Unter dem Druck und den Reizen der Außenwelt entwickelt sich aus einem Teil des Es eine dritte Instanz der menschlichen Psyche, die Freud »Ich« nannte. Das Ich ist zunächst eine Vermittlungsinstanz zwischen Es und der Außenwelt, der Umgebung, der Realität. Der blinde Drang des Es nach Triebbefriedigung kann in der Realität nur selten gestillt werden, es käme zu einem ausweglosen Konflikt.
Das Ich muß daher die Steuerung der Triebimpulse übernehmen, sie zurückdrängen, verzögern und aufschieben, wenn sie mit der Wirklichkeit nicht übereinstimmen oder aber die Wirklichkeit so verändern, beispielsweise durch Arbeit, daß Triebbefriedigung, sogar intensivere, möglich wird. Das Ich, so ließe sich verkürzt formulieren, ist der Sitz von Wahrnehmung und Bewußtsein, es ist fähig zu kritischer Reflexion, Einsicht und Urteilsfähigkeit. Es kann ferner Beziehungen zu anderen Menschen herstellen, die ja ebenfalls Bestandteil der Realität sind, und diese Beziehungen auf Rücksichtnahme und Liebe gründen. Nur das Ich ist fähig, beispielsweise im Sexualpartner nun auch den Partner zu sehen, auf den es Rücksicht zu nehmen gilt, während ihn das Es — seiner wertfreien Natur entsprechend — nur als Objekt für die eigene Befriedigung ergreift.
(Daß für die Begabungs- und Charakterunterschiede auch erbgenetische Einflüsse bedeutsam sind, muß hier außer Betracht bleiben.)
Neuere psychoanalytische Untersuchungen scheinen zu zeigen, daß eine »blinde« Triebbefriedigung, ein sofortiges Nachgeben den Wünschen des Es, gar nicht wirklich befriedigt, wenn nicht mit der eigenen Triebentspannung auch die Wünsche des Partners »identisch« befriedigt werden. Die Identität in der Trieb- und Wunschbefriedigung mit einem anderen Menschen kennzeichnet die soziale Bedeutung des Ich und seiner Vermittlungsfunktionen.
Doch das Ich ist eine empfindliche und labile Instanz, die gewissermaßen zwischen den beiden Ungeheuern Skylla und Carybdis steht: Einmal muß es das blinde Triebstreben des Es

zügeln, zum anderen steht es unter dem Druck des Über-Ich, das relativ bald eine funktionsfähige Instanz wird, während sich das Ich allmählich zu rationalem Bewußtsein entwickelt, jedoch — und darin läge auch eine Chance — zeitlebens bis zu einem gewissen Grade gebildet und kultiviert werden könnte.

Dabei ist eine Tatsache für das Verständnis des Menschen — und damit der Gesellschaft — von großer Bedeutung: Das Über-Ich kann die Natur sehr wohl unterdrücken, das klassische Erziehungsideal, »sich und seine Triebe beherrschen«, kann bis zu einem hohen Grad geleistet werden. Aber die unterdrückten Triebe verschwinden nicht, sondern werden allenfalls in ihrer Qualität verändert: Sie kehren wieder — dem Menschen unerkenntlich — in der vielfältigen Form zerstörerischer Aggressionslust, gerichtet gegen die eigene Person oder gegen andere Menschen. Neurotische Selbstzerstörung, Tierquälerei, die Lust, andere Menschen auf tausendfache Art zu quälen, zu töten, bis hin zur Lust am Kriege sind zu einem erheblichen Teil Folgen einer rigorosen Unterdrückung der menschlichen Triebnatur, der Sexualität, durch das Über-Ich und durch die Gesellschaft mit ihrer Moral. Demnach hängt individuelles wie kollektives Verhalten, ja das Schicksal des einzelnen wie das der jeweiligen Gesellschaft, davon ab, ob die Ich-Kräfte des Menschen sich gegenüber dem Über-Ich und den Triebbedürfnissen zu behaupten vermögen oder ob diese über das Ich dominieren. Ist das Über-Ich stärker, wird der Mensch manipulierbar: durch Gebote, Verbote, Parolen, Ideologien, Religionen, Moralen oder auch durch starke Führerpersönlichkeiten. Die Rigorosität des Über-Ich kann sich als Fanatismus gegen sich selbst oder gegen andere äußern. Das Ich ist nicht mehr in der Lage, das Verhalten durch kritische Reflexion zu steuern.

Darüber hinaus gewährt das Über-Ich aber innere Sicherheit und Stabilität, wohingegen Denken und Reflexion häufig unbewußt als Unlust erlebt werden. Das erklärt zu einem erheblichen Teil, wie wir noch genauer ausführen werden, weshalb die meisten Menschen nicht nur Revolutionen, sondern auch schon Reformen ablehnend gegenüberstehen und sich möglichst lange an die bestehende Ordnung, die das Über-Ich in ihnen selbst repräsentiert, klammern: Eine Veränderung der Gesellschaft heißt Veränderung eines wichtigen Teils der individuellen Psyche, heißt Zwang zur Anpassung. Kann das Ich nicht mehr zwischen Realität, Es und Über-Ich vermitteln, bricht es zusammen. Es tritt ein Verlust an Realitätseinsicht ein. Der Mensch wird »willenlos«, handelt neurotisch oder im Wahn, als einzelner sowohl wie als Masse.

Das für sein Doktorspielen bestrafte Kind ist aber wahrscheinlich schon früher sexuell unterdrückt worden. (Der, freilich sehr häufige, Extremfall, daß ein Kind unter ständigem Liebesentzug aufwachsen muß, sollte nicht über das »normale« Schicksal der frühkindlichen Sexualität in unseren Familien hinwegtäuschen.) Die körperliche Lusterfahrung (das ist unsere Bestimmung für Sexualität) des Säuglings, die »orale« Sexualität (etwa durch Mundkontakt), wurde bereits dadurch gestört, daß ihn die Mutter früh der Brust entwöhnte; die junge Mutter will sich als Frau und Sexualpartnerin straffe Brüste erhalten. Dem Baby fehlt aber diese körpernahe Verbindung, denn sie ist für das Kind von entscheidender Bedeutung; so aber lernt es bereits Entbehrung und Verzicht, und es lernt — noch völlig unbewußt — außerdem, daß der Körper eines Menschen nur durch Besitzanspruch, vielleicht durch Gewalt, verfügbar wird.

Aber das Unglück geht weiter. Unausrottbar ist bei Eltern das Vorurteil verbreitet, man dürfe Säuglinge nur in einem festen Rhythmus, alle vier oder fünf Stunden, stillen, damit er sich an Ordnung gewöhne. Sollte er schreien, so kräftige dies die Lungen. Dieser Unsinn wird sogar in Büchern für Säuglingspflege verbreitet, die Mediziner zum Verfasser haben. Wiederum lernt der Säugling, der keine Maschine ist, Verzicht üben: er wird in seinen Triebregungen, nicht nur in seinem Nahrungstrieb, sondern auch in seinem Verlangen nach Liebe und »Nestwärme«, brutal unterdrückt. In seinem Unterbewußten wird er gewissermaßen darauf programmiert, daß man um Triebbefriedigung, hier die Milchflasche oder die Nähe eines Menschen, kämpfen muß. Das Kind schreit, es verhält sich aggressiv. Das Erlebnis fehlender Liebe trägt bereits in diesem Lebensabschnitt dazu bei, einen weniger liebesfähigen Charakter zu prägen. Die Fähigkeit eines Kindes, solche negativen Erlebnisse folgenlos zu verarbeiten, sind relativ gering.

Zwischen dem zweiten und dritten Lebensjahr kommt das Kind in die sogenannte »anale« Phase, d. h. urinieren oder Darmentleerung bereiten körperliche Lust, die Exkremente gewinnen für die psychische Reifung eine besondere Bedeutung. Die Eltern jedoch, nichts davon ahnend, gehen meist streng gegen diese frühkindlich-sexuelle Lusterfahrung vor, indem sie das Kind mit Nachdruck und Härte zur Reinlichkeit buchstäblich dressieren. Das Kleine macht wiederum einen schmerzlichen Lernprozeß durch: es erfährt nicht nur seinen Kot und seinen Urin als etwas Schmutziges und Widerliches, sondern überträgt dieses Urteil unbewußt auch auf seinen Körper und sein Empfinden. »Ich und mein Gefühl sind widerlich«, so etwa empfindet es. Die Unterdrückung dieser »Partialtriebe« vermindert sicherlich ein ausgeprägtes Gefühlsleben des später Erwachsenen, macht ihn gefühlskälter, möglicherweise trägt sie auch dazu bei, daß die genitale Sexualität um so einseitiger, und das kann heißen: phantasieloser, erlebt wird. Nicht wenige Psychologen sind ferner der Meinung, daß das Kind, wenn es schließlich brav aufs Töpfchen geht und dabei die Erfahrung macht, den Eltern eine Freude zu bereiten und als Gegenleistung dafür gelobt wird, gleichzeitig einen realen Sinn für Besitz und Tauschmöglichkeiten erhält, was dann später als Habgier und Geiz erscheine.

Trotz der einstweilen nur schematischen Darstellung der auf Freud beruhenden Trieblehre wird doch deren Dynamik deutlich. Ohne diese Theorie, deren wichtigste Thesen in klinischen Tests und Beobachtungen erhärtet und von anderen Wissenschaften wie der Soziologie, der Anthropologie, der Ethnologie und der Pädagogik bestätigt wurden, wäre ein tieferes Verständnis des Menschen, seiner Sexualität sowie vor allem auch der Gesellschaft und selbst der Funktion ihres Normen- und Wertsystems nicht möglich. Es bliebe nur die Spekulation.

Die sogenannte Sexwelle rollt; aber ist darum der Schluß zulässig, die Menschen unserer Gesellschaft lebten nach einer freien und vor allem »natürlichen« Sexualität? Die einen sehen die Dämme der Sittlichkeit brechen sowie Staat und Gesellschaft gefährdet, die anderen sagen, die Sexwelle sei nur eine Ersatzbefriedigung, hinter ihr komme die nach wie vor bestehende Unterdrückung der menschlichen Sexualität zum Vorschein und ihre gewinnträchtige Verwertung durch das kapitalistische System.

3. »Verbrechen an der Jugend« oder »Sexualkultur«?

Acht von zehn Elternpaaren strafen ihr Kind, wenn sie es beim Doktor-Spielen ertappen. Dadurch lernt das Kind, und zwar blind, daß Sexualität etwas Böses, ja etwas Schmutziges sei und identifiziert sich mit dem Verbot. Dabei geben die Eltern nur wieder, was sie selbst als Kinder ungeprüft und »auswendig« lernen mußten.

Oder aber sie übergehen die kindliche Neugier des Kindes an den eigenen Geschlechtsteilen, die ja etwas Neues und aufregend Besonderes sind, mit Schweigen oder Ablenkung. Zur »Strategie der Unterdrückung« muß auch die verlegene Verharmlosung der Geschlechtsteile und ihrer Funktionen gezählt werden (die sicherlich etwas von der Infantilität der Eltern wiedergibt und ihrer eigenen verklemmten Einstellung zur Sexualität): Der Penis des Jungen wird in der kindischen Sprache der Eltern zum »Männeken«, »Pfiffeli«, »Hampelmann« oder »Spitzl«, die Vagina des Mädchens zum »Löchlein« oder »Törchen«. Oft heißen beide Organe einfach »das Dings da«. Die

Vernebelung der Geschlechtsorgane trägt, wie die unmittelbare Repression, dazu bei, daß das Kind sich mit ihnen nicht vertraut machen kann; seine konkrete, unmittelbare Aneignungsweise von Dingen wird blockiert, die Dinge bleiben fremd und entziehen sich dem Verstehen.

Kinder sind keine asexuellen, »unschuldigen« Lebewesen, als welche sie von Erwachsenen gerne gesehen werden möchten und bestraft werden, falls sie dieser Erwartung nicht entsprechen. Vor allem amerikanische Kinderpsychologen und Mediziner weisen darauf hin, daß Kinder bereits im Alter von drei oder vier Jahren Orgasmen erleben können, nicht so sehr aufgrund bewußter genital-sexueller Betätigung, sondern durch oft zufällige Reizeinwirkungen. Doch auch eigene Manipulationen an den Geschlechtsteilen können ein intensives sexuelles Lustgefühl auslösen; dabei sind Kinder oftmals zu häufigeren Orgasmen fähig als Erwachsene.

Die feindliche Einstellung zur Sexualität ist also immer noch ein fester Bestandteil des kulturellen Klimas unserer christlichen abendländischen Gesellschaft.

Das zeigt sich beispielsweise darin, daß die Kultusministerkonferenz erst am 3. Oktober 1968 ihre »Empfehlungen zur Sexualerziehung in der Schule« erließ. Bis dahin war das Thema Sexualität in der Schule tabu, so wie es in den Familien bis heute weitgehend tabu ist.

Angesichts der Bedeutung, die die Sexualität für das Lebensschicksal des Menschen und damit für die Gesamtgesellschaft hat (eine falsche Erziehung lehrt uns, daß Sexualität in ihrer ganzen Problematik in die Intimsphäre des einzelnen gehöre und der Mensch als einzelner selbst mit ihr fertig werden müsse, wo Sexualität in Wirklichkeit ein gesellschaftliches und damit ein politisches Problem allerersten Ranges ist), kann die Vernachlässigung der sachlichen und vor allem offenen Aufklärung über die menschliche Sexualität angesichts der verheerenden Folgen nur als kriminell bezeichnet werden. Als nicht weniger verheerend muß das gelten, was bis heute den Anspruch auf Aufklärung erhebt: das Predigen von moralischen Normen, die Sexualität als »das Tierische im Menschen« denunzieren und letztlich den Konflikt zwischen Über-Ich und Es verschärfen, indem sie gleichzeitig die Ich-Kräfte, die Fähigkeit zu kritischer Rationalität, schwächen. Einer der größten und folgenschwersten Konflikte im Leben eines Menschen stellt sich im Alter zwischen 11 und 15 Jahren ein, in der Pubertätszeit. Der junge Mensch »entdeckt« seinen Penis bzw. seine Vagina und wird sich relativ plötzlich des mit Urgewalt durchbrechenden genitalen Sexualtriebes bewußt, der ihn psychisch aus dem Gleichgewicht bringt. Dennoch kann der Jugendliche seine Sexualprobleme nicht äußern, er muß sie selbst in sich unterdrükken, weil er in seiner nächsten Umgebung, selbst bei seinen Eltern, auf vielfältige Weisen von Ablehnung stieße, von verlegenem Schweigen bis zu harten Strafen.

Der Heranwachsende muß diesen individuellen wie letztlich gesellschaftlich entscheidenden Konflikt meist allein bewältigen, niemand hilft ihm dabei, so wie er bereits als Kleinkind sexuelle Konflikte bewältigen mußte, als ihm die Eltern auf die Finger schlugen.

Wie als Kind, wird er auch jetzt bestraft, wenn er den pubertären Konflikt nicht niederhalten kann. Das übersteigert aggressive, angeberische Verhalten von Jugendlichen in dieser schwierigen Zeit erregt bei den Erwachsenen Ärgernis und provoziert Strafen. Sanktionen, in welcher Form auch immer, zieht z. B. ein Nachlassen der Konzentrationsfähigkeit und der schulischen Leistungen nach sich. Am härtesten aber ist so ein Jugendlicher gestraft, wenn der Konflikt insgesamt nicht bewältigt wird und die Übernahme neuer sozialer Rollen nicht gelingt, da die Ich-Reifung, die natürliche (aber als schmerzlich, weil das eigene Selbst abwertend, erlebte) Loslösung von den Eltern scheitert und Autoritätskonflikte zeitlebens weitergeschleppt werden. Die individuellen Erscheinungsformen solch entwicklungsbedingten Schicksals reichen vom Gehemmten, Antriebsgestörten, Aggressiven, Infantilen, Egoisten bis hin zum Frigiden oder Homosexuellen, von damit meist verbundenen psychischen Krankheiten abgesehen; die Skala ließe sich noch weiter auffächern. Gemeinsam ist solchen Menschen, deren festgelegtes Verhalten für sie selbst wie auch für andere, die mit ihnen in irgendeinen sozialen Kontakt treten, zur ständigen Quelle von Konflikten, Mißverständnissen und Leid werden kann, daß sie auf einer prägenitalen, d. h. infantilen und unreifen Stufe »fixiert«, festgehalten sind.

Wer versucht, die Probleme, denen sich Pubertanden gegenübersehen, konsequent zu durchdenken und sie auszusprechen, läuft angesichts unseres moralischen Klimas, das sich der Unwissenheit verdankt, Gefahr, als monströser Sittenverderber oder neuerdings linker Sexualrevolutionär abgestempelt zu werden. Dennoch gebietet es die schlichte Logik festzustellen (sofern eine Sexualerziehung und -aufklärung überhaupt anerkannt wird), daß der Leibeserzieher, der Philologe oder auch der Tanzlehrer in ihrem Bemühen kläglich scheitern müßten, wenn das theoretisch Vermittelte nicht auch geübt würde. »Nur der Sexualerzieher glaubt«, so formuliert es der Diplompsychologe Helmut Kentler, »dieses Kunststück, bei dem nichts erzogen wird, vollbringen zu können; er bietet sogar seine ganze Erziehungskunst auf, damit sich nicht entfalte, damit nicht geübt wird, was seine Pädagogik in ihrem Namen führt: Sexualität.«

Daher beschränkt sich Sexualerziehung meist auf die Darstellung der biologischen Vorgänge und Funktionen. Daß Sexualität eine Sache ist, die Spaß machen könnte, daß sie darüber hinaus, dem heutigen Erkenntnisstand der Wissenschaft zufolge, ausschlaggebend ist für das soziale Verhalten des einzelnen und für das Gelingen oder Mißlingen seiner Lebensgestaltung, daß sie dadurch auch das moralische Klima und die Organisation einer Gesellschaft entscheidend beeinflußt, wird nicht vermittelt. »So gesehen«, fährt Kentler fort, »ist es nicht nur unpädagogisch, sondern auch inhuman, wenn man sie (die Jugendlichen) zwingt, ihre ersten sexuellen Erlebnisse in dunklen Hausfluren, auf Parkbänken und Autositzen zu haben.« Offenbar ist nur verkümmerte und verdrängte Sexualität kulturfähig.

Kaum jeder fünfte Jugendliche wird von seinen Eltern aufgeklärt: Vater und Mutter sind entweder ratlos oder schämen sich, über sexuelle Dinge zu sprechen, der strenge Zensor Über-Ich, der Repräsentant der herrschenden Moral, verbietet es ihnen. Statt dessen werden grausige Vorurteile — nicht selten von Ärzten und Theologen — vermittelt: Onanie beispielsweise führt zum Irrsinn, zu Hautkrankheit oder zu sexueller Impotenz.

Aber auch der Sexualunterricht an den Schulen ist trotz der Empfehlungen der Kultusministerkonferenz, die im übrigen mehr als dürftig sind, nur sehr zäh und halbherzig in Gang gekommen. Den meisten Lehrern fehlt es noch an Ausbildung, oder, Produkte der Moral unserer Gesellschaft, sie schämen sich gleichfalls.

Wie kontrovers die Ansichten zu diesem wichtigen Thema sind, kann aufschlußreich an einem Beispiel dargelegt werden. Während der Leiter des Frankfurter Sigmund-Freud-Instituts, der Psychoanalytiker Alexander Mitscherlich, den vom Gesundheitsministerium herausgegebenen Sexualkundeatlas ablehnt, weil in ihm die Sexualität als »gefährlich und beschädigt dargestellt wird«, lobt ihn die liberale Presse als Fortschritt, verdammt ihn die katholische Kirchenpresse als »Pornographie«.

Das Stuttgarter Kultusministerium weigert sich, den Sexualkundeatlas in den Schulen Baden-Württembergs einzuführen, weil angeblich in ihm eine nur biologische Aufklärung stattfinde, die »seelische« hingegen vernachlässigt werde.

Währenddessen verlangen 83 Prozent der Jugendlichen nach gründlicher Sexualaufklärung, die sich nicht aus Verlegenheit in die Biologie der Farnkräuter und Amöben flüchtet oder moralisierende Vorurteile aus dem 19. und 18. Jahrhundert wiedergibt. Da sie ihnen nicht gewährt wird, schockieren sie die Erwachsenen in ihren Schülerzeitungen mit provozierenden Formulierungen (»Fickt auf den Turnmatten«) — worauf der Lehrkörper seinerseits entsetzt mit Elternabenden und Verboten reagiert —, oder sie lassen pornographische Texte und Bilder unter den Schulbänken zirkulieren (womit sie, wie später gezeigt wird, das Unverständnis der Erwachsenen in etwa noch korrigieren).

»Insgesamt aber sind wir heute, in Deutschland zumindest, prüder als noch vor 20 Jahren«, stellt der Tübinger Philosoph Arno Plack fest, der mit seinem Buch »Die Gesellschaft und das Böse«, das zum Bestseller wurde, eine »wissenschaftliche Ethik« versuchte. Prof. Dr. Jürgens pflichtete dem in der Bundestagsanhörung bei: »Generell zeigt sich ... die Tendenz, daß die öffentliche Meinung bezüglich der Sexualität vor zwanzig Jahren toleranter war als in jüngerer Zeit.« Placks und Jürgens' Thesen werden durch Beobachtungen und Umfrageergebnisse zum großen Teil bestätigt, soweit sie sich auf geäußerte Ansichten zu sexuellen Problemen stützen. Dem steht freilich das sexuell freizügigere Verhalten der Jugend gegenüber, aber auch die häufiger werdenden Tabuverletzungen der Erwachsenen in der Heimlichkeit ihrer Privatsphäre.

Für die seit den ersten Jahren nach Kriegsende gestiegenen Anzeichen von Prüderie lassen sich augenscheinliche Beweise ermitteln: Viele Ärzte wollen nicht mehr »Facharzt für Haut- und Geschlechtskrankheiten« sein, sondern nur noch »Hautarzt« — sie tragen gesellschaftlichen Vorurteilen Rechnung. Präservative wurden gesetzlich aus den Straßenautomaten entfernt.

Die Bundesärztekammer gab sich »Leitsätze«, die die ärztliche Verpflichtung zur Hilfe verleugnen zugunsten der herrschenden Moral. Schwangere Mädchen unter 16 Jahren müssen das Kind austragen, ungeachtet der Folgen für ihren weiteren Lebensweg. Sie erhalten nicht einmal ein Rezept für die Pille, das bislang sicherste Mittel zur Schwangerschaftsverhütung. Mädchen zwischen 16 und 18 Jahren haben die Erlaubnis des Erziehungsberechtigten vorzuweisen. Ein Hohn, denn sie kann naturgemäß so gut wie nie beigebracht werden. Bei 18- bis 21jährigen wird ein Rezept für die Pille »nur bei erforderlicher Reife« ausgestellt.

Trotz der sichtbaren Folgen einer so wenig verständnisvollen Einstellung hält die Bundesärztekammer an ihrem selbsternannten Anspruch als Hüter der herrschenden Moral fest. Der Direktor der Gießener Universitäts-Frauenklinik, Dr. Richard Kepp, gleichzeitig Präsident von »pro familia«: »Hier wird eine Ideologie vertreten wie vor 200 Jahren.« Wie recht er hat, werden wir beweisen.

Wie grundlegend anders das Klima in den skandinavischen Ländern: Hier erhalten die Kinder vom ersten Schuljahr an gründlichen Unterricht in Sexualkunde; an die Heranwachsenden werden nicht nur empfängnisverhütende Mittel zum Teil kostenlos verteilt, sondern man klärt sie auch über besonders lustergiebige Sexualpraktiken und Stellungen auf, über »voreheliche« versteht sich. Was bei uns als »Verbrechen an der Jugend« gilt, nennt man in Schweden »Sexualkultur«.

Für die sexualfeindliche Einstellung unserer christlich-abendländischen Kultur gibt es indes noch zahlreiche andere, offenkundige Belege. Wir halten es beispielsweise für selbstverständlich, daß Tausende von Gefängnisinsassen sich jeder sexuellen Betätigung enthalten müssen. Zusätzlich zur Freiheitsstrafe wird ihnen eine Strafe zugefügt, die von barbarischer Grausamkeit ist. Obwohl die verheerenden persönlichkeitsverbildenden Folgen dieser erzwungenen sexuellen Abstinenz eindeutig feststehen, ändert sich an dieser Art Strafvollzug nichts.

Oder denken wir an die Millionen älterer Menschen, denen die Gesellschaft zwar nicht expressis verbis, aber doch gewissermaßen klimatisch-moralisch und daher nicht weniger wirksam das Recht auf sexuelle Betätigung abspricht, zum Teil aus dem Vorurteil heraus, ältere Menschen empfänden ohnehin keine sexuellen Bedürfnisse mehr. (Dieses Vorurteil hat der englische Dichter William Shakespeare in seinem Drama »Hamlet« sogar poetisch formuliert; Hamlet zu seiner Mutter: »In Eurem Alter ist der Sturm im Blute tot.«) Die Wissenschaft hat längst nachgewiesen, daß sich sexuelles Begehren sowohl beim Mann wie auch bei der Frau bis ins hohe Greisenalter erhält, daß es aber unterdrückt werden muß. Das fordert die Vereinsamung der alten Menschen, beraubt sie somit eines erheblichen Teils an Lebensglück und Lebenssinn. Statt dessen konzentriert eine stupide, amoralische öffentliche Propaganda die Sexualität auf den jugendlichen Menschen, den Teenager oder allenfalls den Twen. Eine der augenscheinlichen Folgen davon ist, daß »die Frau von 30«, so die Klage der Dichterin Ingeborg Bachmann, zum alten Eisen gehört, nach der sich auf der Straße kein Mann mehr umdreht.

4. Sexualtabus lösen Denkhemmungen aus

Nur jeder fünfte Bundesbürger ist trotz der Sex-Welle der Ansicht, daß Sexualität »eine schöne Sache sei«. Selbst unter guten Freunden und Bekannten ist es verpönt, über sexuelle Probleme und Schwierigkeiten zu sprechen, obwohl zwei Drittel der Bundesbürger — vermutlich weit mehr — solche haben und zum Teil an ihnen leiden. Die überwiegende Mehrheit lehnt alle anderen Arten der Sexualität außer der »normalen«, das heißt der genitalen, strikt ab.

Der erkannte Homosexuelle wird trotz Abschaffung des Paragraphen 175 zwar nicht mehr rechtlich, aber doch gesellschaftlich nach wie vor bestraft. Spott und Ächtung sind ihm sicher, nicht selten büßt er mit dem Verlust des Arbeitsplatzes, zumindest mit Verzicht auf beruflichen und gesellschaftlichen Erfolg. (Die Bundeswehr zum Beispiel entläßt homosexuelle Berufsoffiziere. Ein offensichtlicher Rechtsverstoß.)

Ebenso ergeht es allen anderen »Perversen«.

In allen Bereichen der Öffentlichkeit, selbst in der Familie, scheint es das Thema Sexualität überhaupt nicht zu geben. Obgleich ihr der einzelne — wenn auch in verkümmerter Form — auf Schritt und Tritt begegnet, in den Kinos, am Zeitschriftenkiosk, an den Litfaßsäulen usw., in der Werbung der Industrie, die selbst die Privatsphäre erreicht, muß er sie unterdrücken, darf er, will er nicht als Lüstling oder pervers gelten, nicht einmal von ihr sprechen. Der einzelne existiert in der Öffentlichkeit als geschlechtsloser »Träger spezifischer Rollen«, wie der Soziologe sagt, nicht hingegen umfassend als Mensch mit Gefühlen. Sanktionen drohen zum Beispiel im öffentlichen Dienst. Der Beamte oder Angestellte, der gegen die herrschende Sexualmoral verstößt, etwa indem ein außerehelicher Seitensprung bekannt wird, begeht der herrschenden Rechtsprechung zufolge gleichzeitig ein »Dienstvergehen«. Denn im Verlaufe der christlich-abendländischen Kultur wurde der Körper des Menschen »entsexualisiert« und dadurch erst zur Arbeit »befreit«.

Das Sexualempfinden — nach Freud Lusterfahrung schlechthin — wurde auf den Genitalbereich beschränkt, auf Penis und Vagina. Die »Partialtriebe«, die nichtgenitale Sexualität, wie sie sich beim Kleinkind äußert, verkümmerten unter dem Zwang der Moralgebote, erscheinen jedoch häufig als negative Charaktereigenschaften wie Ehrgeiz, Geiz, Herrschsucht, Tierquälerei oder sonst als krankhaftes Verhalten.

Darüber hinaus wurde in unserem Kulturkreis die so erzwungene genitale Sexualität auf die Einehe eingeengt und legitimiert. Doch nicht etwa, um wenigstens hier als Lust ausgelebt zu werden, sondern als »Wille zum Kind«. Obwohl viele Menschen, es werden immer mehr, vor- und außerehelichen Geschlechtsverkehr haben und sich empfängnisverhütender Mittel bedienen, ist diese Beschränkung nach wie vor ein wirksamer und fester Grundpfeiler der herrschenden Moral.

Es ergibt sich also die Feststellung: Das Thema Sexualität ist in unserer Gesellschaft, zumindest öffentlich, nach wie vor tabu. Daran ändert auch die vordergründige Tatsache nichts, daß dieses Sexualtabu durch die Sex-Welle und das Verhalten vieler Menschen ausgehöhlt zu werden scheint. In Wirklichkeit bestimmt es nach wie vor die Struktur unserer Gesellschaft und ihrer Ordnung. Daß heimlich von isolierten einzelnen gegen es verstoßen wird, kann es nicht erschüttern. Im Gegenteil: der Zwang zur Heimlichkeit der Sünde stützt es wirksam.

Die Wirksamkeit eines Tabus kann offenbar nicht daran gemessen werden, daß immer mehr Menschen gegen es verstoßen, sondern eher daran, daß diese Verstöße heimlich, verstohlen, von Schuld- und Angstgefühlen begleitet, geschehen. Die Funktion eines Tabus, nämlich Menschen im Interesse einer bestimmten Ordnung zu einem konformen Verhalten zu zwingen, wird von der Zahl der heimlichen Verstöße nicht geschwächt, zumal sich ja die Strafe prompt einstellt, und sei es »nur« in der Gewissensregung. Um so williger unterwirft sich der Sünder dann in der öffentlichen Sphäre wieder dem Tabu und akzeptiert die Abwertung der Sexualität als etwas Tierisches und Gemeines. Das Edle braucht das Licht nicht zu scheuen. Eigentlich ist es erst diese Spannung, der die Individuen unterworfen werden, die moralische Normen wirkungsvoll macht, und sei es um den Preis psychischer Störungen. »Die Tabus inmitten des Scheins von Freiheit lassen aber vor allem deswegen nicht mit sich spaßen, weil niemand mehr ganz an sie glaubt, während sie doch zugleich vom Unbewußten der Individuen und von den institutionellen Mächten befestigt werden.« (Theodor W. Adorno in »Sexualität und Verbrechen«.)

Es stellt sich jetzt die Frage, was denn ein Tabu sei, nachdem dieser Begriff schon in der Umgangssprache häufig gebraucht wird. Das Wort ist der Sprache der Guinea-Insulaner entnommen und bezeichnet ein striktes Verbot (ursprünglich ein Berührungsverbot eines kultisch heiligen Gegenstandes). Ein Tabu ist etwas Heiliges, es fordert unabdingbaren Gehorsam und Unterwerfung. Dabei ist eines der wesentlichsten Merkmale, daß es schon das kritische Nachdenken verbietet (durch das Über-Ich), etwa über seinen Sinn und Zweck. Die Problematik eines Tabus kommt daher den meisten Menschen gar nicht erst zu Bewußtsein. Wer ein Tabu, das häufig, wie das Sexualtabu, seinen Niederschlag nicht nur in der Moral, sondern auch im Rechtssystem findet, verletzt, freiwillig oder nicht, dem drohen meist schwere Sanktionen und Strafen, in der Regel Ausschluß aus der Gemeinschaft bis hin — im Extremfalle — zum Tod.

Mit einem Tabu ist also immer eine Denkhemmung verbunden, das den Menschen im Zustand des Kindseins (Infantilen) hält. (Es muß nicht besonders betont werden, daß es »natürlich« auch sinnvolle Tabus gibt, etwa das Mordtabu, und daß unsere Moral eine Reihe notwendiger Vorschriften enthält, sofern sie vor allem den Mitmenschen schützen.)

Der Mensch hat in der Regel ein zwiespältiges — ambivalentes — Gefühl gegen die gnadenlose Unterdrückung, die von einem Tabu ausgeht. Gehorsam, Respekt, sogar Liebe und gleichzeitig Ablehnung, Widerwillen und Haß (weil das Über-Ich selbst mit den kritischen Ich-Kräften und den Trieben, dem Es, in Widerstreit liegt). Diese meist unbewußt bleibende ambivalente Haltung hat der einzelne gegenüber allen Autoritäten, gegen Eltern, Lehrer, Vorgesetzte, Regierung und selbst gegen Gott.

Das erste Tabu, seine Verletzung und ihre Folgen, schildert uns anschaulich der biblische Sündenfall: Gott verbot Adam und Eva, vom »Baum der Erkenntnis« zu essen. Erkenntnis bedeutet für die beiden unschuldig Gläubigen eine Gefahr und ist mit ihrem Status als vertrauensselig gehorchende Kinder unvereinbar. Dieses Verbot wird nicht begründet, aber es galt strikt und forderte kritiklosen Gehorsam. Adam und Eva, die Kinder Gottes, respektierten dieses Tabu, bis in Eva unter den Einflüsterungen der Schlange, des »Bösen«, die Auflehnung stärker wurde als der Wille zum Gehorsam. Sie aß vom Baume der Erkenntnis und gab auch Adam zu essen, der damit ebenfalls, als Verführter gewissermaßen, das Tabu verletzte. Die Sanktionen waren gleich hart: Die beiden wurden aus dem Paradies in eine grausame Welt vertrieben und waren fortan sterbliche Menschen.

Wie stark die Denkhemmung im Umkreis eines Tabus wirkt, zeigt sich freilich nicht weniger deutlich auch in unseren Tagen, dem auf seine Aufgeklärtheit so stolzen Zeitalter der Wissenschaft.

Am 20. Oktober 1970 brachte das Erste Deutsche Fernsehen zu äußerst später Stunde einen Bericht »Obszönität als Gesellschaftskritik?«. Der Autor Thomas Ayck wollte mit diesem Film klären, inwiefern und mit welcher Berechtigung, Absichten und Motiven und mit welchem Erfolg heute Künstler, Kunstschaffende oder Kunstagitatoren in Malerei, Bildhauerei, Film und Aktionen unverhüllte Sexualität als Mittel benutzen, um den Zuschauer zu schockieren und ihn so auf gesellschaftliche Mißstände hinzuweisen. Der Bericht selbst wurde dadurch zum Schock. Unter den Kirchen und ihrer Presse, unter nahezu allen konservativen Institutionen, in abgeschwächter Form selbst unter Liberal-Aufgeklärten, erhob sich ein Sturm der moralischen Entrüstung. Es nutzt Ayck wenig, daß er sich auf den Grundsatz (und das Grundrecht) der kritischen Information und Aufklärung berief, der seinen Film rechtfertigte. Er hatte ein Tabu verletzt, das Sexualtabu, und sich damit nicht an die geforderte Denkhemmung gehalten. Das CSU-Organ »Bayernkurier« wetterte: »Der Film stellte in seiner Gesamtheit und in allen Einzelheiten eines der übelsten pornographischen Machwerke dar, wie sie in dieser schamlosen und krassen Form noch nicht einmal von den ekelhaftesten Sexblättern zu verbreiten gewagt wird. Diese Sendung war nicht nur im höchsten Maße verwerflich, sondern geradezu kriminell. Wurden doch Millionen Fernsehzuschauer in ihren Heimen ahnungslos mit

diesem Schmutz überfallen.« Fazit: Schmutz, Gemeinheit, üble
Sauerei.

Und die national-konservative Deutschland-Stiftung schrieb an
den Vorsitzenden des Rundfunkrates: »Wir stellen fest, daß der
Bayerische Rundfunk durch diese Sendung nicht mehr den Charakter einer Anstalt des öffentlichen Rechts, sondern eines
öffentlichen Bordells angenommen hat, wobei zu bemerken ist,
daß es kaum ein Bordell geben wird, das es wagt, öffentlich
solche Schweinereien vorzuführen.« Der Verdacht liegt nahe,
daß ein solcher verbaler Sexualfanatismus Ausfluß der inneren
Spannungen und der sexualisierten Phantasie des Fanatikers
selbst ist, der ihr jedoch keinen Raum im Bewußtsein und in der
Sphäre des Handelns geben darf, weil er sich an die geforderten
Denkhemmungen halten muß.

Gut in Erinnerung ist auch noch die öffentliche Empörung im
Frühjahr 1970 über den Versuch einiger Studenten des Psychologischen Instituts der Freien Universität Berlin, Erziehungsschäden von Arbeiterkindern in einem »Schülerladen Rote Freiheit« in etwa zu korrigieren. Die besondere Aufmerksamkeit
der angewandten pädagogischen Maßnahmen galt dabei der
bereits deutlich verhärteten, ja schon brutalisierten Form der
sexuellen Ansichten und Verhaltensweisen dieser Kinder. Die
öffentliche Moral aber schrie auf, als ihr einige Protokolle dieses Experiments in die Hände fielen. Die Denkhemmung erlaubte es nicht, diese Protokolle vorurteilsfrei durchzulesen und
sich mit diesem Experiment sachlich auseinanderzusetzen. Die
Tabuverletzung, daß Sexualität offen zum Gegenstand von Pädagogik und Diskussion gemacht worden war, noch dazu mit
»unschuldigen« Kindern, genügte, eine bundesweite Presse-
kampagne gegen den »Mißbrauch von Abhängigen« zu entfes-
seln. Die konservativen Blätter, allen voran die Springer-Zei-
tungen, riefen nach dem strengen Arm der Justiz und nach dem
Einschreiten der Politiker, um diesen moralischen Sumpf trok-
kenzulegen. Die Politik in West-Berlin geriet in Bewegung.
Dabei wurde ganz deutlich, daß sich die Empörten an ihrer eigenen Empörung delektierten, etwa an zusammenhanglos aus
dem Protokoll gerissenen Sätzen.

5. Macht eine strenge Sexualmoral den Menschen aggressiv?

Da sich der Mensch mit den in seiner Lebensumwelt gültigen
moralischen Normen identifiziert, sie als selbstgedacht empfindet, weil sie, vermittelt durch das Über-Ich, ein entscheidender

Teil der unbewußten Psyche sind, halten er und seine Gesellschaft die eigene Moral für die natürliche schlechthin; umgekehrt wird eine fremde Moral (es ist bezeichnend, daß von dem Wort Moral nur die Einzahl gebräuchlich ist) als widernatürlich empfunden, gar als pervers.

Das ist nur eines jener zahlreichen Vorurteile, die unsere Moral enthält und zu ihrem Schutz sogar pflegt. Mit Erkenntnis hat dies nichts zu tun.

Im Gegenteil: Um die Grundlagen, Zusammenhänge und psychologischen Folgen unserer Sexualmoral besser zu verstehen — was viele Leser sicherlich nur gegen heftigen psychischen Widerstand werden leisten können —, empfiehlt sich ein kurzer Blick auf die Sexualmoral anderer Kulturkreise und Völker. Der in diesem Zusammenhang häufig vorgebrachte Einwand, »primitive Kulturen« ließen sich nicht mit hochtechnisierten Gesellschaften vergleichen, ist dabei nur bedingt richtig. Der Mensch schafft zwar seine Kultur und seine Gesellschaft und entwickelt sie ständig weiter, er ist jedoch zugleich auch ihr Produkt. Unter der einstweilen unbewiesenen vorangestellten Behauptung, das Spezifische der christlich-abendländischen Kultur beruhe auf der Unterdrückung der menschlichen Sexualität, um die notwendige Disziplin im Produktionsprozeß zu erzwingen, könnte ein Vergleich mit den Sexualmoralen anderer Kulturkreise unter Umständen Aufschlüsse darüber vermitteln, welchen Preis die Unterdrückung und Reglementierung der Sexualität innerhalb unseres Kulturkreises gekostet hat.

Der berühmte norwegische Forscher und Politiker Fridtjof Nansen und andere Wissenschaftler zeigten sich tief beeindruckt davon, daß die grönländischen Eskimos untereinander kaum Aggressivität kannten: keine Raufhändel, Bösartigkeiten und so gut wie keine Morde. Das Wort Krieg gibt es in der Eskimosprache nicht. Diebstahl war so gut wie unbekannt. Europäer bemerkten einst mit Staunen, daß dieses »Naturvolk« offenbar auch keine Angst vor dem Tode kennt.

Nicht weniger erstaunlich war, daß unter Eskimos auch keine Generationskonflikte herrschten. Kinder wurden weder geprügelt noch mit Befehlen reglementiert, daher reagierten sie auch nicht mit Aufsässigkeit, Ungehorsam oder gar Zerstörungslust nach Art etwa europäischer Rocker. Dennoch waren die Eskimokinder ihren Eltern gehorsam.

Am meisten verwundert aber waren die Europäer, als sie feststellten, daß bei den Eskimos jede Unterdrückung der Sexualität fehlte. Sie wurde weder den Kindern und Heranwachsenden verboten, noch wurde sie als etwas »Schmutziges« oder »Widernatürliches« bezeichnet, sie war auch nicht auf die Ehe beschränkt, und der Inzest, der Geschlechtsverkehr zwischen Kindern und Eltern oder nahen Verwandten, war gleichfalls kein

Tabu! Zur Gastfreundschaft gehörte, daß sich die Ehefrauen den Gästen für die Nacht anboten. Das gesellschaftliche Klima war geprägt von Freundlichkeit, Hilfsbereitschaft und Nächstenliebe, dennoch war diese Eskimo-Ordnung alles andere als chaotisch und die Jugend alles andere als verwahrlost. Aber es gab keine gesellschaftlichen Unterschiede, Autoritäten und Hierarchie.

Es stellt sich also die Frage, ob denn ein unmittelbarer Zusammenhang bestehe zwischen individueller und kollektiver Zerstörungslust (Aggressivität) und einer die Sexualität unterdrückenden Moral; oder umgekehrt: Gibt es einen ursächlichen Zusammenhang zwischen der Friedfertigkeit des einzelnen oder der Gruppe und einer freien Sexualmoral?

Diese Frage mag noch offenbleiben. Heute jedoch sind die Eskimos ihrer naturhaften »primitiven« Unschuld zum Teil beraubt. Seit ihrer Christianisierung und dem engen Kontakt mit der europäischen Zivilisation kennen sie auch Streit, Zank, asoziales Verhalten, Eifersucht, Prügel und wie die vielfältigen Formen der menschlichen Aggressivität sich auch immer äußern. Die Eskimos wurden unter die »höheren Werte« der christlicheuropäischen Moral gezwungen . . .

In seiner entzückenden Erzählung »Kapitän Bougainvilles Reise« berichtet der große französische Enzyklopädist Denis Diderot (1713 bis 1784) ein Abenteuer des Weltumseglers Louis Antoine de Bougainville. Dieser wurde einmal mit einigen Kameraden, unter ihnen ein katholischer Kaplan, auf eine Insel in der Südsee verschlagen. Die ängstlichen Europäer sahen sich von den »Wilden« geradezu mit herzlicher Freundlichkeit in ihre Gemeinschaft aufgenommen. Doch wer beschreibt ihr Entsetzen, als die Frauen und Töchter der Gastgeber mit liebenswürdiger Höflichkeit fragten, ob sie mit ihnen die Nacht verbringen möchten.

Die moralischen Europäer nahmen das Unfaßbare zur Kenntnis: Auf dieser Insel gab es keine Ehe, Männer und Frauen liefen miteinander und bildeten eine lockere Wohngemeinschaft, solange es ihnen gefiel. Hatten sie einander satt, suchten sie andere Partner. Eifersucht oder Feindschaft kannten sie deswegen nicht. Männer und Frauen waren dabei völlig gleichberechtigt. Die Kinder wurden vom Stamm erzogen, im übrigen wollte jeder, ob Mann oder Frau, so viele wie möglich um sich haben.

Diderot, mit besonderer Genüßlichkeit die seelischen und moralischen Konflikte des Kaplans beschreibend, der aber schließlich ebenfalls den Lockungen einer dieser Frauen unterliegt, warf also schon vor mehr als 200 Jahren die Frage auf, ob die Herzlichkeit dieses Stammes, der keinen Krieg und keine Kriminalität kannte, auf der völlig freien Sexualmoral beruhe.

Der Kern von Diderots Geschichte wird von der Ethnologie

Dem verlorenen Paradies weinte der Kulturfilmer Hans Ertl nach, als er im südlichen Amazonas-Gebiet die Siriono-Indianer entdeckte. Diese friedlichen, freundlichen Menschen kennen keine sexualfeindliche Moral. Trägt am Ende erst die Leibfeindlichkeit unserer »sittlichen« Moral dazu bei, daß der Mensch aggressiv, also böse wird?

(Völkerkunde) bestätigt. Möglicherweise war Bougainville bei den Samoa-Insulanern gelandet, von denen die amerikanische Ethnologin Margaret Mead schreibt: »Voreheliche und außereheliche Beziehungen wurden so leicht genommen, daß sie die dauerhaften Geschlechtsbeziehungen nicht störten.« Die Samoaner sind noch heute ein friedliches, freundliches Volk, die Jugend alles andere als sexuell verwahrlost.

Besonders aufschlußreich ist der Vergleich zwischen den Bewohnern der Südseeinseln Trobriand und Amphlett, die rassisch-biologisch ein Volk darstellen.

Aber die kulturgeschichtliche Entwicklung verlief diametral entgegengesetzt. Die Amphlett-Insulaner bildeten eine strenge, hierarchische und prüde Stammesordnung aus, die Sexualität wurde unterdrückt, magische Kulte und Rituale entwickelten sich. Der Ethnologe Bronislaw Malinowski entdeckte denn auch bei diesem Volksstamm »Zwangshandlungen, nervöse Ticks und verschiedene Formen der Besessenheit«.

Nichts von solchen psychischen Störungen fand Malinowski hingegen beim Nachbarvolk der Amphlett-Insulaner, den Trobriandern, die in sexueller Freiheit leben, zwar ebenfalls eine gesellschaftliche Ordnung kennen, aber eben keine repressive, sexualunterdrückende. Auch die Trobriander sind ein friedliches Volk, ohne Neigung zu zerstörender Aggressivität. Margaret Mead fand auf Bali eine für europäische Vorstellungen geradezu entsetzliche Sitte: Die jungen Balinesen werden von klein auf dazu erzogen, die Geschlechtsorgane als etwas Schönes und Liebes zu empfinden. Sie schreibt: »Der Penis des Knaben ist ein Gegenstand, mit dem seine Mutter, das Kindermädchen und alle Menschen aus seiner Umgebung ständig spielen, an dem sie zupfen, ziehen und kitzeln. Dieses leichte Prickeln wird begleitet vom wiederholten ›schön, schön, schön‹, ein Adjektiv, das nur beim männlichen Geschlecht verwendet wird. Die Vagina des Mädchens wird gestreichelt mit dem dazugehörenden weiblichen Adjektiv ›lieb, lieb, lieb‹.«

Daneben gibt es in Melanesien wie in Südamerika Kopfjägerstämme, deren religiöser Ritus den Kriegern sexuelle Enthaltsamkeit auferlegt, bevor sie einen Kriegszug unternehmen. Unbewußt spüren diese Völker offenbar, und bestätigen damit die These der Psychoanalyse, daß die Unterdrückung des Sexualtriebes die Lust zum Töten, die Tapferkeit, die Angriffslust steigern.

Auch bei Kopfjägern Indonesiens ist sexuelle Enthaltsamkeit vor dem Beutezug rituelle Pflicht. Der Völkerkundler W. E. Mühlmann berichtet, daß die Zunahme der Ehebrüche sprunghaft anstieg, wenn indonesische Kopfjäger die Kopfjagd aufgaben oder aufgeben mußten, sich also nicht mehr aggressiv verhielten.

Somit drängen sich bereits jetzt einige wesentliche Überlegungen auf:

In Gesellschaften, in denen die Sexualität eine natürliche und nicht diskriminierte Lebensäußerung ist, gibt es offenbar weitaus weniger Zerstörung und Angriffslust, sowohl individuelle (Mord, Raub, Diebstahl, Schläge usw.) als auch kollektive (Kriege). Dennoch haben diese Gesellschaften eine stabile soziale Ordnung, aber sie ist in den meisten Fällen eine mitmenschliche und zeigt kaum ausgeprägte Herrschaftsstrukturen, die letztlich auch eine Ungleichheit der Besitzverteilung und der Rechtsstellung zur Folge haben.

Und schließlich: Psychische Krankheiten sind in solchen Gesellschaften so gut wie unbekannt.

6. Die sozio-ökonomischen Ursachen der
   Sexualfeindlichkeit

Vor diesem Hintergrund kann jetzt die Frage gestellt werden, die philosophische Geister des abendländischen Kulturkreises seit Jahrhunderten bis in die Gegenwart bewegt hat und bewegt und die letztlich an den Nerv unserer Kultur und ihrer sie prägenden Religion, das Christentum, rührt: Wo sind die Ursachen für die Tatsache zu suchen, daß immer wieder entsetzliche Kriege von geradezu unvorstellbarer Grausamkeit geführt wurden? Daß die Hemmungslosigkeiten und sadistische Tötungslust gerade mit dem Fortschreiten der technisierten Massenzivilisation immer mehr zunehmen? Warum waren und sind christliche Kulturstaaten und der einzelne Christ so gnadenlos aggressiv? Denn daß der Mensch, entgegen dem christlichen Dogma, eben nicht von Geburt an böse ist (sondern böse gemacht wird), dürfte unsere bisherige Untersuchung gezeigt haben.
Macht am Ende erst das Christentum mit seiner vorwissenschaftlichen Dogmatik den Menschen böse oder trägt es zumindest dazu bei? Oder aber ist erst die industrielle Entwicklung und die Massenzivilisation die Ursache für die sexuelle Unterdrückung und die Explosion der Neigung zur Zerstörung?

Die meisten Menschen sind aufgrund ihrer Erziehung überzeugt, das moralische Ordnungssystem ihrer Gesellschaft sei deswegen das einzig Wahre, weil es »natürlich« sei. In der Tat ist das Argument der »Natürlichkeit« unserer Moral, unseres Denkens und Empfindens eines der Hauptargumente, das von den Gegnern einer Freigabe der Pornographie vorgebracht wird. Meist wird dann noch diese »Natürlichkeit« der Moral an die Würde des Menschen gebunden, vor allem an die Würde der Frau.
Dennoch zeigt ein kurzer Blick in die Moralgeschichte des christlichen Abendlandes, daß die Moral- und Sittengebote alles andere als natürliche sind, sondern in politischen, gesellschaftlichen, kulturellen oder auch ökonomischen Notwendigkeiten wurzeln. Darüber hinaus waren sie stets grundlegenden Wandlungen und Änderungen unterworfen.
Es darf als sicher gelten, daß sich die Juden nach der Flucht aus Ägypten nicht als Volk hätten durch die Jahrhunderte behaupten können, wenn nicht eine zwanghafte Religion und Staatsordnung die zwölf Stämme geeint und so ein Volksbewußtsein geschaffen hätte. Recht, Moral und Religion flossen in den Gesetzen zusammen. Jedes Volksbewußtsein speist sich aber zu einem erheblichen Teil aus einem Gegensatzbewußtsein (Rasse, Kultur, Ideologie, Geschichtserfahrung, Religion) zu den Nach-

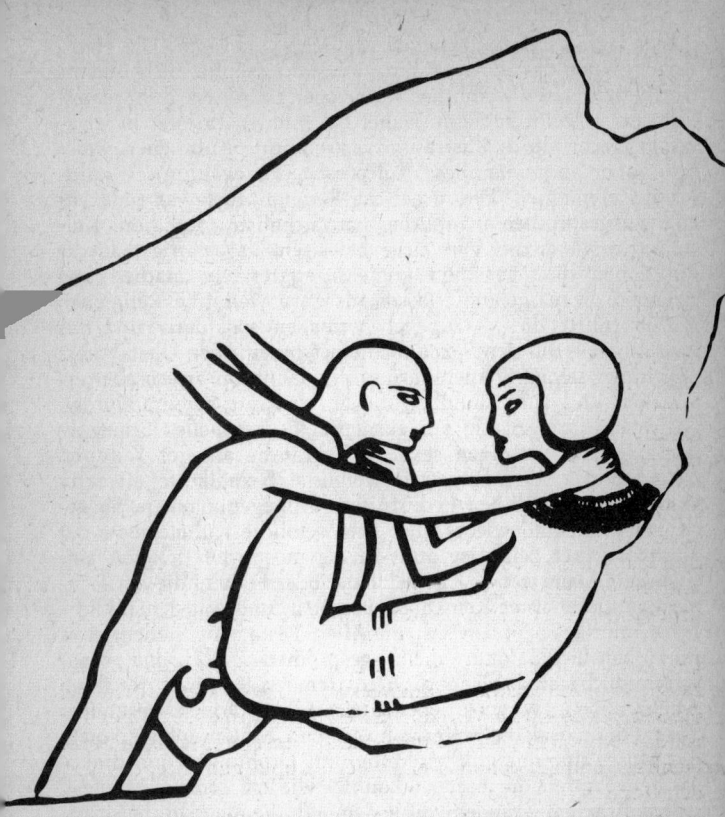

Kultische Koitusszene. Altägyptische Felszeichnung um 700 v. Chr.

barvölkern. Die Juden konnten sich gegenüber den anderen Völkern nur behaupten, weil sie zutiefst davon überzeugt waren, Auserwählte des Herrn, Kinder Gottes zu sein. Demgegenüber waren andere Stämme von vornherein minderwertiger.

Die Nachbarn der Juden aber, sowohl die Ägypter als auch die Kanaaniter, Moabiter oder Hethiter, pflegten phallische Kulte (griechisch phallos = das steife männliche Glied) und andere Fruchtbarkeitsriten. Dementsprechend war auch die Einstellung zur Sexualität ziemlich frei, zumindest unproblematischer.

Vor allem die kanaanäisch-amoritische Religion barg für Israel, wie es der Alttestamentler R. Kittel formulierte, »eine furchtbare und dauernde Gefahr«, woraus sich »die oft harte und unerbittliche Gesinnung den Kanaanitern gegenüber und man-

che uns grausam erscheinende Maßregel« erklären. Die Nachbarreligionen der Juden waren »weibliche« Kulte, die höchsten Gottheiten waren weiblicher Natur oder androgyn, d. h. männlich und weiblich zugleich. Daher bestimmten Priester in weiblicher Tracht, durch Kastration verweiblichte Kultdiener, weibliche, aber auch männliche Kultprostitution weithin die kultischen Zeremonien. Die mosaische Religion aber war (und ist) eine ausgesprochen männliche, patriarchalische Religion. Kulturanthropologische Vergleiche beweisen, daß patriarchalische Religionen die Menschen ungleich aggressiver machen und strengere Sexualgebote erlassen als etwa weibliche Religionen (Freud führte dies — zugegebenermaßen spekulativ und nur modellhaft — auf den Sexualneid eines urzeitlichen Über-Vaters gegenüber seinen Söhnen zurück, der dann von diesen aber erschlagen und aus Schuldbewußtsein als Gott verehrt wurde). Gleichzeitig zeigen sie ein ausgeprägtes »sexuelles Schutzbedürfnis« und verfolgen sexuelle Gebräuche anderer Kulturen unnachsichtig, offenbar, weil weibliche Sexualkulte attraktiv sind und menschlichen Bedürfnissen entgegenkommen. So geschah es hin und wieder, daß sich weibliche Kultelemente der Nachbarvölker zeitweise auch in die mosaische Religion einschlichen. Dann gab es Tempeldiener oder Frauen, die am Tempel das Opfer ihrer Keuschheit brachten, und selbst männliche Prostituierte. So finden sich im Alten Testament Stellen, etwa im Hohen Lied Salomos, die ausgesprochen sinnlich und »sexualfreundlich« sind. Dennoch: Den fremden Kulturen mit ihren regelmäßigen, vorgeschriebenen sexuellen Orgien gegenüber wirkte die mosaische Religion mit ihren Geboten und Verboten, die Moses nur mit größter Mühe, mit Drohungen und drakonischen Strafen durchsetzen konnte, wie ein strenger Protest. Aus politischen Gründen wurde demnach die menschliche Sexualität wesentlich eingeschränkt, um die notwendige Disziplin und Aggression für den Existenzkampf zu erreichen. Der eine Gott, der keine anderen Götter mehr neben sich duldet, stand als höchste Autorität hinter der neuen Moral. Dem allmächtigen, allwissenden Vater stand der einzelne unmittelbar gegenüber, er konnte nicht bei anderen Göttern Zuflucht suchen, wenn ihm dieser nicht gefiel. Das verstärkte das Schuldgefühl und die Hilflosigkeit des einzelnen, dem daher nur reuige Unterwerfung blieb. Folgerichtig ist das Verhältnis Gott—Mensch im Christentum das Verhältnis Vater—Kind, das hilflose, unmündige, gehorsame Kind (dieses Herrschaftsverhältnis wird spätestens dann problematisch, wenn auch recht irdische Stellvertreter des Allmächtigen dessen Allgewalt auf Erden vollziehen oder beanspruchen).
Die sexuellen Orgien im Gefolge der Fruchtbarkeits- und Phalluskulte wurden zur »Hurerei«, die der Herr meist mit dem

Tode bestrafte (zum Beispiel 4. Moses 25, 1 bis 9: »Israel wohnte in Sittim und das Volk hob an zu huren mit den Töchtern der Moabiter, die das Volk zum Opferfest ihrer Götter geladen hatte. Das ergrimmte des Herrn Zorn über Israel. Er sprach zu Mose: Nimm alle Obersten des Volkes und hänge sie dem Herrn auf in der Sonne. Und Moses sprach zu den Richtern Israels: Erwürge ein jeglicher seine Leute, die sich an die fremden Götter gehängt haben. Und es wurden getötet 24 000«).

Daneben wurde der, bei den Nachbarvölkern natürliche, außereheliche Geschlechtsverkehr als »Ehebruch« problematisiert und ebenfalls todeswürdig, was freilich in erster Linie die Frauen traf. Ebenso wurde die Homosexualität (in anderen Kulturkreisen etwas durchaus »Natürliches«) tabuisiert, die Sodomie (Geschlechtsverkehr mit Tieren) und die Kastration, Verkleidung usw. Die Sexualität wurde auf die Ehe beschränkt. Der Grund ist einleuchtend: Das in ständigen Kämpfen von hohen Menschenverlusten betroffene Israel mußte alle Formen der Sexualität verbieten und denunzieren, die nicht auf Fortpflanzung, sondern nur auf individuelle Lusterfahrung bezogen waren. In solchen Fällen gesellschaftlicher Notwendigkeit spielt menschliches Glück keine Rolle.

Andererseits erlaubte das mosaische Gesetz noch die schnelle Scheidung und die Polygamie (Mehrehe), mit größter Wahrscheinlichkeit ebenfalls aus politisch-sozialen Gründen: eine unfruchtbare oder alte Frau war für ein Volk, dessen Männerzahl in ständigen Kriegen dezimiert wurde, wertlos und belastete das Einkommen des Mannes. Umgekehrt war eine junge Witwe, die noch Kinder gebären konnte, zu wertvoll, als daß »ihr Schoß brachliegen« hätte dürfen.

Zudem war die Polygamie eine praktische soziale »Witwen- und Waisenversorgung«.

(Ebenso verfuhr Mohammed, der Gründer der islamischen Religion. Bevor die Araber mit dem grünen Banner Allahs durch Länder und Staaten stürmten, kannten sie nur die Einehe. Erst als immer mehr Krieger in den 7. Himmel gelangten, weil sie auf den Schlachtfeldern erschlagen wurden, mußte der Prophet die Mehrehe, den Harem, einführen.)

Jedenfalls: die weitgehend politisch und sozio-ökonomisch bedingte mosaische Sexualmoral wurde zur Quelle auch der christlich-abendländischen. Die christliche Lehre nach Jesus Christus hat sie freilich noch weiter und entscheidend eingeengt; im Vergleich zu ihr war die mosaische Sexualmoral insgesamt relativ freizügig und weniger tabuisiert.

Bereits vor Christi Geburt begannen religiöse Sekten wie die Essener in Erwartung des Erlösers eine strengere Moral zu predigen. Jetzt wurden auch Scheidung und Polygamie als Unzucht verdammt, zumal sich nur die Reichen und Wohlhabenden mehrere Frauen leisten konnten, nicht hingegen die armen Massen des Volkes. Der größere sexuelle Genuß, den die Polygamie als gesellschaftliche Institution ermöglichte, dokumentierte zugleich den Klassencharakter des vorchristlichen Israel. Johannes (der Täufer) jedenfalls verlor noch seinen Kopf, als er den König Herodes wegen dessen Ehescheidung anklagte.

In den Evangelien, vor allem bei Markus, wurde diese Moral als Lehre Christi verfestigt. Von Christus selbst sind nur wenige Äußerungen zur Sexualität überliefert. Er verzieh zum Beispiel der Ehebrecherin, verlagerte aber auf der anderen Seite die, wenn man so sagen will, sexuelle Lust in das Gewissen: vor Gott sündhafter und sträflicher Ehebruch war jetzt nicht mehr nur der faktische Vollzug, sondern schon das Spiel mit den Gedanken und der »lüsterne« Blick auf die Frau eines anderen. Christus freilich wollte damit die Unterdrückung der Frau und ihr soziales Los mildern, da sie der Mann ohne große Formalitäten auf die Straße setzen konnte.

Dabei darf nicht vergessen werden, daß die Juden damals, in der Antike wie zur Zeit der ägyptischen Versklavung, in einer Umwelt lebten, die zur Sexualität ein überwiegend positives Verhältnis hatte. Griechen wie Römer kannten religiöse Sexualkulte und -bräuche, zum Beispiel die Tempelprostitution, die (nach Göttern benannten) Priapus- und Dionysiosfeiern und viele andere mehr.

Griechen und Römer, d. h. die sozial privilegierten und damit die gebildeten Schichten, bezogen die Sexualität als eine Möglichkeit des Lebensgenusses in ihre Kultur mit ein. Die antiken Hetären und Kurtisanen wie Philänis, Lysistrata, Elephantis oder Aspasia, hochgeachtete Frauen und Berühmtheiten ihrer Zeit, machten aus der Liebe eine Kunst, wie beispielsweise der griechische Schriftsteller Lukian in seinen »Hetärengesprächen« berichtet. Einige verfaßten sogar Anleitungen zur Liebeskunst und beschrieben sehr genau die anatomische Beschaffenheit des Körpers und seine Funktionen, um den sexuellen Genuß möglichst zu steigern. So gab Aspasia Frauen, die die Rückenlage bevorzugten, denen aber das Gewicht des Mannes zu schwer war, den Rat, die Beine bis zur Brust anzuziehen: »Dann wird der Phallos tiefer in dich eindringen und dir das Werk der Liebe um so erfreulicher werden. Nie wirst du den Phalloskopf deines Geliebten deinem Herzen näher fühlen.«

Die Liebe, gerade auch die »nackte« Sexualität, ist Thema der Bildhauerei, der Freskenmalerei und der Literatur. Die körperliche Schönheit, sowohl des Mannes wie der Frau, hatte große kultische Bedeutung und genoß Ehrerbietung und Verehrung, wobei Mann und Frau sexuell völlig gleichberechtigt waren. Ja, es war die Frau, die als Lehrmeisterin der Liebe galt. Homo-

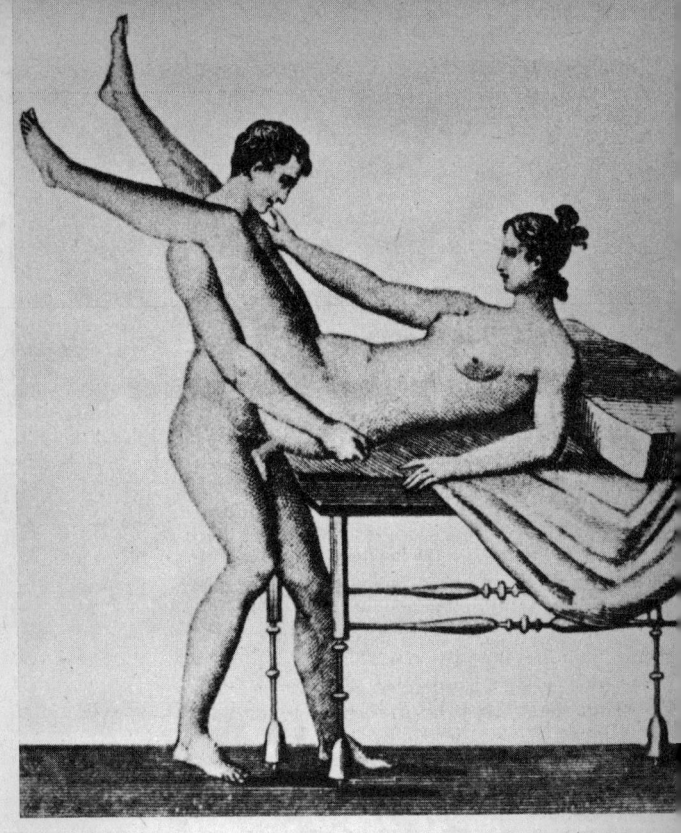

Die Darstellung des Geschlechtsaktes galt im antiken Rom keineswegs als Schweinerei, sondern war ein beliebtes künstlerisches Thema. Unser Bild zeigt ein Fresko in einem vornehmen Haus in Pompeji. Die Stadt wurde im Jahre 79 n. Chr. durch einen Ausbruch des Vesuv verschüttet.

sexualität und Knabenliebe (Päderastie) waren nur verschiedene Weisen des Sexus.

Es gibt wohl kaum eine Sexualposition oder sonst eine Möglichkeit sexuellen Genießens, die nicht kunstvoll dargestellt oder in vollendeten Gedichten besungen worden wäre, so von den Griechen Lukian, Aristophanes, Platon, Asklepiades, schon Homer, oder von den Römern Ovid, Apulejus, Horaz, Martial, Petronius, um nur wenige Beispiele zu nennen. Der große Liebeskünstler Ovid beispielsweise empfahl, bei der Wahl der Sexualpositionen Geschmack zu zeigen und eine Stellung zu wählen, die der körperlichen Beschaffenheit des Paares am besten entspräche:

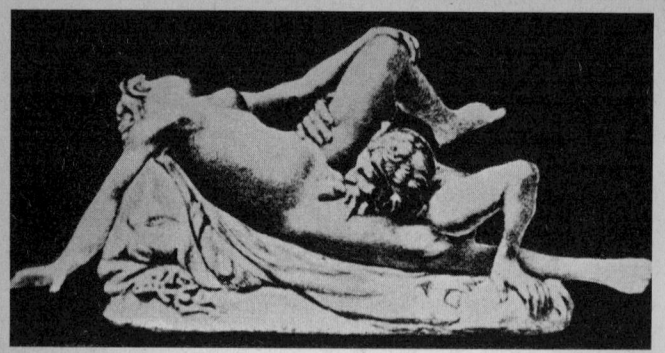

Cunilingus, diese Art sexuellen Verkehrs, gilt heute bei den meisten Menschen als Perversität, dem altrömischen Künstler, der diese Bronzegruppe schuf, dagegen als etwas Natürliches.

»Nimm alle Vorzüge wahr und wähle die Stellung,
die deiner Schönheit am besten geziemt.
Nicht frommt ein und dieselbe Form jeder der
liebeslüsternen Frauen.
Ist dein Gesicht von besonderer Schönheit,
dann lieg' auf dem Rücken
und biete so dem brünstigen Manne dich dar.«
Martial begeistert sich für die positio normalis:
»Öffne du deine Schenkel und streck sie so weit wie
    ein Mädchen nur kann,
so tritt deine Vulva dem kraftvoll strotzenden Speer
als lockendes Ziel entgegen,
daß er sie zärtlich durchdringe . . .
Aber höre, du Holde,
rühre dich nicht! Laß lieber mich vollenden das Werk;
Ich tu's mit Vergnügen, während die Stöße du zählst,
die der Lust entgegen dich treiben.«
Was geschah, wenn sich Andromache und ihr heldenhafter
Gatte Hektor liebten, weiß Ovid in folgenden launigen Zeilen
zu berichten:
»Hinter den Toren masturbierten die phrygischen Knechte mit
    Eifer,
Wenn sie die Schreie der Lust hörten, die Andromache
ausstieß, nachdem ihren Helden
sie in der Art eines Pferdes bestiegen.«
Auch Homer hat in seiner Ilias diese Liebesstellung der beiden
beschrieben.
Diese verfeinerte Erotik und Sexualkultur einer kleinen Oberschicht darf freilich nicht als repräsentativ für die Völker selbst

gelten. Der harte, entbehrungsreiche Alltag, der die Masse des Volkes zwang, jede Stunde für den Kampf ums Dasein auszunutzen, ließ wenig Raum für sexuelle Genüsse und Lebensfreude. Hungerepidemien und Seuchen taten ein übriges, die Menschen in beständiger Angst zu halten. Von den feudalen Herrschaftsverhältnissen abgesehen, wirkte angesichts des niedrigen Standes der Produktivkräfte die erbarmungslose Realität des Lebens unterdrückend und disziplinierend. Sexualität konnte sich hier nicht entfalten, um das menschliche Zusammenleben zu humanisieren. Die großartigen philosophischen Ideen und Gedankengebäude bleiben Diskussionsgegenstand einer Elite. Der Krieg und barbarische Grausamkeit waren daher für die Massen stets eine Möglichkeit, ein elendes Leben durch Beute und Abenteuer erträglicher zu gestalten. Um sich die verachtete Plebs vom Halse zu halten, veranstalteten die Kaiser und Aristokraten des alten Rom regelmäßig Zirkusspiele mit blutigen Schlächtereien, oder sie ließen Getreide verteilen. Armut und Hunger machen aggressiv, daher muß man für diese Aggressivität Ventile schaffen: Brutalität und Entschädigungen eignen sich seit eh und je vortrefflich dazu.

Diese Sexualkultur der Griechen und Römer war den Juden ein heidnisches Ärgernis, wobei der Haß auf die römischen Besatzer sicherlich zusätzlich eine Rolle gespielt hat. Der Apostel Paulus, römischer Staatsbürger und Junggeselle, ging dann den entscheidenden Schritt weiter, indem er in Erwartung des Jüngsten Gerichts die Sexualität insgesamt, auch die in der Einehe gebilligte, grundsätzlich als Makel verwarf. Nur mit Widerwillen ließ er — Notwendigkeiten gehorchend — die Sexualität in der Einehe zu: »Es ist dem Menschen gut, daß er kein Weib berühre, aber um der Hurerei willen habe jeglicher sein eigen Weib ... So die Ledigen und die Witwen sich nicht enthalten können, so laß sie heiraten. Es ist besser zu heiraten als Brunst zu leiden.« (1. Korintherbrief). Darüber hinaus bestätigte der Apostel die rigorose Unterordnung der Frau unter den Mann: »Die Weiber seien untertan ihren Männern als dem Herrn« (Epheser 5, 22). Begründung: das Weib sei als die Verführerin Adams schuld an der Erbsünde! (Thimotheus, 2, 14)

Die Ehe also als Sexualgemeinschaft »um der Hurerei willen«, das heißt der Triebbefriedigung des Mannes willen, die Frau bloßes Sexualobjekt. Von Liebe als Ehemotiv ist hier noch wenig die Rede.

Die Unterdrückung der Sexualität, und damit verbunden immer auch die soziale und menschliche der Frau als Gesamtpersönlichkeit, wurde im Verlauf der Geschichte von den Kirchenvätern verfestigt. Tertullian fand zwischen Prostitution und Ehe keinen Unterschied mehr und nannte den Koitus einen »schamlosen Akt«. Die Allgemeingültigkeit (»Katholizität«)

*Ein kräftiges Trinkgeld ist erforderlich, wenn Touristen im wieder-
ausgegrabenen Pompeji solche kunstvollen Fresken sehen wollen, die
den Geschlechtsakt darstellen. Die erotische Kunst der Antike gilt
heute vielen als Pornographie oder als Zeichen von Sittenverfall und
Dekadenz.*

dieser Moral ist in der Behauptung des ehrwürdigen Kirchen-
vaters enthalten: »anima naturaliter christiana« — die Seele ist
von Natur aus christlich. Hunderttausenden von nichtchrist-
lichen Un-Menschen kostete diese Feststellung das Leben.
Der heilige Augustinus muß sich vor Ekel geschüttelt haben,
wenn er über sexuelle Dinge schrieb. Der Orgasmus beraube
den Menschen seines Bewußtseins und seiner Erkenntnisfähig-

keit, schrieb er in seinem »De civitate dei« (»Vom Staate Gottes«). Es sei bezeichnend, daß der Mensch zwischen »Kot und Urin« geboren werde.

Wieder lassen sich handfeste Motive für diese repressive Moral ausmachen, die sie ihrer »Natürlichkeit« berauben.

Nachdem sich die Prophezeiungen über das bevorstehende Jüngste Gericht nicht erfüllt hatten, mußten sich die frühen Christen in dieser Welt einrichten. Je mehr sich ihre Religion trotz blutigster Verfolgungen im römischen Weltreich ausbreitete, desto mehr reichte sie an die Stufen der politischen Macht heran.

Im vierten Jahrhundert nach Christus zeichnete sich der Sieg des Christentums im damaligen römischen Weltreich ab: Kaiser Konstantin erhob es zur Staatsreligion. Die Verfolgung nahm (aus Rachegefühlen?) eine umgekehrte Richtung: alle die vielen, noch lebendigen heidnischen Kulte, aber auch Kunst und Philosophie der Griechen und Römer mit ihrer weitgehend bejahenden Einstellung zur Sexualität, mußten auch als staatsgefährdend ausgerottet werden.

Damit dokumentierte sich erneut, daß politische und gesellschaftliche Macht und der Zwang zu einer konformen, repressiven Moral einander bedingen.

Diese erotische Kunst der klassischen Antike ist heute noch bei den Prüden als Pornographie tabu. In den Museen werden attische Vasenbilder mit Koitusszenen oder pompejianische Mosaiken und Fresken den Besuchern nicht gezeigt, die erotische Dichtkunst von Terenz, Katull, Ovid, Apulejus, Horaz, Martial usw. wird in unseren humanistischen Schulen nicht gelesen.

Während das Konzil von Macon gegen Ende des sechsten Jahrhunderts noch über die Frage diskutierte, ob Frauen überhaupt eine Seele hätten (sie beschäftigte 13 Jahrhunderte später in ähnlicher Form die Wissenschaftler und Moralisten Europas!), wurde Maria unter dem Einfluß des vor allem die Frauen anziehenden Bildnisses der Göttin Isis, die den Knaben Horus auf dem Arm trägt, erst 431 zur Gottesmutter erklärt und dem Sexuellen vollends entrückt. Sie hieß »Jungfrau«, obwohl sie geboren hatte, ja sie hatte sogar überirdisch empfangen. Nach Thomas von Aquin bedeutete der Geschlechtsakt eine Besudelung des Mutterschoßes schlechthin. Nur der Teufel hatte Geschlechtsverkehr; selbst die Erzengel wurden geschlechtslose Wesen, trotz männlicher Namen.

Im Mittelalter war die sexualfeindliche, asketische christliche Ethik zu einem geschlossenen Ganzen ausgebaut. Sie galt als von Gott gesetzt, daher als »natürlich«. Der Körper des Menschen war bis auf die Genitalien entsexualisiert, die Sexualität etwas Widernatürliches und Schmutziges und nur auf die Einehe beschränkt, doch nur zum Zwecke der Fortpflanzung und nicht etwa als Quelle der Lust. Hand in Hand damit ging die menschliche und gesellschaftliche Entmündigung der Frau. Die Ehelosigkeit wurde zum Ideal und für die Priester verbindlich (Zölibat), das Leben in den Klöstern mit seiner körperfeindlichen Askese und seinen Kasteiungen das einzige, das Gott wohlgefiel.

Es würde zu weit führen, andere Hochreligionen zum Vergleich anzuführen, die das Sexuelle in ihren Kult mit aufnahmen und bejahten. Als die christlichen Eroberer im 17. und 18. Jahrhundert die Plastiken und Reliefs an den indischen Hindu-Tempeln sahen, entsetzten sie sich: Der Geschlechtsakt war kunstvoll in allen Positionen und Möglichkeiten überlebensgroß dargestellt; chinesische und japanische Künstler malten den Koitus »liebevoll« und in allen Details aus und schmückten ihre Wohnungen mit erotischen Bildern.

Umgekehrt schaudert es Asiaten noch heute, wenn sie die geschundenen, von Tod und Schmerz grausig gekrümmten Leiber des gekreuzigten Christus, des von Pfeilen durchbohrten heiligen Sebastian, des gesteinigten Stephanus usw. sehen. Christliche Todessehnsucht und Lebensfeindlichkeit, Sünde, Schuld und Gewissensnot feiern sichtbar schaurige Triumphe.

Was also ist »natürlich« und »menschenwürdig«, was abwegig und pervers?

Allerdings wissen wir, daß das asketische, sexualfeindliche Ideal des Christentums in der vorwiegend bäuerlichen, sozio-ökonomischen Realität auch des Mittelalters weitgehend Theorie blieb, da es zu weltfremd war. Es blieb zunächst die Lebensform einer geistig-geistlichen Elite. Der junge Bauer zum Beispiel konnte nicht darauf verzichten, die Fruchtbarkeit seiner künftigen Frau durch voreheliche Geschlechtsverkehr zu prüfen. Auch in anderen sozialen Schichten waren vor- und außereheliche Beziehungen geradezu institutionalisiert.

Die Menschen lebten in Familienverbänden, in Sippen zusammen, das Gesinde mit eingeschlossen, in einem oder zwei hallenähnlichen Räumen. Alle Angehörigen schliefen meist nackt in einem Raum, es gab noch kein Bett, niemanden störte es, wenn die Knechte und Mägde, die Eltern und die übrigen erwachsenen Familienmitglieder miteinander koitierten. Die Kinder wuchsen in dieser Umgebung »natürlich« auf. Sie brauchten keinerlei Aufklärung. Noch aus dem 15. und 16. Jahrhundert sind uns eine Fülle von Zeugnissen überliefert, daß Eltern beispielsweise ihre Kinder sexuell durch Masturbation (genitalsexuelle Befriedigung) befriedigten, etwa um sie stillzuhalten. Gegen sexuelle Spiele der Kinder hatte niemand etwas einzuwenden. Die Stadtväter, selbst Bischöfe, errichteten gut besuchte und lukrative Bordelle, die Prostituierten waren gesellschaftlich nicht in dem Maße geächtet wie heute. In den Badehäusern trafen sich Männer, Frauen und Kinder splitternackt.

Da sexuelle Enthaltsamkeit als gesundheitsschädigend galt, nahm es auch die Geistlichkeit, vom Mönchlein bis zum Bischof, ja sogar bis zum Papst, mit der gepredigten Lehre nicht so genau. Ja, die Kirche des Mittelalters verurteilte sogar mangelhafte Empfängnisverhütung.

Keuschheit war noch keine Tugend, nicht nur auf dem Lande, sondern auch in den Städten. Wie hätten sich auch die sexuellen Bedürfnisse unterdrücken lassen, da die Eheschließung aus sozialen Gründen beschränkt war. Das Gesetz bestimmte, daß nur der Inhaber einer Vollstelle, eines bäuerlichen oder handwerklichen Betriebes, heiraten durfte. Für die Knechte und Mägde, die heranwachsenden Jugendlichen, die nicht erbberechtigten Geschwister, die Gesellen usw., für die Mehrheit der Gesellschaft also, wäre sexuelle Enthaltsamkeit eine Zumutung gewesen. (Dieses Gesetz wurde übrigens erst 1868 durch den Norddeutschen Bund, Preußen und 17 Kleinstaaten, aufgehoben. Allerdings hatte sich die Mehrheit der Gesellschaft bis dahin längst einer repressiven Sexualmoral unterwerfen müssen.)

Entsprechend unmittelbar waren die Lebensäußerungen des mittelalterlichen Menschen: Liebe, Haß, Zorn, Zärtlichkeit, Freude, Trauer wurden spontan und in aller Öffentlichkeit gezeigt. Desgleichen sexuelle Lust. Auch vor anderen Körperfunktionen wie Rülpsen oder Furzen schämte man sich nicht. Sie waren schließlich natürlich. Ein reicher, heute völlig verschwundener sexueller Wortschatz stand zur Verfügung. (Unter dem Druck der christlichen Religion und der ständigen Not des kümmerlichen Daseins, die den Tod allgegenwärtig machte in Gestalt von Krankheiten, Feuer, Pest und Hunger zeigte sich freilich auch die psychische Kehrseite: Massenwahn wie Kinderkreuzzüge, Aberglauben, religiöse Hysterie, Zerstörungswut aus naturhafter Angst gegen sich und andere. Beide Kehrseiten dieser einen Medaille ließen später wenig verständnisvolle Historiker des 19. Jahrhunderts zu dem Urteil vom »Finsteren Mittelalter« kommen.)

Die Deftigkeit und Unmittelbarkeit der mundartlichen Sprache des Mittelalters bis weit in den Beginn der Neuzeit hinein muten uns heute obszön und als Sauerei an. Die meisten dieser Gedichte, Lieder, Balladen und Bühnenstücke gelten heute als Pornographie, weswegen die Schüler von dieser Volkskunst nichts mehr erfahren; den geltenden Sexualtabus wird strikte Achtung gezollt. Selbst an den Universitäten schulen sich die Germanistikstudenten fast ausschließlich an der »erhabenen«,

»reinen«, von »hoher Sitte« erfüllten Liebeslyrik der mittelalterlichen Minnesänger. Daß jedoch in vielen der Gedichte und
Epen die »nackte« Sexualität und Lust besungen wird, gilt als
tabu.

Die fromme Nonne Roswitha von Gandersheim (905–945)
wollte in ihren Dramen noch »die Geilheit unzüchtiger Weiber«
geißeln und »die löbliche Keuschheit christlicher Jungfrauen«
rühmen, mußte aber zu diesem Zweck das Laster in einer Fülle
von sexuellen und oftmals sadistisch betonten Bordellszenen
darstellen; sie tat es allem Anschein nach nicht ungern (von
diesem verlogenen Motiv leben notabene auch unsere heutigen
Illustrierten!). Die berühmte Nonne durfte ihre Stücke sogar
dem Bischof von Mainz und Kaiser Otto dem Großen über-
reichen.

In der berühmten Vagantenbeichte des Archipoeta, eines Günst-
lings des Kölner Erzbischofs Rainald von Dassel, hieß es um
1160 unbekümmert:

> »Auf des Lasters breitem Pfad, daß ich nicht verhehle,
> schreit' ich wohlgemut einher, jung und ohne Fehle.
> Nimmer will mir's in den Sinn, daß ich dumpf mich quäle;
> mir gilt mehr des Leibes Lust, als das Heil der Seele.«

Die Augsburger Nonne Klara Hätzlerin machte sich um das
Jahr 1470 daran, dem »Volk aufs Maul zu schauen« und allerlei
Sprüche, Verse und Kurzgedichte zu sammeln, die sie durch
eigene Produkte weidlich anreicherte. Ihre Sammlung charakterisiert ein Zweizeiler wie dieser:

> »Mich erfreut ihr Mündlein rot,
> als wie ein Scheißhaus in großer Not.«

In einem der zahlreichen und beliebten Volksbücher, die 1522
ein geachteter Franziskaner-Mönch verfaßt hatte, findet sich
folgende typische Anekdote:

»Es beichtete eine junge Tochter also: ›Lieber Herr, ich bin bei
einem ehrbaren Priester gelegen!‹ Der Beichtvater sprach: ›Bist
du auch nacket bei ihm gelegen?‹ Sie sprach: ›Nein, nacket
nicht. Ich hab ein Häubchen auf dem Kopf gehabt.‹«

Im Volksbuch von den Schildbürgern geht es besonders witzig
zu. Zwischen den deftigen Erzählungen finden sich immer wieder Rätsel, deren erotischer Inhalt auf eine falsche Fährte führt.
Hier nur eine Kostprobe:

> »Ich hab frische Haut gesehen,
> und der Zipfel, der tut stehen.
> Wenn der Zipfel tuet hangen,
> ist der Mägdlein Freud vergangen.«

Vermutlich krümmten sich die Menschen damals vor Lachen,
wenn sie die Auflösung hörten: der Dudelsack war gemeint.

Wer heute so sprechen wollte wie Martin Luther oder als Journalist seine Auseinandersetzungen in ähnlich derbem Sprach-

Orgiastische Szene auf einer Trinkschale (Ende 16. Jahrhundert). Perversität oder naive Lebensfreude?

stil, wie die Wissenschaftler damals führten, wäre disqualifiziert. Noch 100 Jahre nach Luther wetterte der sittenstrenge Abraham a Santa Clara von der Kanzel der Wiener Hofkirche sehr bildhaft: »Der Adler des Evangelisten Johannes sollte diesen Weibern auf die entblößten Brüste scheißen.«

Auch in den Fastnachtsspielen, die seit Anfang des 15. Jahrhunderts im Schwange waren, der berühmteste Fastnachtsdichter war der Nürnberger Hans Sachs, ging es derb-erotisch zu. Die Schauspieler der fahrenden Wanderbühnen agierten zum Teil splitternackt, was das Ergötzen des Publikums naturgemäß steigerte. Hier ein Monolog aus einem der damals beliebten Fastnachtsstücke:

> »Eines Tages ging ich hin
> und buhlte um die Müllerin.
> Ich fragte sie: wie wär es nun,
> wollt meinen Stecken ihr reintun?
> Zwei Pfaffen aber hatten
> viel größere als ich,
> die taten sie beschatten —
> und sie verschmähte mich.«

Wie es so auf den Marktplätzen zuging, wenn eine Wanderbühne eingetroffen war, beschreibt der Frankfurter Max Mangold 1597 in einem Gedicht so:

> »Der Narr dabei, Jean genennt,
> war mit Possen exzellent.
> In seinen Hosen hätt' noch einer Platz,
> er hat daran ein ungeheuren Latz.
> Es ist fürwahr ein Lust zu sehen,

wie glatt die Hosen ihm anstehen,
welche mit Fleiß so zugericht,
daß man was zwischen den Beinen sicht.
Daran etwann pflegen zu schauen
gelüstige Weiber und die Jungfrauen.«

Noch 1651 hält der Rat der Stadt Köln seine bewegte Klage darüber protokollarisch fest, daß »schandbare Spiele und Taten auf offenem Markte in den Gaukelhäusern verübt werden, so ganz schamlos und unehrlich Nackte zum Vorschein kommen, sowohl Manns- als auch Weibspersonen.«

Die ungelenke Steifheit der Sprache der Moral hat sich offensichtlich bis heute nicht geändert.

Natürlich gab es auch immer wieder nachdrückliche Ordnungsrufe, die nicht selten drakonische Strafen nach sich zogen. Geistliche Sittenprediger wetterten in den Städten, Ketzer und »Hexen« wurden, vor allem in der Umbruchzeit der Reformation, zusätzlich auch als Lüstlinge diffamiert, die widerlichste Orgien feierten. Denn der Teufel war ein ganz besonders geiler Bock. Die Fürsten und die Obrigkeit der Städte griffen zuweilen hart durch und achteten auf strenge Moral, die häufig eine mit doppeltem Boden war.

Karl der Große beispielsweise ließ »Huren« auf den Marktplätzen bis aufs Blut peitschen, hielt sich selbst aber mehrere Konkubinen. Der sittenstrenge badische Herzog Karl Wilhelm hatte in Karlsruhe angeblich bald einen Harem von 160 Landestöchtern beisammen. Martin Luther hatte Philipp I., dem Landgrafen von Hessen, eine Doppelehe erlaubt, ihm aber gleich geraten, dies geheimzuhalten, da das Beispiel unter den »groben Bauern« leicht Schule machen könnte. Die gelehrten Doktores der Universität Halle fanden mühelos einen juristischen Kniff, um die Stellung der zahllosen Mätressen und Geliebten des sächsischen Kurfürsten und polnischen Königs August des Starken zu legitimieren: »Das Anrüchige des Konkubinats muß bei großen Herren und Fürsten wegfallen, indem diese den Strafgesetzen nicht unterliegen.«

200 Jahre zuvor hatten die Stadtväter von Straßburg alle »unzüchtigen« Bilder und Schriften verboten, und da und dort mußte ein Mädchen, das Pech gehabt und ein uneheliches Kind zur Welt gebracht hatte, an den Pranger. Zuweilen wurde ein junger Mann dazu verurteilt, seine »Gefallene« auf einem Schubkarren durch die Stadt zu fahren und sich mit Kot bewerfen zu lassen; aber nur, wenn die Geistlichkeit durch Denunziation von ihrem schändlichen Treiben erfahren hatte. Im Österreichischen hing man »gefallenen« Mädchen den »Lasterstein« um den Hals.

Im großen und ganzen jedoch hatte sich lustfeindliche christliche Moral auch im 15. und 16. Jahrhundert bei den breiten

Volksschichten noch nicht in ihrer ganzen asketischen Strenge durchsetzen können. Das zeigt sich unter anderem deutlich an der »peinlichen Gerichtsordnung« Kaiser Karls V. aus dem Jahre 1532, die für die kleinsten Vergehen die schrecklichsten Strafen kennt, den ganzen Bereich der »Unzucht« aber nicht aufführt. (Auch im Bereich des Rechts lassen sich die sozio-ökonomischen Ursachen leicht nachweisen. Die drakonischen Strafen bis hin zur Folter, Verstümmelung und Hinrichtung etwa für Diebstahl, der heute als Mundraub gelten und nicht bestraft würde, erklären sich zum Teil aus den kümmerlichen Lebensverhältnissen: Der Diebstahl eines Laibes Brot oder eines Scheffels Korn rief für den Bestohlenen das Hungergespenst an den leeren Tisch.)

Wenige Jahre später freilich finden sich derartige Strafen in den Reichspolizeiordnungen — unter dem Druck der Kirchen sowie unter dem des aufstrebenden Bürgertums. In der Tat läßt sich die These nicht von der Hand weisen, daß die sexualfeindliche christliche Moral erst vom Bürgertum als allgemein gültig durchgesetzt und ihr die strikte Achtung gesichert wurde, schließlich selbst im Unterbewußtsein des einzelnen.

Zusammen mit dem Aufstieg des Bürgertums entwickelten beziehungsweise verfestigten sich die Moralanschauungen, es entstand die bürgerliche Leistungsethik, die noch heute gilt und sich auch in den kommunistischen Staaten Osteuropas und Asiens durchgesetzt hat. Dieser äußerst komplizierte Prozeß, der sich über rund 350 Jahre hinzog, bis er schließlich auch die untersten sozialen Schichten der Gesellschaft erreichte, dafür um so strenger, muß zumindest in Stichworten beschrieben werden.

Um die Wende zum 16. Jahrhundert begann Europa von einschneidenden Veränderungen umgestaltet zu werden. Die Entdeckung neuer Kontinente und Seewege korrigierte nicht nur die geographischen Vorstellungen von der Erde, sondern weitete auch den Handel aus und erschloß neue Rohstoffquellen und Reichtümer. Die Astronomen Kepler, Kopernikus, später Galilei revolutionierten das Weltbild, die Wissenschaft nahm einen ungeahnten Aufschwung, die reformatorischen Bewegungen (Luther, Calvin, Zwingli) stellten neue Fragen nicht nur an die Religion, sondern auch an die Existenz des Menschen. Und was das damalige Deutsche Reich betrifft: Das Kaisertum wurde faktisch machtlos, das Reich splitterte in eine Unzahl von selbstherrlichen Landesfürstentümern, Bistümern, Grafschaften, Stadtregimes usw. auf. Die absolute Staatsgewalt rückte damit dem deutschen Bürger unmittelbar auf die Haut.

Mit am bedeutsamsten in dem gewaltigen Umbruchprozeß etwa um das Jahr 1500 aber waren neue Entdeckungen und Verbesserungen auf technisch-ökonomischem Gebiet. Hier sind in erster Linie der Buchdruck zu nennen, der das Kommunikationssystem revolutionierte, dann der Bergbau, die Metallurgie und die Textilwirtschaft. Die Handwerksberufe spezialisierten sich, neue Berufe entstanden, vor allem auch in der sich rasch ausdehnenden Verwaltung. Das Handelsnetz wurde weiter und dichter, das Verkehrs- und Transportsystem (Schiffsbau zum Beispiel) mußte danach ausgerichtet werden.

Vor allem änderte sich dadurch die Produktionsweise. Die gestiegenen Bedürfnisse ließen sich nicht mehr mit der Produktionstechnik der alten Handwerkszünfte bewältigen. Für die Erzeugnisse mußten ferner neue Absatzmethoden entwickelt werden, eine neue Art, die Rohstoffbasen zu sichern.

Den meisten Handwerksmeistern fehlte es an Kapital, neue Produktionsmittel und Maschinen zu kaufen, Vorratswirtschaft zu treiben und sich um den Absatz zu kümmern. Dieses Kapital begannen ihnen reich gewordene Kollegen oder Kaufleute vorzustrecken, zu »verlegen«, und damit Menge und Qualität der Produkte zu bestimmen. Außerdem stellten sie selbst Handwerkszeug oder Maschinen, zum Beispiel neue Webstühle, zur Verfügung. Ehemals freie Zunfthandwerksmeister gerieten in Lohnabhängigkeit oder mußten sich verschulden. Gegen den erbitterten Widerstand der Zünfte entstanden Manufakturen, größere und rationeller arbeitende Produktionsbetriebe. Das rasch wachsende Kapital sowie das sich differenzierende ökonomische System des »Frühkapitalismus« erforderten ferner ein neues Finanzierungssystem, die Banken entstanden.

Diese neue Schicht, beschränkt zunächst auf Kaufleute, Bankiers und Produktionsmitteleigner, von denen die Fugger, Welser, Tucher die berühmtesten Namen sind, nennt man soziologisch das »Bürgertum«. Es bestimmte fortan immer stärker die ökonomische, gesellschaftliche und eben auch die »moralische« Entwicklung in Europa. Allgemein ausgedrückt könnte man sagen: Aus einer bis dahin statischen Gesellschaft wurde allmählich eine dynamische, aus einer horizontal gegliederten eine vertikale mit einer sozialen und beruflichen Stufenleiter. Theoretisch hatte nun jeder Mensch die gleichen sozialen Chancen, faktisch freilich nicht. Die Menschen wurden infolge der beruflichen, ökonomischen und gesellschaftlichen Spezialisierung voneinander abhängiger. Sie mußten aus ihren großen Lebensgemeinschaften, der Großfamilie, der Sippe, der Zunft, als einzelne heraustreten. Die Kontakte, die sie jetzt knüpften, waren keine ursprünglich »menschlichen« (primären) mehr, sondern »soziale« (sekundäre). Der Kontakt zum »Nächsten« bestimmt sich jetzt aus der notwendigen Zusammenarbeit; ob einem der Nächste als Mensch paßt oder nicht, wird nebensächlich. Der einzelne tritt in der Öffentlichkeit als Träger einer bestimmten

Rolle, einer sozialen ökonomischen Funktion auf; dies allein ist maßgebend, nicht mehr er selbst als Gesamtpersönlichkeit.

Ganz im Gegenteil: Spontane Äußerungen des Menschseins beginnen dieses komplizierter werdende Gesellschafts- und Produktionssystem zu stören, sie belasten das reibungslose Funktionieren der Rollenbeziehungen. Der Mensch lernt daher Affektäußerungen, das offene Zeigen seiner Wünsche, Emotionen und Triebe zu beherrschen. Er muß Selbstkontrolle, Selbstzwang üben, der von der Gesellschaft mit Nachdruck gefordert wird. Die Regeln des gesellschaftlichen Verkehrs ändern sich allmählich; erst eine Frage der Zweckmäßigkeit, werden sie zu Anstandsregeln, zur Etikette, schließlich zu Problemen von Gut und Böse, zur Moral. Das Wertsystem wandelt sich. Der Körper des Menschen wird unter dem Zwang sozio-ökonomischer Notwendigkeiten von einem Lustorgan zu einem Leistungsorgan. Über Tun und Lassen entscheidet er jetzt noch viel weniger als früher; der von der neuen gesellschaftlichen Klasse, dem Bürgertum, gesteuerte Produktionsprozeß erfordert Disziplin und vor allem Pünktlichkeit zur Steigerung der Arbeitsleistung. Die Uhr wird ein Tyrann, die Zeit wird organisiert.

Die Lohnabhängigen bestimmen nicht mehr über den Ablauf des Produktionsprozesses. Schon der Frühkapitalismus beschleunigt auch die Differenzierung des Einkommens und Vermögens sowie ihre Konzentration in wenigen Händen. Gehörten, wie sich aufgrund der städtischen Steuerlisten nachweisen läßt, noch um das Jahr 1380 nur ein Fünftel zur untersten Einkommensgruppe und 10 bis 15 Prozent zur höchsten, so betrug um das Jahr 1500 die Schicht der Bettelarmen teilweise bis zu 50 Prozent, die der Reichsten, der höchsten Steuerklasse, dagegen nur noch maximal ein bis 0,44 Prozent!

Die Erfolge dieser Neuorganisierung geben dem Bürgertum ein Selbstbewußtsein, das sich in der Auseinandersetzung mit dem Adel (der sein ausschweifendes »unnützes Leben« beibehält, da es die ökonomischen Lebensverhältnisse erlauben) weiter stärkt. Die bürgerliche Moral setzt sich durch, sie bestimmt über richtig und falsch, über Gut und Böse. Ausnahmen werden immer weniger geduldet. Wer gegen Moralgebote verstößt, kommt »an den Pranger«. Für Sexualität, für das Ausleben der Triebwünsche insgesamt, ist in der Öffentlichkeit kein Platz mehr. Die bürgerliche Moral und die schon längst bestehende christliche beginnen deckungsgleich zu werden.

Die Erziehung gewinnt unter diesen Umständen naturgemäß ausschlaggebende Bedeutung. Erstens wird sie ein Mittel und eine Möglichkeit, die sich herausbildende soziale Leiter rascher erklimmen zu können. Erziehung und Ausbildung werden außerdem eine Kapitalanlage, was vor allem für das besitzende Bürgertum gilt, zum anderen erfordern die komplizierter gewordenen Berufe sowie das ökonomische System eine gründlichere und längere Schul- und Lehrzeit. Schließlich können die notwendigen, von der Gesellschaft geforderten Verhaltensweisen erst über die Erziehung durchgesetzt werden. Sie garantierte zudem Konformität, sicherte gleiche Anschauungen und gleiches Verhalten. Abweichendes Verhalten wurde bestraft und verfolgt und sei es nur durch gesellschaftliche Isolierung und Ächtung.

Der sich allmählich vollziehende Prozeß der Unterdrückung der Triebstruktur, des Es, war, was das Bürgertum betrifft, gegen Ende des 18. Jahrhunderts abgeschlossen und hatte schließlich groteske, im klinischen Sinne irre Züge angenommen.

Er veränderte den bürgerlichen Menschen auch psychisch.

Jetzt erst bildete sich das Über-Ich heraus, der strenge Repräsentant des Moralsystems der Gesellschaft, das »Gewissen«, die Scham, das Schuldgefühl, die Strafangst, das Strafbedürfnis. Mit Sicherheit entstand jetzt erst der Generationskonflikt in der Schärfe, wie wir ihn heute kennen, da die Ausbildung länger wurde, mit ihm die Zeit der Kindheit und der Jugend. (Im Mittelalter war der Mensch spätestens mit elf Jahren mündig, ab acht Jahre mußte er in der Lage sein, sich sein Brot zu verdienen, geheiratet wurde nach der Geschlechtsreife, sofern der Betreffende eine Vollstelle nachweisen konnte. Meist wußten die Menschen gar nicht, wie alt sie waren.)

Während dieser Zeit aber — der Mensch wurde durch den Kulturprozeß »infantilisiert«, das heißt, länger im Stadium des Kindseins gehalten — war Geschlechtsverkehr strikt verboten und wurde mit schweren Strafen belegt. Es bildete sich die Pubertätskrise.

Denn während der menschliche Körper zu einem Leistungsorgan entsexualisiert wurde und die Triebwünsche ins Unterbewußtsein verdrängt werden mußten, wurden gleichzeitig sowohl die Psyche als auch der Körper in der Phantasie erotisiert. Die Sexualität wurde erst recht zum Problem — je strikter die Repression wurde, desto mehr. Der Busen, ein entblößter Frauenfuß, weibliche Unterwäsche usw. erregten jetzt sofort sexuelle Phantasien. Die erotische Reizbarkeit des Menschen wuchs. Der Busenkult oder der Striptease sind typische Erscheinungen der westlich-technisierten Industriezivilisation und finden sich sonst in anderen Kulturkreisen nicht.

Dieser gewaltige technisch-ökonomische, geistige und religiöse Umbruchprozeß entwurzelte zunächst breiteste Schichten der Bevölkerung. Das große einigende Band des Abendlandes, die eine — katholische — Religion, zerriß, die Reformation bot Alternativen. Allerdings keine freiwilligen: Über das Bekenntnis entschied der Landesherr, manch braver Bürger hatte während seines Lebens des öfteren die Religion zu wechseln. Der soziale

Umbruch ließ viele Menschen bettelarm werden, ganze Städte und Landstriche verarmten. Von Generation zu Generation überliefertes Verhalten galt nicht mehr, neue Ideen und Erkenntnisse fanden dagegen rasche Verbreitung. All dies erforderte von den Menschen einen Grad an Anpassungszwang, den sie rational nicht zu leisten vermochten. Innere Haltlosigkeit aber läßt Angst entstehen, die der Mensch durch die Flucht ins Irrationale, in den Aberglauben, ins Dämonische zu bewältigen sucht. Angst ist aber ebenso eine Quelle der Zerstörungslust, der Aggressivität und Barbarei. So treten beide Erscheinungen, Dämonenglauben und Hexenwahn, zusammen mit grausamster Zerstörungswut, in jener Umbruchszeit des 16. und 17. Jahrhunderts besonders kraß zutage, um im 30jährigen Krieg (1618 bis 1648) einen infernalischen Höhepunkt zu finden.

Und dennoch: Die breite Masse des Volkes war offenbar nicht in einem unverständlichen Maße aggressiv. Der Massen- oder Volkskrieg, wo jeder einzelne sich die Sache des »Vaterlandes« zu eigen macht, ist jüngeren Datums und mit dem Sieg der sexualfeindlichen Moral eng verbunden. Die kollektive Aggressionslust und Manipulierbarkeit in den Industriegesellschaften vor allem des 20. Jahrhunderts, die doch im Vergleich zum Mittelalter jene grausame Armut überwunden haben, erklärt sich aus anderen Ursachen.

Dieser Prozeß der Unterdrückung der menschlichen Sexualität erhielt sich deutlich sichtbar an kulturellen Errungenschaften: da die Sippe nicht mehr zusammen in einer Stube schlafen durfte, entstand ein gesondertes Schlafzimmer, das veränderte die Architektur des Hausbauens. Das Bett wurde »erfunden«, desgleichen das Nachthemd, der »Intimbereich« entdeckt; die allgemeine Körperfeindlichkeit verbot auch anderen körperlichen Bedürfnissen und Funktionen in Gegenwart von Menschen nachzugeben, wie das im Mittelalter selbstverständlich war.

Körpergerüche wurden plötzlich abstoßend, desgleichen das Rülpsen und Furzen. Noch Luther hatte diese Körperfunktionen als eine Geste der Höflichkeit bei Tisch verstanden: »Warum koppet und forzet ihr nicht, hat euch das Essen nicht geschmakket?« Die Kleidung wurde länger und weiter, der Busen verhüllt; hatte der Mann des 15. und 16. Jahrhunderts noch einen grellfarbenen, meist roten Hosenlatz, weil er auf sein Glied in naiver Unschuld stolz war, so galt dies bald als barbarisch. Die Wanderbühnen, die ehedem grobe Stücke voll deftiger Erotik mit nackten Darstellern auf dem Marktplatz aufgeführt hatten, verschwanden. Der zwar sentimentale, aber geschlechtslose Held begann die hohe Literatur zu beherrschen. Sexualität erscheint jetzt in nur angedeuteter und verschleierter Form. Und auch der

Wortschatz wurde gereinigt, ja er war im 19. Jahrhundert so gut wie verschwunden oder überlebte nur noch als »Gossensprache«. Wo der Mensch des 17. Jahrhunderts noch von »ficken« und »vögeln« sprach, behelfen wir uns heute mit schamhaften und phantasielosen Umschreibungen, die teilweise dem wissenschaftlichen Jargon des 19. Jahrhunderts entnommen wurden: beischlafen, Geschlechtsverkehr ausüben, koitieren, eheliche Pflicht vollziehen usw.

Heute bereitet die aus sexualmoralischen Gründen gereinigte Sprache größte Verständigungsschwierigkeiten. Wissenschaftlich fundierte Sexualaufklärung wird erheblich erschwert, weil der Durchschnittsleser die Begriffe nicht versteht. Patienten können sich nicht klar und verständlich äußern; Psychologen, Mediziner und Eheberater klagen, daß Informationen, Aufklärung und therapeutische Maßnahmen an fehlenden Sexualbegriffen und damit an fehlendem Verständnis scheitern, wenn aber »Gossenausdrücke« verwandt werden müssen, dies Schock und Abwehr auslöse.

Aber auch die Beziehungen zwischen Ehepartnern werden durch die fehlende Sprache, durch die zu geringen Ausdrucksmöglichkeiten belastet. Schwierigkeiten, die im Sexuellen ihren Ursprung haben, können nicht in Worte gekleidet werden und sprachlich nicht erfaßt werden. Damit aber ist auch eine gedankliche Klärung unmöglich. Der Konflikt wird also durch Handeln oder Verhalten zu bewältigen gesucht. Die Tatsache, daß in den unteren sozialen Schichten die Scheidungsquote am höchsten ist, muß auf solche »Sprachbarrieren« zurückgeführt werden.

Der nackte Körper wird aus der Kunst und dem öffentlichen Leben verbannt, sein Anblick wird Sünde. Noch im 16. Jahrhundert war Nacktsein etwas Selbstverständliches, das niemanden störte. Der berühmte Erasmus von Rotterdam beschreibt beispielsweise eine Prozession, in der vier Geistliche den Schrein der heiligen Genoveva völlig nackt durch die Straßen der Stadt getragen haben.

Wertvolle Kunstwerke sexuell-erotischen Inhalts werden im Laufe der Jahrhunderte, vor allem im 19. Jahrhundert, als Pornographie vernichtet. Ja, im 19. Jahrhundert schämen sich sogar Ehegatten voreinander. Mediziner und Moralprediger empfehlen den Koitus in bekleidetem Zustande und bei völliger Dunkelheit.

Der Adel freilich war als Subkultur von dieser Entwicklung ausgenommen, er mußte sich erst im Laufe des 18. Jahrhunderts der bürgerlichen Zwangsmoral beugen. Reichtum, ein sorgenfreies Leben ohne harte Arbeit, dazu viel Muße, machten eine ganz andere Lebensgestaltung notwendig: Es galt, erfinderisch zu sein, um den Tag mit Genüssen zu füllen. Dieser adeligen Lebensweise sind unschätzbare architektonische Kunstwerke zu verdanken, die freilich meist unter harter Fron und Erpressung erstellt wurden. Aber auch Musik, Malerei, Bildhauerei entwickelten sich unter adeligem Mäzenatentum. Kunst, das Schöne und Erhabene, diente ebenso der Lebensgestaltung wie nicht selten das Kriegspielen.

Wo Reichtum und Muße walten, kann sich keine repressive Zwangsmoral erhalten. Insofern gehörte auch der sexuelle Genuß bis hin — vor allem in Frankreich — zum Exzeß zum adeligen Dasein. Wer von den Herren und Höflingen keine Mätresse hatte, galt als impotent oder verarmt, umgekehrt vergnügten sich die Damen mit Kavalieren, um nicht in den schrecklichen Ruf zu gelangen, keine Reize zu haben. Die Tugendhaftigkeit des ungebildeten, tölpelhaften Volkes war Quelle für Heiterkeit und amüsante Witze. Die Defloration eines jungen, »unschuldigen« Mädchens war ein gesellschaftliches Ereignis, dem nicht selten, will man den Zeugnissen der Zeit glauben, mehrere Damen und Herren beiwohnten. Ein ganz besonderer Triumph war es offenbar auch, wenn es so einem adeligen Kavalier gelungen war, einem Bauernmädchen die Unschuld zu rauben, was freilich angesichts der Verhältnisse im Zeitalter des Absolutismus kein allzugroßes Kunststück gewesen sein dürfte.

Allerdings lag nicht zuletzt in dieser sexualisierten Lebensweise einer der Keime für den Niedergang des Adels, zumindest des mittleren. Hof, Bürokratie und Militär werden zum Markt für die Luxusindustrie, die sich in der Hand der Bürgerlichen befindet. Die »Kurtisanenwirtschaft« bedeutet einen Anstoß für die ursprüngliche Akkumulation des Industriekapitals. Die Erotisierung vor allem des Rokoko wird zum ökonomischen Faktor. Geadelte, neureiche Bürgerliche treten mit denselben Privilegien in diese Herrschaftsklasse ein, aber als ökonomische Fachleute, diszipliniert und kapitalkräftig.

Hinzu kommt, daß die Ausweitung des kapitalistischen Sektors zu einem Absinken der Grundrenten führt, Landbesitz, einst Quelle des Reichtums und der Macht, wird zur Belastung, zumal Bergbau, Hüttenwesen und Textilindustrie in die Verfügung von Bankiers übergehen. Seit der Mitte des 18. Jahrhunderts wächst daher die »adelige Plebs«.

Getrennt von dieser adeligen Subkultur begann das sexuelle Schutzbedürfnis des Bürgertums, wie wir es aus der pädagogischen Literatur und Praxis ersehen, Züge des Irren anzunehmen. Das Bürgertum hatte sich mittlerweile soziologisch erweitert: Zu den Kaufleuten und Bankiers treten jetzt hinzu die Angehörigen der sich rasch ausdehnenden Verwaltung und Bürokratie, dazu die akademischen Berufe wie Ärzte, Juristen, Lehrer, Apotheker und vor allem protestantische Theologen, von denen sich viele als Schriftsteller in den Journalen betätigen. Sie übernehmen die Funktion der Vermittlung der bürgerlichen Leistungsmoral nach unten, in die niedrigeren »rohen«, mehr oder weniger verachteten Volksschichten, denen Kultur und »feine Lebensart« beigebracht werden mußte.

Die Mehrzahl der »aufgeklärten« Pädagogen des 18. Jahrhunderts fördern als Erziehungsziel Angst und Ekel vor der eigenen Sexualität, um die »natürliche« Scham zu entwickeln. In »wissenschaftlichen« Büchern wurde den Eltern der Rat gegeben, zum Beispiel von dem Pädagogen K. G. Bauer, den Kindern zu erzählen, ein Tier würde ihre Geschlechtsteile abbeißen, wenn sie zu lange nackt herumliefen. Den Mädchen wurde Angst eingejagt vor Masturbation, vorehelichem Koitus (etwa, daß sich die Scheide so verkrampfe, daß der Mann seinen Penis nicht mehr herausziehen könne), dem Baden, vor Büchern und den »wollüstigen Absichten der Jünglinge«.

Den heranwachsenden Knaben redete man ein, Onanie führe zu früherem Tod, Irrsinn oder Hautausschlag. Da fast jeder pubertierende Junge (und Mädchen) unter Pickeln, der Akne, leidet, läßt sich gut vorstellen, daß er in der Angst lebte, seine Umgebung deute dies, er onaniere! Und da so gut wie jeder Junge tatsächlich onaniert, glaubte er diesen kriminellen Unsinn nicht nur, sondern erhielt aberwitzige Schuld- und Angstgefühle für den Rest seines Lebens eingebrannt.

Die pädagogische Diskussion in der zweiten Hälfte des 18. Jahrhunderts kam in der Frage, wie das Schuldgefühl zu entwickeln sei, zu dem Ergebnis, Ekel und Abscheu vor den menschlichen Genitalien und der Sexualität zu fördern. »Die Schamhaftigkeit der Kinder muß aus dem Ekel vor den Körperteilen bestehen, die sie als Werkzeuge schmutziger Exkremente kennen«, sagte Bauer und schlug vor, Sexualaufklärung nur an Leichen vorzunehmen. Am Menstruationsblut und Ejakulat (männlicher Samenerguß) lasse sich das vorzüglich demonstrieren, »zum Teil weil die Geschlechtsteile von der Natur zum Ausstoßen überflüssiger und ekelerregender Absonderungen, zumal beim weiblichen Geschlecht eingerichtet sind, zum anderen weil der Beischlaf selbst eine ekelhafte Verunreinigung zur Folge hat«. Johann Friedrich Blumenbach meinte, das beste Resultat werde erzielt, wenn man das Sexuelle, also das Unsittliche, »als eine äußerst widerwärtige Schweinerei hinstellt«. Nach Ansicht des Sexualpädagogen S. G. Vogel müsse das »Sexuelle als eine widerliche Sauerei« erklärt werden. Jean Jacques Rousseau, der einflußreiche, sich häufig widersprechende französische Aufklärer und einer der größten politischen und pädagogischen Geister seiner Zeit, wollte zwar das schamfreie Kind, das möglichst lange im Naturzustand der Unschuld verharre. Aber das scheinbar entgegengesetzte pädagogische Ziel verlangte dieselbe Methode: auch er forderte, das Kind entweder so lange wie möglich in Unwissenheit über das Sexuelle zu halten, um seine Neugier nicht zu reizen, oder aber ebenfalls Ekel zu wecken, um die Phantasie zu ersticken.

1955 noch konnte der einflußreiche Soziologieprofessor Helmut Schelsky in seinem Buch »Soziologie der Sexualität« dafür plädieren, daß nicht nur Kinder, sondern auch Erwachsene in Unwissenheit über sexuelle Probleme gehalten werden sollten. »Und trotzdem halte ich jene altmodische Ansicht für die einzig richtige«, schreibt Schelsky.
Und im Jahre 1970 schreibt der Gießener Professor für Zoologie, Joachim Illies, in seinem »Aufklärungsbuch« »Lieben, was ist das?«: »Es läßt sich leicht sagen, wie ein Sexualunterricht auszusehen hat, in seiner Mitte kann kein Bilderbuch stehen, kein Film und kein Tonband, sondern allein die Persönlichkeit eines sittlich reifen Lehrers, der eine genaue Kenntnis der eigenen Tabus und der seiner Schüler hat und der nicht die Absicht hegt, diese abzubauen, sondern sie zu respektieren und zu schonen.« Denn, so klärt uns der Professor Illies auf, »unsere Tabus sind nicht ein tierischer Rest, sondern die keimhafte Anlage des eigentlich Menschlichen in uns. Wir sind offenbar das einzige Lebewesen, das ein Organ zur Wahrnehmung des Jenseitigen hat«.
Ein Tabu aber ist definiert als Denkhemmung, dadurch hält es den Menschen auf einer kindlichen, infantilen Stufe, weil es kritisches Fragen nicht zuläßt. Auf dieser Stufe sexueller Unmündigkeit soll der Mensch offenbar auch heute noch gefangengehalten werden, damit er im sozialen und gesellschaftlichen Bereich keinen Unsinn macht. Vom Baum der Erkenntnis zu essen gilt eben immer noch bei vielen zumindest als unerwünscht.
Damals, im Jahre 1780 oder 1790, wurde also nicht etwa nur eine Generation zu pathologischer (krankhafter) Sexualfeindschaft erzogen, sondern viele Generationen, die nachfolgen.
Diese Moral wirkt im Prinzip auch heute noch, wie Schelsky, Illies und viele andere Wissenschaftler beweisen.
Ab 1800 ist Sexualität nahezu total verdrängt, es gibt keine Aufklärung, man spricht nicht über sie, weder in der Gesellschaft noch in der Familie, ja sie ist nicht einmal Diskussionsthema zwischen Mann und Frau. Mediziner und Biologen, die über Sexualität als ein Naturphänomen vom wissenschaftlichen Standpunkt aus schreiben, nehmen das Risiko sozialer und gesellschaftlicher Ächtung auf sich. Dadurch aber wird die wissenschaftliche Forschung erheblich erschwert, im Gegensatz zu anderen Disziplinen, etwa der Physik, Chemie usw. Die während der Zeit der Aufklärung vollendete Sexualpädagogik beweist ein zähes Leben: Obwohl heute, reichlich spät, von der Wissenschaft als Irrsinn entlarvt, wirken Sexualtabus bis heute

Mit Spott und Ironie glossiert der Maler und Zeichner Hans Keller die moralische Heuchelei, wie man sie gegen Ende des 19. Jahrhunderts, dem »fin de siècle«, in vornehmen Bürgerkreisen antreffen konnte.

und werden weitergegeben, nur geringfügig modifiziert und eingeschränkt.

Die bürgerlichen Wertvorstellungen setzten sich im Laufe des 18. Jahrhunderts und vor allem im 19. Jahrhundert auch in anderen Klassen der Bevölkerung durch, auf dem Lande und unter der infolge der Industrialisierung rasch anschwellenden Arbeiterschaft, dem Proletariat. Sie wirken hier sogar noch strenger als in anderen Gesellschaftsschichten. Diese rigorose Leistungsethik, die auf der totalen Unterdrückung der menschlichen Sexualität und Triebnatur beruhte und die nur in der Einehe in bescheidener Weise gelockert wurde, vollbrachte eine gesellschaftlich einmalige historische Leistung: sie integrierte die Arbeiterschaft und die Bauern in die Leistungsgesellschaft und sicherte deren Funktionsfähigkeit trotz des Sprengstoffes, der sich im vergangenen Jahrhundert durch die ständig wachsende, grotesk werdende Kluft der sozialen Ungerechtigkeit ansammelte. Trotz Kinderarbeit unter Tage (bereits der preußische König Friedrich der »Große« verkaufte Kinder aus den Waisenhäusern an Bergwerksbesitzer), Tod, Hunger, Seuchen, 16-Stunden-Arbeitstag, Hoffnungslosigkeit, Armut und schrecklichster Ausbeutung in jedweder Form rebellierten die Massen nicht, gab es keine sozialen Revolutionen, allenfalls Revolten wie den Weberaufstand (den Gerhart Hauptmann in seinem Drama »Die Weber« soziologisch wie psychologisch scharfsinnig analysiert hat), die aber Lokalereignisse blieben. Nicht, daß den Millionen der verarmten, dahinvegetierenden Menschen ihr Los nicht bewußt geworden wäre, daß sie nicht ihre Ausbeuter und Unterdrücker erkannt hätten.

Sie konnten und durften aber nicht rebellieren, weil in ihnen, in der Psyche eines jeden einzelnen, die Gesellschaft selbst vertreten war in der Form des anerzogenen Über-Ich. Mit der Anerkennung und Unterwerfung unter die strikten Normen der bürgerlichen Moral unterwarfen sich die Massen zugleich der bürgerlichen Gesellschaft insgesamt. Denn eine Revolution gegen diese ausbeutende Gesellschaft hätte z. T. auch eine »Revolution« gegen das Über-Ich, gegen einen wichtigen Teil der Psyche und Persönlichkeit, eine innere Entwurzelung bedeutet. Das aber ist nur schwer möglich, weil das Über-Ich im Unterbewußten wirkt und mit Schuld und Angstgefühlen schon die Gedanken an Aufstand abwehrt und bestraft. Daher ertrugen die Menschen ein mühseliges Leben bis zu einem Grad, der noch nicht einmal der psychisch extremste war. Der gnädige Herr blieb der gnädige Herr, auch wenn er die von ihm abhängigen Lohnarbeiter bis aufs Blut aussaugte. Die Gesellschaft in ihrer ausbeutenden, unterdrückenden und ungerechten Mechanik wurde von den verarmten Massen als unabänderliches Schicksal, als Natur erlebt oder eben als gottgewollt. Die Kirchen wurden nicht müde, den Elenden die bestehende Ordnung ungeachtet ihrer Schrecklichkeit als gottgewollt vorzuhalten, zumindest wurde auf Gottes unerforschliche Ratschlüsse und Wege verwiesen. Protest gegen ein barbarisches soziales System wurde als Ungehorsam gegen Gott interpretiert. Und die »Erniedrigten und Beleidigten« (Dostojewski) fügten sich tatsächlich in ihr Los und hofften im übrigen auf ein erlösendes Jenseits, wo alle Plage ein Ende haben sollte.

Nicht nur mit den Thronen verbanden sich die Kirchen, sondern auch mit dem Kapital; wo es um die Gestaltung des Irdischen ging, waren sie fast stets, jedenfalls offiziell, auf der Seite der Mächtigen und Herrschenden zu finden. (In den Konsumgesellschaften des 20. Jahrhunderts steht diese Arme-Sünder-Moral, so scheint es, auf verlorenem Posten. Dadurch ist es den Kirchen nicht mehr möglich, etwas zu den veränderten, aber nicht minder schwierigen psycho-sozialen Problemen des modernen Freizeit-Individuums beizutragen.)

Das gilt auch heute noch. Mit dieser unumstößlichen psychologischen Tatsache wird das stumme Leiden der Massen, am sichtbarsten, weil extremsten der in der Dritten Welt unter der Knute einer reichen Oligarchie, verständlicher.

Allerdings beginnt sich hier, vor allem in Lateinamerika, die katholische Kirche (im Gegensatz zu den protestantischen) aus dem Bündnis mit den Reichen und Mächtigen zu lösen. Sie erkennt, vor allem unter der jüngeren Priesterschaft und nicht zuletzt unter dem Konkurrenzdruck des Marxismus und der bewaffneten Gewalt der Guerrilleros, daß sich Ausbeutung und Elend nicht mehr mit einer gottgewollten Ordnung rechtfertigen lassen, sondern Ergebnis menschlicher Ungerechtigkeit und Schuld sind. Der brasilianische Erzbischof Helder P. Camara definiert sogar das soziale Elend als »primäre Gewalt«, was einer Rechtfertigung des Widerstandsgedankens gleichkommt. Viele jüngere Priester verteidigen damit die bewaffnete »sekundäre« Gewalt der Untergrundkämpfer als notwendige Re-Aktion und als Notwehr. Einige dieser jungen Geistlichen griffen sogar zur Waffe und schlossen sich den Guerrilleros an; einer von ihnen, der kolumbianische Priester Camillo Torres, wurde 1966 im Kampf erschossen, wird aber in den Hütten der »marginales«, der Ausgestoßenen, fast als Heiliger verehrt.

Der Unterdrückte wehrt soziale und politische Veränderungen bis zu einem erheblichen Grad unbewußt ab, man kann sagen, daß er seine Unterdrückung selbst ständig neu hervorbringt, sie reproduziert. Das geschieht auf eine vielfache Art und Weise. Gerade in den unteren sozialen Schichten, die gleichzeitig auch hinsichtlich von Bildung und Ausbildung »unten« sind, wurden und werden starre Verhaltensmuster, Denkschablonen, Vorurteile oder Ressentiments weitervermittelt. Das junge Arbeitermädchen lernt früher, daß es nur für die Rolle der Hausfrau und Mutter bestimmt ist, daß z. B. Ausbildung oder Politik Männersache sei, daß man sich dem Manne zu fügen habe, kurzum, daß das Leben so hingenommen werden müsse, wie es nun einmal ist. Der Pädagoge Professor Walter Jaide hat in seiner Untersuchung »Junge Arbeiterinnen« diese deprimierende psychische Selbstunterdrückung einmal mehr nachgewiesen. Jaide war von seinem Ergebnis selbst erschüttert. Wie innerlich hilflos und gedemütigt muß sich ein junges Arbeitermädchen (wenn meist auch unbewußt) fühlen, wenn es beispielsweise nur deswegen kirchlich heiratet und eine aufwendige Zeremonie veranstalten läßt, um wenigstens einmal im Leben im Mittelpunkt eines Ereignisses zu stehen, einmal und dann nie wieder die Aufmerksamkeit einer größeren Zahl von Menschen auf sich zu ziehen. An solchen und ähnlichen Untersuchungen erweist sich die Behauptung, es gäbe in der »pluralistischen Gesellschaft« keine Klassenschranken mehr, entweder als töricht oder als Zweckideologie.

Der Arbeiterjunge fällt andererseits häufig auch nicht weiter vom Stammbaum. Er ergreift den Beruf des Vaters oder einen ähnlichen, weil das halt so ist (Kardinal Lorenz Jäger hält dieses »Vorbild des Vaters« für gut); sei es, weil der Besuch einer höheren oder weiterführenden Schule »für den kleinen Mann« nicht recht vorstellbar ist, sei es, weil das Einkommen der Familie immer noch nicht ausreicht, ein oder mehrere Kinder durch die Schule zu füttern. Es gibt viele Gründe, wobei der Staat diese Klassenstrukturen, beispielsweise im Steuersystem, aufrechterhalten hilft; wenn er einem Großverdiener für dessen in der Ausbildung befindlichen Sohn einen steuerlichen Freibetrag einräumt, der das Jahreseinkommen eines Arbeiters übersteigt, bedeutet dies — gewollt oder nicht —, daß ihm die Ausbildung eines Sohnes der Oberklasse »teurer« ist als die eines Arbeiterkindes. Der niedrige Verdienst eines Arbeiters, noch dazu bei mehreren Kindern, macht einen Freibetrag ohnehin überflüssig. Die sozialen Chancen bleiben ungerecht verteilt.

In den Familien dominiert der Mann, Widerspruch gegen die elterliche Autorität wird meist strenger bestraft. Begriffe wie Ruhe und Ordnung, Zucht, Treue, Zufriedenheit, Bescheidenheit, Vaterlandsliebe, Opferbereitschaft usw. gelten in den unteren sozialen Schichten in viel stärkerem Maße als Tugenden denn in den oberen, dagegen werden »Kritik« oder »Mitbestimmung« usw. als negativ aufgefaßt. Sexualität ist das Namenlose, im Wortsinne Unaussprechbare und wird als etwas Schmutziges härter den Kindern eingebleut. Gleichzeitig aber ist das sexuelle Verhalten phantasieloser und die Bereitschaft, abweichendes sexuelles (oder gesellschaftliches) Verhalten zu tolerieren, geringer. Kein Wunder: Die einfache Sprache und der fehlende Wortschatz — man spricht ja Dialekt — wirken sich beim Kind »einfacher« Eltern nicht nur auf die schulischen Leistungen aus, sondern schränken den erfahrbaren Horizont auch der Erwachsenen ein. Konflikte, auch sexuelle Probleme der Kinder oder auch der Eltern selbst, können nicht ausgesprochen werden, sondern werden durch affektive (gefühlsmäßige) Reaktionen abrupt gelöst. Abstrakte gesellschaftliche oder politische Prozesse können nur verstanden werden, wenn sie konkretisiert, stark vereinfacht oder an Personen und Schicksale gebunden werden. Das wiederum öffnet der Beeinflussung durch die Boulevardpresse oder durch vereinfachte, meist konservierende Doktrinen Tür und Tor. Der Unterdrückte reproduziert seine eigene Unterdrückung, wobei er sich, aus verständlichem Mangel an Realitätseinsicht, mit seinen Unterdrückern nicht selten noch identifiziert, angeregt durch seichte Filme oder die Regenbogenpresse: In der Phantasie lebt er die Rolle der Großen, Reichen, Mächtigen und Erfolgreichen dieser Gesellschaft aus. Umgekehrt werden Versuche etwa linker Studenten (deren Methoden hier dahingestellt bleiben sollen), durch Aufklärung Hilfe zu schaffen, abgewehrt und ganz konkret mit Prügeln bedroht, wie sich gezeigt hat.

Der amerikanische Soziologe Donald McKinley wies darauf hin, daß erotische Zärtlichkeit in den Familienbeziehungen der Ober- und Mittelschicht weit ausgeprägter ist — fehlende Bildung und damit verbunden mangelnde Realitätseinsicht führen eben auch zu einer emotionalen Verkümmerung und zu »Lebensarmut«. Vor allem in den Unterschichten ist die Vorherrschaft des Mannes weitgehend ungebrochen, aber es ist ein stark aggressiv getöntes Männlichkeitsbild, was sich nicht zuletzt im sexuellen Verhalten ausdrückt. Der Mann hält die sexuellen Wünsche und Einstellungen der Frau für nebensächlich, Geschlechtsverkehr wird daher oft abrupt, überfallartig aufgenommen, er kennt es nicht anders (und nichts wäre verkehrter, als hier individuelles schuldhaftes Verhalten zu konstatieren, ohne die sozialen Verhältnisse zu berücksichtigen); sexuelle Betätigung beschränkt sich auf den reinen Geschlechtsakt, weswegen Frauen der Unterschicht Geschlechtsverkehr häufiger und intensiver als widerlich empfinden als Frauen der Oberschicht. Da die Wohnverhältnisse beengter sind und die Kinderzahl meist höher, werden Kinder häufig Zeugen sexueller Szenen, die sie dann — ein Teufelskreis — für brutal-aggressive Akte halten. Entweder verabscheuen sie den Vater in sexueller Hinsicht und wenden sich verstärkt der Mutter zu, oder sie identifizieren sich mit ihm, dem starken Aggressor. Ihre eigenen phasenbedingten Sexualkonflikte, vor allem der Ödipuskonflikt, wird unter solchen Umständen nur »unreif« bewältigt, intime zwischenmenschliche Beziehungen, auch nicht-sexuelle, werden stets aggressiv interpretiert.

Der Frankfurter Psychoanalytiker Tilmann Moser zieht in seinem Buch »Jugendkriminalität und Gesellschaftsstruktur« den Schluß: »Generell ließe sich von einer schichtspezifischen Erhöhung des innerfamiliären Aggressionsniveaus sprechen, das nicht durch einen adäquaten Austausch von Zuwendung, Anerkennung, Emphatie, Unterstützung und Liebe aufgefangen werden kann, weil außerfamiliäre, in der Sozialstruktur begründete Kräfte, die emotionale Kommunikation in diesen Familien dauerhaft depravieren.«

Hier liegt eine der Ursachen dafür, daß sich die Kriminalität vorwiegend aus den sozialen Unterschichten rekrutiert; sie muß als eine unbewußte Gegenaggression verstanden werden gegen den erlittenen Entzug von sozialen und damit geistigen wie emotionalen Entwicklungsmöglichkeiten und Chancen. Aber auch dann bezahlt der straffällig gewordene Mensch, da ihm das Recht plötzlich eine behauptete Willensfreiheit vorhält und Einsichtsfähigkeit verlangt, ohne zu fragen, woher diese kommen solle. Dazu McKinley: »Verbrechen enthält eine doppelte Tragödie. Der größere Schrecken wird vielleicht nicht vom Opfer, sondern vom Verbrecher selbst erlebt. Hinter jedem brutal aggressiven Verbrechen müssen riesige Deprivationen liegen an Wertgefühl, ein schwerer Mangel an Liebe und der Fähigkeit, andere Individuen zu achten.« Vom wissenschaftlichen

Standpunkt aus könne so ein Mensch nicht verurteilt werden.

Die These, daß der Unterdrückte seine Unterdrückung selbst reproduziert, ist jedoch fast eine Alltagserfahrung eines jeden Menschen. Wer einen Wunsch nicht befriedigen oder ein gestecktes Ziel nicht erreichen kann, weil andere, er selbst oder die Umstände es ihm verwehren, tröstet sich mit jenem Fuchs, daß die Trauben ohnehin zu sauer seien. Dieses Sich-hinweg-Trösten nennt der Psychologe »Rationalisierung«, sie ist bei gehemmten Menschen besonders ausgeprägt. Rationalisierung mag insofern noch notwendig sein, als sie, wenn auch nur zum Schein, das Selbstwertgefühl eines immer wieder enttäuschten Menschen in etwa noch aufrechterhält.

Dieses individuelle Verhalten der Rationalisierung findet sich aber auch im gesellschaftlich-sozialen Bereich. Die armen Bevölkerungsschichten haben sich noch zu allen Zeiten über ihre Armut damit hinweggetröstet, daß Reichtum ohnehin nicht glücklich mache, daß der Reiche und Mächtige auch sterben müsse und von seinem Geld nichts mitnehmen könne, daß Gott, vor dem endlich alle gleich seien, den Armen besonders segne, daß Wohlanständigkeit, Bescheidenheit und Zufriedenheit oder sonstige Tugenden den Menschen »reicher« machten als alle Schätze dieser Welt.

Hier spielt die Rationalisierungsfähigkeit des (armen oder unterdrückten) Menschen in die Ideologienbildung hinüber, von der herrschenden Moral gefördert (etwa von der gültigen katholischen Staats- und Gesellschaftslehre). Bescheidenheit oder Zufriedenheit mit den eigenen Verhältnissen, häufig Ergebnis des z. T. »verinnerlichten« Verbotes, auch gewaltlose Aggressivität auf soziale Ziele zu richten, gelten nicht nur als individuelle Werte und Tugenden (was sie, recht verstanden, zweifellos sind), sondern auch als »öffentliche«. Ein Ergebnis aus psychologischer Sicht ist dann, daß bestehende Ungerechtigkeiten in einer Gesellschaft schwerer beseitigt werden, weil sie als »natürlich«, womöglich als »gottgewollt« ideologisiert werden können und die meisten Menschen das glauben. Der Wille zu sozialen Veränderungen und zu politischer Aktivität wird geschwächt, die (oft apathische) Bereitschaft, Bestehendes hinzunehmen, gestärkt.

Eng damit verbunden ist der psychische Vorgang der »Sublimierung«. Unterdrückte, »zielgehemmte« Triebenergie wendet sich unter Zwang von dem ursprünglichen Objekt ab und einem anderen zu. Wenn beispielsweise sexuelle Wünsche wegen eines bestehenden Verbotes oder aus Enttäuschung nicht an dem begehrten Sexualpartner befriedigt werden können, verbraucht sich ihre Energie unter Umständen in härterer körperlicher oder geistiger Arbeit. Besonders arbeitswütige und »freiwillig« hart schuftende Menschen sind nicht selten solche, die sexuell gehemmt oder enttäuscht sind oder ein unbefriedigendes Sexualleben führen. Vom Extrem abgesehen, ist diese Form von Aggressivität sicherlich als positiv zu bewerten. Sie kann zu einem neuen Bedürfnis werden.

Daneben gibt es eine äußerst sympathische Art der Sublimierung unbefriedigter Sexualwünsche: die liebende Hinwendung im Dienst am Nächsten bis zur Selbstverleugnung oder Selbstaufopferung. Die Tatsache, daß »dienende« Berufe in Erziehung, im Kranken- oder Fürsorgewesen hauptsächlich von Frauen ausgeübt werden, könnte ihre Erklärung in der offensichtlichen Tatsache finden, daß die Frau von Kind an in unserer Gesellschaft weitaus stärker sexuell unterdrückt wird (von anderen Vorurteilen abgesehen) als der Mann. Daraus könnte dann das Vorurteil entstanden sein, Dienen und fürsorgliche Hingabe seien als »natürliche« Eigenschaften dem Wesen der Frau gemäß, Intelligenz hingegen dem Manne.

Der Begründer der modernen Psychoanalyse, Sigmund Freud, hielt auch die Freundschaft für eine Sublimierung enttäuschter Sexualität; denn die Unterdrückung sexueller Wünsche beginnt ja bereits beim Kleinkind, das seine orale und anale Körperlust unter dem Zwang der elterlichen Erziehung weitgehend verdrängen muß. Noch härter wird das kleine Kind enttäuscht, wenn es zwischen dem vierten und sechsten Lebensjahr seine sexuellen Wünsche normalerweise auf den gegengeschlechtlichen Elternteil richtet (der kleine Sohn auf die Mutter, die Tochter auf den Vater). Es steht fest, daß psychische Erkrankungen oder auch nur ein »merkwürdiges« Verhalten, Homosexualität oder Gefühlskälte unter anderem auch davon abhängen, wie stark die Enttäuschungserlebnisse dieses »ödipalen Konflikts« gewesen sind und wie sie in der Pubertätsphase, wo diese ödipalen Konflikte wieder auftauchen, jetzt aber auch einen genital reiferen und bewußteren Menschen treffen, innerlich verarbeitet und bewältigt wurden.

Die Freudsche Schule ist ferner der Ansicht, daß Sublimierung, also weitgehende Unterdrückung der Sexualität zugunsten erhöhter Arbeitsleistung, für den kulturell-technischen Fortschritt des Abendlandes geradezu notwendig gewesen sei.

Herbert Marcuse und mit ihm die kritische Soziologie sind allerdings der Ansicht, daß es heute, angesichts des hohen Standes der Produktivkräfte, nicht mehr notwendig wäre, die Natur des Menschen ausschließlich auf hohe Arbeitsleistung hin zu unterdrücken, wobei die Privatsphäre und die verlängerte Freizeit objektiv die Funktion haben, die verbrauchten Kräfte für den Arbeitseinsatz zu regenerieren. Erstmals in der Geschichte wäre es möglich, von der Fremdbestimmung zur Selbstbestimmung überzugehen. Dazu gehörte u. a., den Produktionsapparat auf die »echten« Bedürfnisse des Menschen umzustellen, statt ihm »falsche« aufzunötigen, die eigentlich Produzierenden an den Entscheidungen zu beteiligen, die Produktionsweisen zu vermenschlichen und eine Freizeitkultur zu entwickeln, die von der Arbeitswelt nicht mehr als separiert erlebt wird, in der aber das Element des »Spiels« das Element entfremdeter Arbeit, des fortgesetzten Leistungswettkampfes und des Prestigestrebens ablöste.

Einstweilen aber besteht die psychisch bedingte Selbstunterdrückung der Arbeitnehmer, vor allem in den unteren sozialen Schichten, weiter. Der Identifikationsdruck von oben nach unten hält an.

Ahmte das besitzende Bürgertum zunächst aus Prestigegründen den Adel nach, der sich im Laufe des 19. Jahrhunderts ebenfalls der gültig gewordenen moralischen Normen unterwerfen mußte (geadelt zu werden war ein bürgerliches Lebensziel), so identifizierten sich die leitenden, aber lohnabhängigen Angestellten, heute als Manager bekannt, in Habitus und Auftreten mit dem Besitzbürgertum. Privilegien wie hochdotiertes Einkommen und großes Sozialprestige erleichtern diese Identifikation, zumal die Manager der Funktion nach selbst Unternehmer werden. Die mittlere Angestelltenschicht wiederum strebt den »Leitenden« nach, die Facharbeiterschaft sucht die Lebensweise der Angestellten zu kopieren, wie zahlreiche empirisch-soziologische Untersuchungen nachgewiesen haben (woraus häufig freilich der falsche Schluß gezogen wird, es gäbe keine sozialen Klassen mehr). Es ist eine Alltagserfahrung, daß zum Beispiel Arbeiter, die in der Hierarchie eines Betriebes aufsteigen, oft mit besonderer Unnachsichtigkeit auf Disziplin und Leistung ihrer Untergebenen bestehen und Kritik radikal unterdrücken. Von gemeinsamen Interessen lohnabhängiger Arbeitnehmer ist da wenig zu spüren. Die hierarchische Struktur der Gesellschaft stabilisiert sich mithin »wie von selbst« (noch gespenstiger, weil offenkundiger, ist das Erlebnis in einem ägyptischen Hafen: dort be- und entladen die Fellachen die See- und Flußfrachter unter der Nilpferdpeitsche des »Efendi«. Dieser Efendi war gestern noch einer der ihren und wurde ebenso gepeitscht. Man braucht einem Fellachen aber nur das Symbol der Macht, die Nilpferdpeitsche, in die Hand zu drücken, und er wird alle Schmerzen, alle Unterdrückung an seinen ehemaligen Leidensgenossen unnachsichtig abreagieren. Das Ventil für Aggressivität ist in der Regel eben nur nach unten offen.)

Karl Marx und Friedrich Engels konnten diese Zusammenhänge zwischen einer repressiven (Sexual-)Moral und einer ebenso unterdrückenden politischen, sozialen und gesellschaftlichen Ordnung noch nicht in dieser Deutlichkeit erkennen. Der Begriff des Bewußtseins, zumal wenn er zu eng politisch und zu eng ökonomisch gefaßt ist, vermittelt offenbar nur ein beschränktes Verständnis des psychischen Apparates und der komplizierten Motivationen für menschliches Handeln und Verhalten. Zwischen der Einsicht von Ausgebeuteten, die auch die Urheber ihrer Not klar ausmachten, und dem Entschluß, eine solche Ordnung umzustoßen, liegen noch viele psychische Schranken. In der Tat waren die großen Revolutionen der europäischen Geschichte mehr oder weniger Betriebsunfälle, die französische von 1789 ebenso wie die bolschewistische von 1917; spontane Erhebungen der Massen gegen ihre Ausbeuter und Unterdrücker waren sie jedenfalls nicht. Die Leninsche Konsequenz, daß deswegen eine kleine Elite, die Partei, deren Mitglieder den Schritt vom Bewußtsein (Theorie) zur revolutionären Tat (Praxis) zu vollziehen in der Lage sind, die Führung übernehmen müsse, ist mehr als problematisch. Eine solche Führung ist gleichfalls auf Repression angewiesen; psychische Barrieren beseitigt sie nicht.

Erst als Sigmund Freud die Mechanismen der menschlichen unbewußten Psyche analysiert hatte, versuchte Wilhelm Reich diese Synthese von Marxismus und Psychoanalyse in den 20er und 30er Jahren herzustellen. Aber da war es bereits zu spät, diese brisante Theorie setzte sich politisch nicht durch. Reichs Schicksal aber war bezeichnend: die Freudsche Schule lehnte ihn ab, weil sie damals die Unterdrückung der menschlichen Triebnatur noch als notwendig für den Kulturprozeß ansah, die Kommunisten verstießen ihn aus ihren Reihen, weil er ihr wissenschaftliches »Weltbild« in Frage stellte, vor den Nationalsozialisten mußte er als »Schwein« ins Ausland fliehen. Erst allmählich werden die Thesen Reichs, inzwischen in vielen Aspekten sicherlich revisionsbedürftig geworden, von der Sexualwissenschaft, der Psychoanalyse, der kritischen Soziologie wiederentdeckt. Vor allem unter Schülern und Studenten gewinnen seine Schriften zunehmend an Bedeutung.

7. »Die Keuschheit der Frau ist ein Frevel wider die Natur«

Es kommt im Rahmen dieser Folge nicht darauf an, die Geschichte der Unterdrückung der menschlichen Triebnatur, vor allem der Sexualität (in der nach Freud erweiterten Definition als körperlicher Lusterfahrung), in allen Phasen und Einzelheiten darzustellen. Wichtig und für das Verständnis der Gegenwart genügend erschien uns, brennpunktartig Entstehung und Ursachen der heute gültigen Moral zu beleuchten.

Auf zwei Problemkreise muß aber noch näher eingegangen werden, da sie, wie der Streit um die Pornographie und die Anhörung vor dem Bundestagsausschuß zeigen, auch heute noch eine große Rolle spielen: auf den Schutz Jugendlicher, dem immer noch viele Ärzte, Eltern und vor allem die Sexualaufklärung der Kirchen eine irrationale, vorwissenschaftliche Bedeutung einräumen, und schließlich auf die Einehe und Kleinfamilie, die immer stärker in heftige und kontroverse Diskussionen hineingezogen werden, weil sie sozio-ökonomischen und individuellen Ansprüchen nicht mehr gerecht zu werden scheinen.

Wir haben wiederholt darauf hinweisen müssen, daß sich das Sexualverhalten des europäischen Menschen bis in die Mitte des 18. Jahrhunderts von dem unsrigen grundlegend unterschied. Es war in der Realität des Daseins wesentlich freier, ungebundener, weniger tabuisiert und daher auch ein relativ geringes Problem. Zwar bestand eine sexualfeindliche, christliche Moral, aber sie war realitätsfremd, es fehlte zudem an einem notwendigen Kommunikationssystem, das sie bis in alle Winkel der Dörfer verbreitet hätte; daher setzte sie sich aus eigener Kraft kaum durch, obwohl sie nicht selten ihre Opfer verlangte, in Verbindung mit magisch-religiösen Wahnvorstellungen: dann wurden zum Beispiel Hexen, die es mit dem Leibhaftigen trieben, auf Scheiterhaufen verbrannt.

Erst das Bürgertum, zunächst eine winzige Minderheit, das sich im 15. und 16. Jahrhundert aus einem gesellschaftlichen Umbruch entwickelte, verhalf der »vorprogrammierten« christlichen Moral (wir differenzieren hier nicht nach katholischer und ab Luther nach protestantischer Moral, obwohl es wahrscheinlich ist, daß der Aufstieg des Protestantismus und die damit verbundene religiöse Auseinandersetzung die sexualfeindliche Einstellung beschleunigte und auch dem Bürgertum mit seiner Besitz- und Arbeitsethik wesentliche Impulse gab, man denke nur an den Puritanismus, den Calvinismus, Pietismus usw.) zum Sieg, weil sie offensichtlich den sozio-ökonomischen Bedingungen der neuen gesellschaftlichen Elite entsprach, ein Prozeß, der gegen Ende des 18. Jahrhunderts erst abgeschlossen war. Die menschliche Triebnatur war in Acht und Bann getan, was das menschliche Verhalten nachhaltig veränderte und für die Gesellschaft oft unerfreuliche Folgen hatte: die unterdrückten Triebe begannen als individuelle und kollektive Aggression immer häufiger durchzubrechen. Die Grundforderungen dieser repressiven Moral, die zu einem erheblichen Teil in dem begrenzten medizinischen und psychologischen Wissen einer Zeit wurzeln, wirken bis heute unverändert fort, ja sie erheben sogar den Anspruch, der »Natur des Menschen« zu entsprechen. Gegen die Zwänge dieser Tabus können sich die moderne Medizin, Sexualwissenschaft und Psychoanalyse nur schwer durchsetzen. Die Masse der Bevölkerung, vor allem die Schulen, haben sie noch nicht wirkungsvoll erreicht. Aufklärung über die Sexualität des Menschen wird im Zeitalter der Wissenschaft offenbar psychisch abgewehrt.

Wir können die Zeit vom 16. bis zum 18. Jahrhundert vereinfacht als eine Periode bezeichnen, in der das Sexuelle zu einem Problem gemacht wurde, bis schließlich die Grenze zum Wahnhaften und Irren überschritten wurde. Am Kampf gegen die Selbstbefriedigung, der als Jugendschutz gedacht war, wird dies besonders deutlich.

Aus den minuziösen Aufzeichnungen des Hofarztes Ludwigs XIII. wissen wir, wie es damals zuging, nicht nur am französischen Hof. Der Bericht, der auf den heutigen Leser wie ein abgrundtiefer Pfuhl widernatürlicher sittlicher Verdorbenheit wirkt, gibt gleichwohl nur die damals verbreitete, weitgehend unproblematische, als natürlich empfundene Einstellung zum Geschlechtlichen wider: in einem Maße, das heute kaum noch vorstellbar ist.

Schon der einjährige Prinz, so weiß der Hofarzt Hervart zu erzählen, »lachte aus voller Kehle, wenn die Pagen mit seinem Penis spielten. Vor allem die Marquise de Verneuil erwarb sich dadurch die Zuneigung des Knaben«. Fragte man den Dreikäsehoch, der bereits mit der Infantin von Spanien verlobt war, »wo ist das Liebchen der Infantin?«, so legte er die Hand auf seinen Penis. Mit sieben oder acht Jahren hatte er seine helle Freude daran, die Genitalien von Mademoiselle Mercier, seinem Zimmermädchen, zu befühlen. Mit seinem Vater sprach er wenig später über dessen Mätressen und über die verschiedenen Koituspositionen.

Wohl gab es Stimmen, die dergleichen Unzucht verdammten, aber das einheitliche Lebensbild der Menschen damals, in dem die Sexualität als eine von vielen Äußerungen einen natürlichen Platz hatte, wurde nur langsam problematisiert.

Noch um die Mitte des 18. Jahrhunderts galten die ärztlichen Thesen eines Gallenus, eines Hippokrates und eines Paracelsus, daß der Körper regelmäßig von überflüssigen Dämpfen und Säften gereinigt werden müsse. Nicht nur Spucken, Rülpsen und Furzen sei notwendig, sondern auch Geschlechtsverkehr, gerade auch für Witwen und Witwer, und schließlich Selbstbefriedigung. Wir müssen sogar annehmen, daß die Masturbation bis zu Beginn des 18. Jahrhunderts für die Menschen ein unbewußtes Problem, also keines war: Der Knabe oder auch der Mann rieben ihr erigiertes Glied und dachten sich ebensowenig dabei, als wenn sie sich sonstwo am Körper kratzten. In den moraltheologischen Werken, in Katechismen, Beicht- und Pönitenzbüchern (Strafbüchern), in deren Sündenregistern die sexuellen Verfehlungen detailliert aufgeführt sind, wird die Selbstbefriedigung noch nicht erwähnt. Auch Ignatius von Loyola, Gründer des Jesuitenordens und besonders fleißig im Erfinden immer neuer Sünden, weiß sich zur Selbstbefriedigung noch nicht zu äußern. Möglicherweise hat auch die Syphilis mit dazu beigetragen, die Aufmerksamkeit des Menschen in verstärktem Maße auf seine Geschlechtsteile zu lenken.

Enthaltsamkeit jedenfalls galt, Übertreibungen allerdings ebenso, im großen und ganzen als ungesund (was freilich nicht ausschloß, daß uneheliche Mütter und ihre Kinder von der Gesellschaft häufig geächtet wurden. Die Moral hatte immer schon einen doppelten Boden).

150 Jahre vor Freud schrieb der französische Enzyklopädist Denis Diderot bereits: »Alle Praktiker sind sich darüber einig, daß die verschiedenen Symptome hysterischer Erkrankungen bei Mädchen und Frauen eine Folge der Ehelosigkeit sind . . . Es ist zwecklos, ihnen Bäder zu verschreiben oder Beruhigungsmittel zu geben. Ihr Wahnsinn schwindet in dem Augenblick, wo ihre überreichlichen Säfte abfließen können.« Und 1803 merkte der deutsche Arzt Dr. Hegerich an: ». . . (es) drängt sich mir, dem Arzt, die traurige Überzeugung auf, daß die Keuschheit der Frau ein Frevel wider die Natur ist, die sich nicht selten mit furchtbaren Leiden rächt.« Daneben gab es allerdings auch die Maßhalte-Apostel, die unter Berufung auf den griechischen Philosophen und Naturwissenschaftler Aristoteles meinten, zu früher Geschlechtsverkehr und Selbstbefriedigung schwächten den Körper, führten zu zwergenhaftem Wuchs usw. Aber das war harmlos.

Die Offensive gegen die Selbstbefriedigung leiteten Mediziner ein, deren Thesen sich bald die Pädagogen und Theologen bemächtigten. 1710 erschien das erste Kampfbuch unter dem Titel »Onania« des englischen Arztes Bekker, das eine schnelle Verbreitung fand und ungeheure Auflagen erlebte. Als Folge der Masturbation hatte der Arzt unter anderem »erforscht«: Wachstumsstockung, Ohnmachtsanfälle, Epilepsie, Impotenz, Hysterie, Rückenmarkschwindsucht usw. Doch auch der Dr. Bekker war noch gemäßigt.

Krankhafte Züge gewinnt der Kampf gegen die Selbstbefriedigung in Deutschland etwa ab 1770. Die in grotesk emotionaler, übersteigerter, angst- und ekelerregender Sprache gehaltenen Schriften finden reißenden Absatz, gerade auch bei der Jugend, denen die Autoren das Schlimmste prophezeien. Der belgische Historiker Jos van Ussel urteilt: »Es ist, als ob zwischen Autor und Leser eine sadomasochistische Beziehung bestünde: Jener will strafen, dieser bestraft werden.«

Die Selbstbefriedigung wurde plötzlich wie eine grassierende Seuche entdeckt, die Dörfer und ganze Landstriche verheere.

Gut möglich, daß die Angst vor der Syphilis diesen Irrsinn noch steigerte. Da sich die Selbstbefriedigung ferner unkontrollierbar in aller Heimlichkeit abspielte, mußte möglichst wirkungsvoll an Angst, Schuld und Ekelgefühl appelliert werden. Das gelang damals und gelingt heute ebenso. J. F. Oest zeigte sich 1785 in einer Preisschrift über die Frage, wie man Kinder und Jugendliche am wirksamsten vor dem »verwüstenden Laster der Unzucht« schützen könne, befriedigt über das »Entsetzen« und den »Abscheu«, das die Jugendlichen gepackt habe, nachdem er sie zwecks »Aufklärung« durch die Berliner Charité geführt und ihnen die Qual der Geschlechtskranken gezeigt hatte.

S. G. Vogel riet den Erziehern, dem ertappten Jugendlichen einen Spiegel vorzuhalten und »mit eindringlicher und ernster Stimme« zu rufen: »Das ist dein Bild des Todes — wie lange hast du diese Untugend schon begangen?« Andere, wie Villaume, empfahlen einfach Schweigen, weil Geschlechtsverkehr und Selbstbefriedigung für Heranwachsende »tödlich« seien.

Aber auch an praktischen Ratschlägen fehlte es nicht. Diät wurde empfohlen, vor allem Fleisch und Alkohol seien zu meiden, aber auch Eier, Gewürze, Schokolade, Zucker usw. Ein ertappter jugendlicher Sünder mußte freilich gute Kost haben, um seine Kräfte wiederzugewinnen. Mediziner und Pädagogen verwiesen auf die »gesunde« Volksnahrung: viel Stärke (Mehlspeisen, Kartoffeln), wenig Proteine und Vitamine. Die Landbevölkerung — etwa 80 Prozent lebten noch Ende des 18. Jahrhunderts auf dem Lande — war ständig unter- oder fehlernährt. Ein Beweis mehr, wie außerwissenschaftliche Behauptungen und Vorurteile die europäische Moral formten.

Daneben kam eine Kältepädagogik in Mode. Die »Hitze des Blutes« werde durch warme Kleidung, geheizte Räume, dicke und weiche Federbetten zur Wollust gesteigert; also Abhärtung durch unterkühlte Lebensweise und harte Bettenunterlagen. »Ohne Zweifel ist das weiche, warme Bett das Grab der Unschuld«, meinte Keschek. »Dadurch ward grenzenlose Wollust über unsere Staaten verbreitet.« Das christliche Mönchsideal, in den Internatsschulen längst praktiziert mit harter körperlicher Arbeit, Leibesübungen, Fußmärschen, kalten Schlafräumen und so weiter, wurde allgemeiner Erziehungsgrundsatz bis ins 20. Jahrhundert.

Was die Kleidung betraf, so steckte man die Knaben in enge, bis zum Knie reichende Hosen, damit sie ihre Genitalien nicht so leicht anfassen konnten. Der Matrosenanzug wurde allmählich Mode. Vielleicht charakterisiert diese Zeit ein Kuriosum am besten: Ein Doktor namens Christian Faust löste 1791 eine akademische Diskussion aus, als er gegen das Hosentragen bis 14 Jahre Protest einlegte. Er verwies auf die Schotten, denen das Tragen von Röcken einen entscheidenden Vorteil eingebracht habe: »Ihre Geschlechtsteile sind angenehm groß und stark.« Kein Vergleich mit Engländern oder Deutschen. »Werden also die Hosen bei den Kindern abgeschafft, so werden die männlichen Geschlechtsteile der Europäer, die jetzt im Vergleich zu denen der Frauen in einem nachteiligen Verhältnis stehen, wahrscheinlich um ein Zehntel oder noch mehr an Größe und Stärke zunehmen; gewiß eine große Verbesserung für die Menschheit.« Die Dirnen zögen einen geizigen Schotten zwei freigebigen Engländern oder Deutschen vor.

Erfolgreicher waren andere Vorschläge: Ständige Kontrolle der Heranwachsenden, vor allem auf den Toiletten, die niedrige Türen haben mußten. Ein Pädagoge Ulzmann regte an, nachts die Hände der Kinder zusammenzubinden oder an den Bettrand festzuschnüren. Vogel konstruierte 1786 ein System von Binden, das eine Bewegungsfreiheit der Hände nur bis zum Nabel gestattete. Man entwarf Spezialkleider mit der Öffnung am Rücken. Der Franzose Tissot, ein Arzt, berichtete von Jugendlichen, die sich nachts den Penis zuschnürten. Vogel pries eine Nachthose, die mit einem Schloß versehen war. Wollte der Knabe auf die Toilette, mußte er sich von den Eltern erst den Schlüssel geben lassen.

Andere Eltern und Erzieher verschlossen den Knaben die Genitalien mit einer Art Maske aus Eisendraht oder einem bruchbandähnlichen Gebilde. Diese und eine Reihe weiterer Apparate, die man dann auch tagsüber trug, wurden im 19. Jahrhundert weiter verbessert, meist so, daß eine Erektion heftige Schmerzen verursachte, etwa kleine Käfige mit Nägeln oder solche, die im Zimmer der Eltern ein Glöckchen in Bewegung setzten.

Unter diesen therapeutischen Maßnahmen nahm sich der Vorschlag, ständig eiskaltes Wasser parat zu haben, »um das Feuer des gewaltigen Triebes« zu löschen, noch harmlos, fast vernünftig aus. Ein anderer, häufig praktizierter, mutet dagegen wie der nackte Wahnsinn an: die »Infibulation«. Die Vorhaut wurde über die Eichel gezogen, durchbohrt und mit Draht verschlossen. 1827 regte der Arzt und Staatsrat Weinhold beim preußischen Innenministerium an, bei allen unverheirateten ärmeren Männern unter 30 und bei allen Soldaten die Infibulation von Zeit zu Zeit durch eine Generalinspektion zu überwachen.

Als man im vorigen Jahrhundert plötzlich entdeckte, daß sich auch Frauen durchaus selbst befriedigen, versuchte man auch hier eine Art Infibulation. Die großen Schamlippen wurden beispielsweise durchbohrt und verschlossen. Der französische Arzt Garnier empfahl dies 1833 wärmstens. Aber das half ja wenig. So wurden chirurgische Eingriffe vorgenommen: Ärzte brannten die Klitoris aus oder netzten die großen und kleinen Schamlippen mit einer ätzenden Flüssigkeit. Eltern und Mediziner drohten mit Kastration: zur Warnung wurden Teile der Vorhaut oder der Labien abgeschnitten.

Abgesehen davon, daß alle diese Maßnahmen unhygienisch waren und zum Teil schwere Erkrankungen nach sich zogen, wurde das Gegenteil bewirkt. Die Aufmerksamkeit war ständig auf das Sexuelle gelenkt, das allgegenwärtig war, aber nur in der Heimlichkeit der Intimsphäre und der Phantasie, und zwar in einer erniedrigten, widernatürlichen Form, die Ekel, Angst und Schuldgefühle weckte. Doch man sprach nicht davon. 1802 konnte Friedrich Rehm vermelden, daß die ganze Diskussion abgeschlossen sei. Im 19. Jahrhundert zog völliges Schweigen ein, eine Sexualaufklärung fand nicht statt. Selbst wissenschaftlich über Sexualität zu schreiben, galt als anstößig. Nur populäre, alles verschleiernde Drohtraktate erschienen, die sich der Tendenz nach bis heute erhalten haben. Junge Frauen erfuhren erst in der Hochzeitsnacht, weshalb und inwiefern Mann und Frau verschieden seien. Dies löste nicht selten Schock und Ekel aus; das pädagogische Ziel war erreicht. Die Kirchen empfahlen fleißiges Beten als Heilmittel. Aus der verbreiteten Frigidität (Gefühllosigkeit) der Frauen folgerten dann Mediziner und Psychologen, zum Teil berühmte Kapazitäten, in einem Zirkelschluß, daß die Frau ihrer »Natur nach« keinen Orgasmus erleben könne; und wenn, liege eine Abnormität vor.

Natürlich gab es Ausnahmen. Basedow und Salzmann empfahlen Ende des 18. Jahrhunderts doch eine vernünftigere Aufklärung, vor allem Information. Der Adel als eine »Subkultur« unterwarf sich erst im Laufe des 19. Jahrhunderts der Knute der bürgerlichen Moral. Ebenso die Studenten (dafür gründlich: noch heute gibt es eine große Burschenschaft, die ihren Mitgliedern Keuschheit bis zur Eheschließung vorschreibt, bei Strafe des Ausschlusses).

Die »galanten« Romane vor allem französischer Autoren ließen, meist zur Verschleierung politischer Kritik, an sexueller Deutlichkeit nichts fehlen. Sie wurden Bestseller und gelten heute noch als Klassiker der Erotik: Crebillon, Voltaire oder Choderlos hatten deswegen auch Verfolgungen auszustehen. Der Marquis de Sade schließlich trieb in der Darstellung seiner blutigen sexuellen Orgien die Phantasie an die Grenzen ihrer Vorstellungskraft. Wir lehnen heute diesen pornographischen »Sadismus« ab, zum Teil sicherlich deshalb, weil wir das moralische Klima dieser Zeit nicht mehr verstehen, gegen das de Sade protestierte. (Zum Beispiel, als er in seiner »Philosophie dans le Boudoire« die jungen Mädchen aufforderte, die »absurden und gefährlichen Fesseln einer grotesken Tugendhaftigkeit und einer widerwärtigen Religion ... die Euch Eure schwachsinnigen Eltern eingeprägt haben« zu vernichten und »mit Füßen zu treten«.)

Indessen zeigt sich gerade bei de Sade, dem Verdammten und Verkannten, ganz deutlich, daß eine Kritik der Sexualmoral fast zwangsläufig zu einer Kritik der Gesellschaft führt. Zwischen sexueller Unterdrückung und politischer, ökonomischer, gesellschaftlicher oder religiöser besteht ein unmittelbarer Zusammenhang, den der Marquis überraschend klar erkannt hat.

In einer Gesellschaft, in der unvorstellbarer Reichtum gesetzlich geschützt neben unsäglicher Armut steht, erscheint de Sade der Diebstahl als harmloses Vergehen, ja, als notwendiger Ausgleich. In seiner erwähnten »Philosophie im Schlafzimmer« bemerkt er dazu: »Ich frage aber, ob ein Gesetz gerecht ist, das dem, der nichts hat, vorschreibt, den zu achten, der alles hat . . . Mit welchem Recht soll sich der Habenichts einem Vertrag unterwerfen, der nur den beschützt, der alles hat?«

Den »Eid« auf eine staatliche und gesellschaftliche Ordnung, die zu dieser Zeit als eine Art Gesellschaftsvertrag gedacht wurde, hält de Sade für von vornherein ungerecht. »Der Reiche allein bindet hier den Armen, der Reiche allein hat Interesse an diesem Schwur . . . Verschlimmert diese Ungerechtigkeit nicht noch dadurch, daß Ihr den, der nichts hat, dafür bestraft, daß er dem, der alles hat, etwas genommen hat . . . Es steht Euch nicht an, zu bestrafen, was Ihr selbst verursacht habt.«

Hier wird der Kriminelle bereits als Opfer seiner Verhältnisse, die primäre Gewalt sind, gedeutet und moralisch verteidigt.

Diesen roten Faden, die gesellschaftliche Vermittlung von Verbrechen und menschlichem Unglück, behält de Sade konsequent bei: »Wir dürfen keinen Augenblick daran zweifeln, daß alles, was man moralische Verbrechen nennt, das heißt Handlungen wie Prostitution, Ehebruch, Inzest, Vergewaltigung, Sodomie, moralisch indifferent ist in einem Regierungssystem, dessen einzige Aufgabe darin besteht, durch jedes beliebige Mittel sich selbst aufrechtzuerhalten.« Denn »es gibt nur sehr wenige Verbrechen in einer Gesellschaft, deren Grundlagen Freiheit und Gleichheit sind«. (Mit Regierungssystem meint de Sade offensichtlich Herrschaftsverhältnisse schlechthin.) Der Republikaner müsse daher »den Staat, dem er angehört, ständig in Revolution halten«, da sich Macht nur zu leicht verselbständige.

»Menschlichkeit, Brüderlichkeit, Gutes tun«, das sind die Prinzipien des »sexuellen Ungeheuers« de Sade, der Glaube an das Gute des freien, nicht unterdrückten Menschen, für den die Gesetze »milde und gering an Zahl sein könnten«. Vollends ist ihm die Todesstrafe »eine Scheußlichkeit«. »Ein Gesetz, das das Leben des Menschen antastet, ist unzweckmäßig, ungerecht, unzulässig.« Möglicherweise läßt sich an den Befürwortern der Todesstrafe besonders deutlich der Mangel an Mitmenschlichkeit und Vertrauen in die Freiheitsfähigkeit des Menschen beobachten, dafür aber gnadenlose Intoleranz und ständige Bereitschaft zum Haß des sich anders Verhaltenden.

In einem ungerechten, unterdrückenden System spielt die Kirche eine stabilisierende Rolle, erkennt de Sade, und er läßt den Minister Saint-Fond erklären: »Die Macht des Systems beruht auf der Macht des Krummstabs, die beiden Autoritäten haben das größte Interesse an gegenseitiger Hilfe; die Massen können ihr Joch nur abschütteln, wenn es ihnen gelingt, die beiden zu trennen. Nichts macht den Menschen so unterwürfig wie religiöse Angst; es ist nur recht, wenn sie die ewige Verdammnis fürchten, wenn sie gegen die Könige revoltieren.«

De Sade, der Menschenfreund, nahm innerhalb der bürgerlichen Kultur bald die Züge eines Monstrums an, seine Werke wurden in Acht und Bann getan. Wer sie beispielsweise im British Museum ausleihen wollte — sie lagen in einem Eisenkasten versperrt — konnte dies nur in Gegenwart zweier Direktoren und des Erzbischofs von Canterbury tun. Was der Marquis indessen analysierte und folgerte, bestätigt auch heute noch der Augenschein: In bürgerlichen wie sozialistischen Diktaturen, die täglich Menschenrechte mit Füßen treten und Menschen »sadistisch« quälen, wird eine »saubere« Sexualmoral unnachsichtig durchgesetzt. Auf geringe Verbrechen, vor allem aber auf Staatsgefährdung und nicht selten auf Eigentumsdelikten, steht die Todesstrafe. Gleichzeitig herrscht meist eine privilegisierte Kaste, im Vergleich zu der die Masse in Armut lebt. Die Kirchen spielen in den bürgerlichen Diktaturen (vom Nationalsozialismus aufgrund seiner pseudo-sozialistischen und völkischen Ideologie abgesehen, obgleich nicht wenige Christen sich bereits arangiert hatten, kaum daß die 1000 Jahre des Reiches begonnen hatten) eine dominierende und herrschaftsstabilisierende Rolle, so in Griechenland, Spanien, Portugal, auf den Philippinen und (mit gebotenen Einschränkungen neueren Datums) in Lateinamerika.

In Deutschland war man mit den anonymen »Bekenntnissen der Gräfin Lichtenau« wesentlich hausbackener, dennoch trugen sie nach einem Zeugnis des Dichters E. T. A. Hoffmann fast alle Damen in ihren Handarbeitsbeuteln.

Goethe scheint mit seiner Posse »Hanswursts Hochzeit« (indeß, was hab ich mit den Flegeln / sie mögen fressen, doch ich will vögeln), den Ergänzungen zum »Faust« (Mephisto zum Mädchen: »Für Euch sind zwei Dinge / von köstlichem Glanz: / das köstliche Gold / und ein glänzender Schwanz«) sowie mit seinem »Meister Iste« keinen Erfolg gehabt zu haben, nicht verwunderlich in einem bereits verbürgerlichten Klima. Der Geheime Hofrat, der im Schutze des Weimarer Hofes lange Zeit in »wilder Ehe« leben konnte und manchen frivolen Reim schrieb, sah gleichwohl das Wesen alles Moralischen in der »Subordination«.

Beliebt waren aber auch vordergründig moralische Schriften wie die 1792 von Konrad Müller erschienenen »Über die Ausschweifungen Berlins«, die unter dem Deckmantel der Sittlichkeit genüßlich und minuziös das Leben der Dirnen und Bordelle beschrieben, so daß man sie gut als Anleitung und Stadtführer benutzen konnte.

Nun, de Sade starb 1804 im Irrenhaus von Charenton, der Irrsinn einer repressiven Moral aber bestimmte das gesellschaftliche Klima des 19. Jahrhunderts und zu einem erheblichen Teil auch noch des 20. bis in unsere Tage. Faßt der belgische Historiker Jos van Ussel sein Urteil über die herrschende Moral des 18. und 19. Jahrhunderts als »Vergeltungsbedürfnis und Sadismus« zusammen, so hat die Psychotherapeutin Dr. Heilwig Droste für die »Leitsätze« der Bundesärztekammer, jungen Mädchen die Pille aus moralischen Erwägungen vorzuenthalten und für die Tatsache, daß Ärzte sexuelle Aufklärung häufig ablehnen, eine ebenso drastische Erklärung parat: Sexualneid der Älteren gegenüber der Jugend. Und der Präsident von »Pro Familia« und Direktor der Gießener Universitätsklinik, Dr. Richard Kepp, über die Leitsätze: »Hier wird eine Ideologie vertreten wie vor 200 Jahren.«-

8. Einehe und Kleinfamilie: die reproduzierte Unterdrückung

»Das Problem Ehe ist in vieler Hinsicht das Kernproblem der Gesellschaft« meint der Ethiker Arno Plack. Diese Ansicht freilich ist nur eine unter vielen gegensätzlichen und mit Erbitterung ausgefochtenen. Moraltheologen sehen den Bestand der Ehe heute gefährdet und mit ihm Staat und Gesellschaft. Ein Blick auf die Statistik zeigt dagegen, daß dies in dieser pauschalen Formulierung eine bloße Behauptung ist. Rund 85 Prozent aller Jungen und Mädchen können sich ein glückliches Leben nur in der Ehe vorstellen. Desgleichen sinkt das Heiratsalter, und noch nie waren so viele Menschen »unter der Haube« wie gegenwärtig. Demnach scheint die Ehe für die heiratsfreudige Jugend weder ein Problem zu sein, noch ist ihr Bestand gefährdet. Die wieder steigende Zahl der Ehescheidungen, ein relativ geringer Prozentsatz, kann an dieser Feststellung wenig ändern. (Die weitaus meisten Geschiedenen heiraten wieder, wobei sie größtenteils bei der zweiten Partnerwahl dieselben Fehler begehen wie bei der ersten. Offenbar ist hier ein psychisch bedingter Wiederholungszwang am Werk, der etwas von der Wirkungsmächtigkeit des individuellen, längst vergessenen Schicksals der frühkindlichen Sexualität ahnen läßt.)

Unter das Motto »Die Familie ist die Zelle für jede stabile gesellschaftliche Ordnung« haben die Bundesfamilienminister bisher ihre Politik gestellt. Familiensoziologen suchen diese These zu bestätigen. Es bestätigen sie auch sogenannte »kritische« Soziologen und Psychologen, freilich in negativem Sinne: die Familie stabilisiere deswegen die herrschende Ordnung und Moral, weil sie vermittels der Erziehung autoritäre und autoritätsbedürftige Menschen hervorbringe. Ferner unterdrückten sich Mann und Frau gegenseitig in der monogamen Ehe. Eheideal und ehelicher Alltag seien unvereinbar. Die auf Kommando und Unterwerfung, auf Manipulation durch wenige und Manipulierbarkeit der Massen beruhende Ordnung werde in der Kleinfamilie, beruhend auf der Einehe, »reproduziert«. Zudem werde der einzelne in der Kleinfamilie isoliert und dadurch besser lenkbar. Außerdem verhindere die Einehe in ihrer bisherigen Form die Emanzipation der Frau. Ehe und Familie seien also Stützen der »Herrschenden«.

Schließlich gibt es noch eine ganze Reihe Zukunftsforscher (Futurologen), die gewissermaßen über den engagierten Parteien schweben und eine tiefgreifende Veränderung der Ehe- und Familienstruktur vorhersagen, weil sie den Anforderungen an »Mobilität« der nachindustriellen Gesellschaft einerseits nicht gewachsen sein, andererseits ihren Verlockungen und Möglichkeiten erliegen werde.

Nach der im christlich-abendländischen Kulturkreis gültigen Moral und Rechtsprechung ist die Ehe monogam, sie besteht aus einem Mann und einer Frau. Sie ist »ihrer Natur nach unauflöslich«, wobei die Ausnahme, nämlich die vom Staat erlaubte Scheidung, die Regel bestätigt. Ferner ist die Einehe die einzige Gemeinschaft, in der die »sexuelle Betätigung«, allerdings nur die genitale, legitimiert ist; oder umgekehrt, sexuelle Betätigung als genitale ist auf die Einehe beschränkt (wie sehr in der Tat die Ehe im Denken der Menschen Bezugspunkte für das Sexuelle ist, zeigen Formulierungen wie »ehelicher«, »vorehelicher« oder »außerehelicher« Geschlechtsverkehr, »uneheliches« Kind usw.). Schließlich hält die katholische Kirche, für die die Ehe ein Sakrament ist (allerdings erst seit dem 11. Jahrhundert, es mußte auf dem Trienter Konzil von 1545—1563 noch einmal bestätigt werden), immer noch daran fest, daß die Einehe auf dem »Willen zum Kind« hin angelegt sein müsse, andernfalls sie »widernatürlich« und sündhaft sei (sogenannte Josefsehen werden dagegen gestattet, Ehen also, in denen die Partner auf Geschlechtsverkehr verzichten).

Die Ehe ist, was ihre moralisch-sexuellen Bestimmungen betrifft, ein Tabu. Obwohl immer mehr Menschen gegen dieses

Tabu unserer herrschenden Moral verstoßen, entweder durch vor- oder außerehelichen Geschlechtsverkehr, ist es gleichwohl wirksam, und wenn nur in der Weise, daß es öffentlich anerkannt und nicht bestritten wird, während sich die Verstöße in aller Heimlichkeit, meist unter Angst- und Schuldgefühlen, abspielen müssen. Damit aber wäre im Prinzip der Sinn eines Tabus schon erfüllt.

Obwohl die Einstellung gegenüber Verletzungen des Ehetabus als ausschließlicher Sexualgemeinschaft im allgemeinen toleranter geworden ist, sind die gesellschaftlichen und rechtlichen Sanktionen immer noch zum Teil hart, vielfach grausam. »Der Inhalt des Sittengesetzes kann sich nicht deswegen ändern, weil die Anschauungen über das, was gültig ist, wechseln«, schreibt beispielsweise der Bundesgerichtshof als maßgebende Rechtsprechung vor.

In einigen Bundesstaaten der USA zum Beispiel wird jede Art des Geschlechtsverkehrs außer dem genitalen mit Gefängnis bestraft. 1963 erhielt ein Mann namens Don Caldwell in Westvirginia Gefängnis von einem bis zehn Jahre (das heißt, er kann jedes Jahr ein Gnadengesuch stellen, wird es stets abgelehnt, muß er zehn Jahre sitzen), weil er seine Frau auf die Vagina geküßt hatte (Cunilingus oder oraler Geschlechtsverkehr). Gnadengesuche lehnte das Gericht immer wieder ab; erst ein Sturm in der liberalen Presse gab ihm nach drei Jahren die Freiheit. Dasselbe widerfuhr 1968 Charles Cotner, er hatte mit seiner Frau anal (das heißt in den After) verkehrt.

Aber auch in der Bundesrepublik sind die juristischen Sanktionen des Ehetabus kaum weniger hart. 1967 wurde ein altes Ehepaar zu vier Wochen Gefängnis verurteilt, weil in einem der drei Häuser, die es besaß, der 42jährige Sohn mit einer Frau glücklich in »wilder« Ehe lebte und vier Kinder hatte. Der hier einschlägige Kuppeleiparagraph, Tummelplatz zumeist schäbiger Denunzianten und sexuell verklemmter Heuchler, hat viele Opfer gefunden; er soll freilich im Zuge der Strafrechtsreform endlich beseitigt werden.

Das Ehetabu greift immer noch ins volle Menschenleben. Von der Unveränderbarkeit des Sittengesetzes ausgehend, werden Beamte wegen »Dienstvergehens« bestraft, wenn sie einen »unmoralischen Lebenswandel« (etwa außerehelichen Geschlechtsverkehr) führen. Leitende Angestellte der Industrie werden nicht selten gefeuert, falls sie sich eines ähnlichen Verstoßes schuldig gemacht haben (sie tun es daher heimlich). Eine laxe Moral der leitenden Manager, so will es die Leistungsethik vor allem in den USA, könnte die Betriebsinteressen beeinträchtigen, indem der Betroffene in Konflikte gerät mit der Ehefrau oder der Geliebten oder mit seiner Umgebung, die ihn zu sehr beanspruchen und so seine Leistungsfähigkeit mindern. Auf einem anderen Blatt steht, daß auf Besuch weilenden Geschäftspartnern häufig hübsche Begleiterinnen zur Verfügung gestellt werden.

Vollends müssen Persönlichkeiten von öffentlichem Rang das Ehetabu strikt beachten (viele von ihnen verletzen es daher bzw. dennoch ebenfalls heimlich). Wer sich beim Ehebruch ertappen läßt, wie 1963 der britische Heeresminister Profumo, wird »untragbar« und fällt dem öffentlichen Gespött anheim. Mütter, die ein uneheliches Kind zur Welt bringen, werden mit ihren »Bankerten« gesellschaftlich mehr oder weniger geächtet und um ihre sozialen Chancen gebracht. Trotz einer Reform des Unehelichenrechts behandelt auch Vater Staat »uneheliche« Mütter und ihre Kinder weiterhin »stiefmütterlich«. »Schuldig« geschiedene Frauen können gleichfalls ein Lied von der Gnadenlosigkeit einer angeblich toleranten Gesellschaft singen. Schüler fliegen nicht selten von der Schule, wenn ihr »vorehelicher« Geschlechtsverkehr aktenkundig wird. Eine Schülerin, die gar ein »un-eheliches« Kind zur Welt bringt, liefert immer noch Stoff für genüßliche Berichte in der Regenbogenpresse und kompromittiert darüber hinaus die ganze Familie.

Woher resultiert diese rigorose Einehe-Moral? Sie hat, wie die Sexualfeindschaft unseres Kulturkreises insgesamt, die nämlichen Wurzeln: die christliche Lehre nach Jesus Christus und die sozio-ökonomischen des Bürgertums.

Christus selbst hatte die nach dem mosaischen Gesetz noch leichte Scheidung vor allem deswegen verworfen, um die sozialen und menschlichen Härten für die Frau zu mildern; denn der Mann konnte seine Ehefrau mehr oder weniger einfach sitzenlassen, wenn es ihn nach einer anderen gelüstete. Da dies damals für die Betroffene naturgemäß in den meisten Fällen grausame Folgen hatte, wollte Christus bereits das Spiel mit dem Gedanken als Ehebruch verstanden wissen (allerdings geben die drei Evangelisten Marcus, Lucas und Matthäus in Einzelfragen abweichende Darstellungen). Dieses noch klar erkennbare soziale Motiv wurde in den Evangelien gleichzeitig als Wille Gottes verstanden (z. B. bei Matthäus [19,4]: »Habt ihr nicht gelesen, daß Gott, der im Anfang den Menschen geschaffen hat, wollte, daß ein Mann und ein Weib sein sollte?«).

Die nach dem mosaischen Gesetz noch mögliche Mehrehe, die sich allerdings nur die Reichen »leisten« konnten, wurde bereits in den Jahren vor Christus verworfen und als »Unzucht« verdammt. Christus selbst hat auf die tiefe Kluft zwischen reich und arm immer wieder hingewiesen und die Reichen gewarnt, häufig verurteilt (Lukas 6,24: »Weh euch, ihr Reichen, denn ihr habt euren Trost dahin«). Die Einehe, unter den Armen, also dem überwiegenden Teil des jüdischen Volkes, ohnehin die einzig mögliche Verbindung, wurde auch von daher zu einer moralischen Norm.

Aber erst die Verdammung der Sexualität (die sich im Vergleich zu der stellenweise prallen Erotik noch des Alten Testaments, man denke an das Hohe Lied Salomos, als grotesk ausnimmt) als etwas Widernatürlichem und Sündigem bei Paulus und den späteren Kirchenvätern machte die Einehe als ausschließliche Lebens- und Sexualgemeinschaft zu einem Tabu.

Die sozio-ökonomischen Gründe, die an der Wende vom Spätmittelalter zur Neuzeit für eine (damals sicherlich notwendige) Verschärfung der Sexualmoral gesorgt hatten, begannen allmählich auch die Familienstruktur zu verändern. Dieser Prozeß setzte wiederum beim Bürgertum, jener neuen, dynamischen Gesellschaftsschicht, ein und ergriff nach und nach auch die unteren Gesellschaftsschichten, die Arbeiterklasse und die Bauernschaft. Das Ergebnis dieses Wandels war schließlich (etwa ab 1830, um ein Datum zu nennen) die Kleinfamilie, zunächst in den Städten und Industriegebieten, Eltern und Kinder als ausschließliche Lebens- und Konsumgemeinschaft, als Urzelle der Gesellschaft. Wilhelm Heinrich Riehl beklagt in seiner 1855 (in zweiter Auflage) erschienenen »Naturgeschichte des Volkes« den Verlust des »Hauses«, d. h. das Verschwinden der Großfamilie: »Statt das Haus als ein nothwendiges Opfer unseres modernen Wirthschaftslebens zu beklagen, sollte man vielmehr die ökonomischen Entwicklungen den sittlichen unterordnen und lieber die ganze moderne Nationalökonomie zum Teufel gehen lassen als unser deutsches Haus.«

Aber die Entwicklung geht weiter: Seit ungefähr zehn Jahren werden Aufgaben und Funktion der Kleinfamilie in der hochtechnisierten Gesellschaft abermals verändert, nicht zuletzt dadurch, daß sich die Beziehungen zwischen Kindern und Eltern weiter lockern, durch die Berufstätigkeit der Frau ebenso wie durch die Konsumerwartungen. Kinder werden zur Belastung und zur Hauptursache für Konsumverzicht und somit für (eingebildeten) Prestigeverlust.

Die »natürliche« Lebensgemeinschaft in der vorindustriellen Zeit war die Großfamilie, die Sippe, die bis zu 20 und mehr Menschen umfaßte und unter einem Dach in einigen wenigen Räumen zusammen hauste. Eine Intimsphäre konnte es naturgemäß nicht geben, die Menschen erlebten ihre Sexualität und die der anderen, ihre Affekte und ihr gesamtes Triebleben als einen natürlichen Bestandteil des übrigen, meist harten und kümmerlichen Daseins; es gab kein feines Benehmen, keine Anstandsregeln.

Aufklärung der Kinder war kein Problem: die sahen früh mit eigenen Augen, was es mit dem Sexuellen auf sich hatte. Gleichzeitig war die Großfamilie die damals rationellste Produktionseinheit. Eingebettet in eine Berufsgemeinschaft, eine Zunft oder in einen Stand, schrieb sie jedem Mitglied Beruf und soziale Stellung vor, ein Ausbrechen aus diesen festen Lebensbindungen war kaum möglich. Die Frauen waren weniger Hausfrauen im heutigen Sinne, sondern erfüllten wichtige wirtschaftliche Aufgaben und machten die Großfamilien auch nach innen zu fast selbständigen (autarken) Wirtschaftseinheiten: sie sorgten zum Beispiel für Nahrungsproduktion und Vorratshaltung (selbst in den Städten hielt man Haustiere oder besaß vor den Toren ein Stück Land), die notwendigen Textilien für den Eigenverbrauch wurden weitgehend von den Frauen hergestellt. Sie verkauften die überschüssigen Waren schließlich auch auf dem Markt. Die Kinder, als Arbeitskräfte dringend gebraucht, wuchsen in diesen Produktionsprozeß schon in frühem Alter automatisch (und freilich lieblos) hinein, Schulbesuch war so gut wie unbekannt. Schließlich ersetzte die Großfamilie die heute vom Staat garantierte Altersversorgung und die Krankenpflege.

Das begann sich zu ändern (zunächst im Bürgertum), als neue Entdeckungen und Erfindungen die Produktionsverhältnisse und -mittel gründlich veränderten, neue, spezialisierte Berufe entstehen ließen, den Handel ausweiteten, den Warenaustausch durch das Geld ersetzten und neue Finanzierungsweisen notwendig machten.

Der bereits beschriebene Frühkapitalismus begann allmählich auch die Gesellschaft von Grund auf umzustrukturieren. Die alten, festen, horizontalen Lebensgemeinschaften zerbrachen, die berufliche Differenzierung führte zu einem mehr vertikalen gesellschaftlichen Gefüge, einer Leiter mit weit mehr Sprossen, die von unten nach oben führte. Die Gesellschaft wurde »mobiler«, das heißt, der Berufs- und Lebensweg des einzelnen konnte nicht mehr durch Geburt und von der Familie vorgeschrieben werden.

Die Selbstversorgung wurde der Familie allmählich abgenommen, die Waren und Dienstleistungen wurden — über den Lohn — käuflich.

Gleichzeitig verstärkten sich die Abhängigkeitsverhältnisse, da der komplizierter gewordene Produktions- und Arbeitsprozeß von den wenigen Besitzern der Produktionsmittel vorgeschrieben wurde. Der einzelne verkaufte seine Arbeitskraft außerhalb der Familie und der »primären« Gruppe, ohne freilich den vollen Wert für seine Leistung zu erhalten (die Differenz verblieb als Mehrwert beim Brotherrn und bildete Kapital) und ohne auf den Arbeitsprozeß und die Produktion in irgendeiner Form Einfluß nehmen zu können (entfremdete Arbeit). Die Entfremdung wuchs auch insofern, als nicht mehr der Mensch als solcher, wie in der Großfamilie, wichtig war, sondern nur als Träger einer bestimmten Rolle innerhalb des Produktionsprozesses.

Die Beziehungen zu überschaubaren, relativ wenigen und dadurch engen »Primärgruppen« (Familie, Zunft, Dorfgemeinschaft, Nachbarschaft) wurden geschwächt und ersetzt durch weitaus zahlreichere Kontakte zu sozialen »Sekundärgruppen« (Vorgesetzten, Kollegen, Partnern, Händlern, Lieferanten, zur Verwaltung usw.), die aber relativ fremd und interessenbeschränkt, daher schwach blieben.

Aus allen diesen (und anderen) Gründen waren strikte Disziplin und strenge Verhaltensregeln vonnöten, sowohl um den gesellschaftlich-sozialen Verkehr reibungslos aufrechtzuerhalten, als auch, um die stetige und kontinuierliche Arbeitsleistung zu sichern und zu steigern. Das geschah, allgemein gesprochen, dadurch, daß in allererster Linie Emotionalität das Gefühlsleben, die Triebwünsche des einzelnen sowie die Möglichkeit ihrer Befriedigung aus der Öffentlichkeit und aus der Gemeinschaft, wo man sie ehedem zu einem großen Teil ausleben durfte, zurückverwiesen wurden, zunächst auf die Familie, sehr bald jedoch auch von hier in die »Privat- und Intimsphäre«, der engsten Gruppe, der Eltern und Kinder, bis sie auch diese trennte, ja in vornehmen Bürgerkreisen auch die Ehegatten und die Kinder nach dem Geschlecht separierte (sichtbar wurde dieser Prozeß, wie bereits beschrieben, im Bett, in den Privatgemächern, wie Schlaf- und Wohnzimmer, im Schlafgewand usw.).

Dieser Vorgang war nur dadurch möglich, daß die menschliche Triebnatur, vor allem ihre stärkste Komponente, die Sexualität, diskriminiert, als widernatürlich und böse verdammt wurde. Moral aber ist in erheblichem Maße nichts anderes als Disziplin, Selbstzucht, individuelle und gesellschaftliche Verhaltensregeln, die zu einem erheblichen Teil auch in die staatliche Gesetzgebung Eingang fanden. Darauf beruht die Dynamik der jetzt einsetzenden Entwicklung hin zur industriellen, durchorganisierten, auf Wissenschaft und Technik beruhenden »modernen« Zivilisation.

Die Gruppe, die sich in besonderem Maße der neuen Moral, festen Verhaltensregeln und der Disziplin unterwarf (und sie formte und durchsetzte, was freilich nicht als bewußte Steuerung und Lenkung verstanden werden darf), war das Besitzbürgertum. Die Entscheidungsfunktionen, die es innerhalb der Gesellschaft und des gesamten Produktionsablaufes besaß, verlangten dies. Die Großfamilie wurde für die neuen Leistungsanforderungen allmählich untauglich, sie schrumpfte daher auf die Kleinfamilie zusammen. Moralische Erziehung und schulische Ausbildung der Kinder gewannen schlechthin alles entscheidende Bedeutung, sie waren nur innerhalb der Kleinfamilie möglich dadurch, daß die Kinder einer unmittelbaren, zentralen Gewalt unterworfen wurden: der elterlichen.

Damit wurde andererseits freilich auch die emotionale Bindung an die Eltern verstärkt, die Liebe und (meistens unbewußt) der Haß, was wiederum für die psychische Entwicklung der Kinder erhebliche Bedeutung gewann. (In der Großfamilie waren die Erziehung und die emotionale Bindung »diffus«, das heißt verteilt auf Eltern, Großeltern, Onkel, Tanten, kaum konzentriert und wenig intensiv; eigentlich war es das Klima der Gemeinschaft, das die Kinder frei und ungebunden erzog, und die einschränkende Not des Daseins; dies hatte allerdings auch erhebliche Nachteile. Noch im 18. Jahrhundert galt es als peinlich, zuzugeben, daß man seine Kinder liebe.)

Die spontanen Regungen des Kindes, sein Eigenwille, seine Wünsche, wurden fortan unterdrückt, statt dessen gesellschaftliche Normen eingeübt. Das Kind lernte die neue Moral und verinnerlichte auch ihre Gebote und Verbote, die sich in der psychisch-seelischen Instanz, dem Über-Ich, verfestigten. Die Eltern wurden Vermittler des in der Gesellschaft, zunächst innerhalb ihrer sozialen Schicht, dem Bürgertum, gültigen Moralsystems, das Kind mußte sich dem anpassen, obwohl es häufig seinen »natürlichen Bedürfnissen« als Mensch nicht entsprach. Ein unmittelbares Ausleben der Triebwünsche, vor allem der Sexualität, hätte bei dem damaligen Stand der Produktionsverhältnisse die notwendige Disziplin, damit die gesellschaftliche Ordnung, den Produktionsprozeß und die Schaltstellungen der bürgerlichen Familien gefährdet.

Sittliche Pflicht und Gehorsam um ihrer selbst willen, nicht Wunsch oder Neigung (etwa um Gutes zu tun), wie es der große Königsberger Philosoph Immanuel Kant am Ende des 18. Jahrhunderts formulierte, wurden mehr denn je eine der »moralischen« Grundlagen der abendländischen Kultur und Zivilisation. Andererseits faßte Kant die Ehe als einen, wenn auch lebenslang gültigen, »Vertrag« auf »zum wechselseitigen Gebrauch der Geschlechtsorgane«.

Die Sexualität wurde daher aus dem Leben der Jugendlichen allmählich verbannt. (Nicht sofort und nicht gesteuert, sondern im Zuge eines moralischen Prozesses. Der Kampf gegen die Selbstbefriedigung erreichte, wie wir gesehen haben, erst gegen Ende des 18. Jahrhunderts seinen pathologischen, irren Höhepunkt. Vorehelicher Geschlechtsverkehr war auch in vornehmen Bürgerkreisen zunächst noch geduldet, allerdings keinesfalls mehr für das Mädchen, sondern nur für die Jungen, die sich »die Hörner abstoßen« sollten.) Der heranwachsende Bürgersohn war länger »jung«, da die längere Ausbildung (mehrjährige Reisen, zum Teil ins Ausland) den Eintritt ins Berufsleben und damit in die Ehe verzögerte. Gleichwohl mußte die genitale Sexualität, die mit der Pubertät durchbrach und nach Befriedigung verlangte, unterdrückt werden. Moralische Normen wie Keuschheit, Selbstzucht, Reinheit, religiös zusätzlich motiviert, sollten dies erleichtern. Die Sexualität wurde auf die Genitalien, die Fortpflanzungsorgane beschränkt zum Zwecke der Familiensicherung und nur in der monogamen Ehe geduldet, die zudem klare erbrechtliche Verhältnisse sicherte. Die Scheidung wurde verpönt und erschwert.

Dieses Hintanstellen des persönlichen Glücks kam auch dadurch zum Ausdruck, daß der Ehepartner ausschließlich unter sozialökonomischen und »familienpolitischen« Gesichtspunkten von den Eltern bestimmt wurde (Liebe, gar sexuelle Harmonie, wurden erst später Heiratsmotive). Vor allem von den Frauen wurde strikteste Keuschheit gefordert und Jungfräulichkeit vor der Ehe. »Ehebruch« der Frau wog schon zu allen Zeiten weitaus schwerer als der des Mannes (hier erhielten sich offenbar archaische Reste der Raub- und Tauschmoral des Urmenschen: die geraubte Frau war Besitz des Mannes, die gegen Vieh getauschte Frau mußte wie eine Ware »intakt«, »ungebraucht« sein). Die Frau wurde auf den Haushalt und die Kinder beschränkt (was auch heute noch gilt, obwohl technische Entwicklung und gesellschaftliche Änderungen sie von beiden Aufgaben wesentlich entlasten könnten). Es entwickelte sich die Ideologie von der »wesensgemäßen« Rolle der Frau als Mutter und Hausfrau, ungeachtet ihrer tatsächlichen natürlichen Bedürfnisse; so sehr, daß man ihr im 19. Jahrhundert sexuelle Wünsche, sogar die Orgasmusfähigkeit absprach, ebenso gleiche Intelligenz oder, wenn eine Frau sie äußerte, als pervers bezeichnete.

Dieses Modell der Kleinfamilie setzte sich allmählich, aber unaufhaltsam auch in allen anderen Gesellschaftsschichten durch, zuletzt, im vorigen Jahrhundert, auch unter der Arbeiter- und Bauernschaft. Es hatte sich ökonomisch und gesellschaftlich bewährt, das heißt, nur mit Einschränkung der menschlichen Triebnatur ließen sich Stabilität und disziplinierte hohe Arbeitsleistungen im entfremdeten Produktionsprozeß garantieren, gleichzeitig aber auch willige Untertanen erziehen oder, wenn ihnen Entscheidungsfunktionen übertragen wurden, kompromißlose Befehlsvollstrecker. Dabei ist wichtig zu wissen, daß diese Unterdrückung in hohem Maße eine Selbstunterdrückung war, im Bewußtsein nicht als solche empfunden, erreicht durch eine strenge, versagende Erziehung des Kindes. Das auf diese Weise anerzogene Über-Ich in der Psyche des einzelnen paßte jeden an das gültige Normensystem der Gesellschaft an, unbeschadet des eigenen sozialen Elends, das die gesellschaftlichen Verhältnisse mit ihren zum Teil himmelschreienden Ungerechtigkeiten über einen brachte. Psychisch bedingter Selbstzwang hinderte und hindert die Massen an dem Versuch, das soziale Elend etwa durch Revolten abzuschaffen. Im Gegenteil: Sie bejahten größtenteils noch die soziale, zumindest aber die moralische Ordnung. Das Soziale und Moralische aber bedingen einander. Soziale Gerechtigkeit und moralische Strenge in weitestem Sinne scheinen sogar unvereinbar zu sein, man vergleiche nur zwei Länder wie Schweden und Spanien. Das läßt den Schluß zu, daß eine strenge Moral ein weitaus geeigneteres Herrschaftsinstrument ist als jede noch so »schlagkräftige« Polizei.

So wird mit Hilfe der Psychoanalyse der erstaunliche Vorgang verständlicher, daß diejenigen sozialen Gruppen, denen es materiell am schlechtesten geht und die das geringste Sozialprestige haben, die Arbeiter etwa, die Bauern und die Frauen, konservative, am Bestehenden festhaltende Parteien wählen, die sich für Ruhe und Ordnung als der ersten Bürgerpflicht einsetzen.

Dieses sexualfeindliche Modell der auf Einehe beruhenden Kleinfamilie ist, ungeachtet historischer Wandlungen in Einzelheiten, bis heute wirksam. Die moderne Familiensoziologie bestätigt dies, wertet es jedoch weitgehend als positiv, weil sie nur die Stabilität und Funktionsfähigkeit der Gesellschaft im Auge hat, weniger jedoch das »Glück« des einzelnen und auch nicht die Folgen dieser Unterdrückung.

Selbst eine Soziologin wie Renate Mayntz stellt beispielsweise fest: »Der Geschlechtstrieb ist kein an sich auf Eheschließung und Familiengründung abzielender Trieb. Erlaubte es die Gesellschaft, dann könnte dieser Trieb als solcher für die Dauer in freien Liebesbeziehungen befriedigt werden. Gerade diese Tatsache und ihre möglichen Folgen macht den Geschlechtstrieb zu einem für ein stabiles und funktionierendes Sozialsystem gefährlichen Trieb. In jeder Gesellschaft gibt es daher Normen und Einrichtungen, um diesen Trieb zu regulieren und seiner gesellschaftlichen Sprengkraft zu berauben. Die von dem Druck der auf Einhaltung der Sitten bedachten öffentlichen Meinung bewirkte Monopolisierung von Geschlechtsbeziehungen in der Ehe läßt . . . den Geschlechtstrieb zu einem indirekt auf Familiengründung hinwirkenden Trieb werden.«

Dies ist in dieser Formulierung falsch. Denn ungebundene und nicht unterdrückte Sexualität ist weder eine Sprengkraft an sich, erst ihre Unterdrückung erotisiert die Phantasie des Menschen und wird dadurch zum Problem, noch verhindert sie stabile Sozialsysteme. Nach Überzeugung der Psychoanalyse pendelt sich nicht-reglementierte Sexualität auf ein »normales« Maß ein (von biologisch bedingten Triebunterschieden abgesehen); schon rein körperlich gesehen ist die Sexualkraft eines Menschen begrenzt, sie wird erst künstlich gesteigert durch Unterdrückung, bei gleichzeitiger Stimulierung, etwa durch die sexuell betonte Werbung der Industrie oder durch Pornographie in Wort und Bild. Außerdem ist der Sexualtrieb insofern ziemlich konstant, als er sich auf Dauer an den Partner zu binden sucht, mit dem eine geglückte Befriedigung möglich ist. Sexuelle Befriedigung und Liebe müssen zwar nicht ein und dasselbe sein, sind jedoch in hohem Maße voneinander abhängig.

Der bekannte Berliner Gynäkologe Eberhard Schätzing hat trotz seines Zynismus recht, wenn er sagt: »Außerdem ist die Angst die Vorstufe der Moral, welche man nicht ganz abschaffen sollte.« Damit begründet der vielzitierte Arzt und Buchautor seine Ablehnung der Pille, da diese einen angstfreien, damit »unmoralischen« Geschlechtsverkehr ermöglicht!

9. Das Kind erfährt Herrschaft von Menschen über Menschen

Völlig treffend analysiert auch der Soziologe Dieter Claessens die Erziehungsfunktion der Kleinfamilie: Sie ist im »Prozeß der Sozialisation, dem der Enkulturation und der Vermittlung gesellschaftlich erwünschter, positionsabhängiger Verhaltensweisen ebenso Agentin der Kultur-Gesellschaft, legt also dem Kind nicht nur die ›Chance‹ nahe, Kultur und gesellschaftliche Verhaltensweisen zu übernehmen, sondern wirkt praktisch unnachsichtig auf solche Übernahme hin.« Daher muß die Familie, so Claessens weiter, »im Hinblick auf die Aufgabe gegenüber dem Nachwuchs, Werte und Normen des Verhaltens zu tradieren, wegen ihrer Prägekraft als optimales Medium angesehen werden«.

Was wird in der Kleinfamilie dem Kind aber tatsächlich vermittelt? In erster Linie Unterordnung, ja Unterwerfung. Schon rein körperlich erlebt das kleine Kind die Eltern als Riesen, umgekehrt sich selbst als schwachen und hilflosen Zwerg. Stellt man sich die Psyche eines Kleinkindes als ein Stück unbeschriebenes Papier vor (der Vergleich hinkt insofern, als die erbgenetische Programmierung hier ausgeklammert wird), so wird das Erlebnis dieser absoluten fremden Stärke und die eigene Hilflosigkeit unauslöschlich festgehalten. Das Kind lernt, daß die Äußerung eigener Wünsche und Bedürfnisse, die zum Teil sexueller Natur sind, daß ein Ausleben seines natürlichen Forschungs- und Bewegungsdranges nicht geduldet und häufig bestraft werden. Umgekehrt erfährt das Kind, daß die Eltern und Erwachsenen sich praktisch alles erlauben können. Es paßt sich daher an. Mit einem Wort: Das Kind lernt in der Kleinfamilie die mehr oder weniger willkürliche Herrschaft von Menschen über Menschen kennen, darüber hinaus die geschlechtsspezifischen Rollen von

Mann und Frau, es weiß, daß es für Gehorsam, Höflichkeit und Anpassung Lob gibt, für Widerspruch oder »widerspenstiges« Verhalten Tadel und Strafe. Das Kind kennt die Leistungserwartungen, die an es gestellt werden, und daß es Eltern oder Lehrer enttäuscht, wenn es diese Leistungen nicht erbringt. Es weiß, daß Leistung bewertet und zensiert wird, was ermunternd oder deprimierend wirkt, daß der Mensch Erfolg haben muß, weil er sonst nichts gilt und die Leute einen verachten. Die Normen der Erwachsenenwelt sind bereits in frühem Alter so verinnerlicht, daß ein Kind seine eigenen Bedürfnisse nicht mehr kennt, sondern spontanes Verhalten selbst als »ungezogen« oder »frech« erlebt, wenn es damit gegen die Erwartungen der Erwachsenen verstößt.

Diese Lektionen sitzen bereits mit dem 6. Lebensjahr und wirken zeitlebens weiter, sie können nur sehr schwer verändert werden. Das Kind wird sich daher auch als Erwachsener so verhalten: nicht nur unterwürfig, wo Macht auftritt, und herrschsüchtig gegenüber Schwächeren, sondern als ein insgesamt gut funktionierendes, leistungsfähiges Rädchen der Gesellschaft, das gelernt hat, eigene Impulse zu unterdrücken, ja, sie als schlecht und minderwertig zu erleben, falls sie mit den gültigen Normen und Anschauungen nicht übereinstimmen.

Um sich dennoch in seiner Hilflosigkeit halbwegs gegen die absolute Gewalt der Eltern zu behaupten, besitzt das Kind die Fähigkeit der »Identifikation«. Es erlebt sich selbst als Vater beziehungsweise als Mutter und borgt sich unbewußt in seiner Phantasie deren Allmacht. Aber dieser Schutz vor drohenden Minderwertigkeitstraumata ist nur eine bedingte Korrektur der Erziehungsschäden; denn andererseits führt die Identifikation dazu, alle Gebote und Verbote, die dem Kind von den Eltern als den Vertretern der Gesellschaft vermittelt werden, zu übernehmen; und zwar naturgemäß kritiklos, da das Ich des Kindes, die Fähigkeit zu kritischer Reflexion, noch nicht entwickelt ist. Zum anderen kann diese Identifikation mit einem Elternteil (oder einem Geschwisterteil) so stark sein, daß es die störungsfreie seelische Entwicklung behindert oder gar schädigt.

Zugunsten dieser ihm fremden Gebote bekämpft das Kind zeitlebens seine eigenen Triebwünsche, vor allem seine sexuellen; es entwickelt »Abwehrtechniken«. Der Mensch unterdrückt sich selbst, bis hin zu seelischen Erkrankungen oder in Extremfällen zur physischen Zerstörung.

Der amerikanische Soziologe William J. Goode hält dies, ohne die möglichen Folgen zu kennen, für gut und nützlich: »Das Kind muß sich mit dem Erwachsenen identifizieren. Wird diese Voraussetzung nicht zureichend erfüllt, dann wird der wachsende Mensch nicht die gleichen Gefühle und die gleichen Ängste und Befürchtungen wie die anderen Mitglieder seiner Kultur oder

Gesellschaft empfinden ... es würden die Notwendigkeiten der sozialen Struktur nicht erfüllt werden.«

Auch Goode stellt also fest, daß Furcht und Angst die Grundlagen unserer Gesellschaft sind, aber nur die Familie ist in der Lage, Furcht und Angst zu unbewußten und automatisch funktionierenden Mechanismen in der Psyche des Kindes zu machen. Das stabilisiert jede Gesellschaft und schützt sie vor Umsturz, kann sogar notwendige, einschneidende Reformen verhindern, da auch gegen sie unbewußt aus dem Furcht- und Angst-Gefühl heraus eine seelische Abwehr organisiert wird. Umgekehrt bieten Vorurteile, Gewohnheiten und tradierte Verhaltensweisen innere Sicherheit, die der Mensch nicht leicht aufgibt. Sie sichern aber auch, wie Goode ja hervorhebt, ein gleichförmiges Verhalten aller Gesellschaftsmitglieder, das kalkulierbar wird. Man kann es sich propaganda- und werbetechnisch zunutze machen.

Vollends hält die konservative katholische Staats-, Gesellschafts- und Soziallehre (die in der hierarchischen Familienstruktur das Modell schlechthin für Staat und Gesellschaft sieht) an der Über- und Unterordnung in der Familie fest. So meint der Paderborner Erzbischof Jaeger: »Durch das Vorbild des Vaters entstehen im Kind jene Gesinnungen und Vorstellungen, die für das spätere Leben entscheidend sind. Von jeher hat gesunde Jugend den Wunsch gehabt, zu einer Autorität aufzuschauen und sich ihrer Führung anvertrauen zu können.«

Was aber, wenn die Vorstellungen des Vaters die Entwicklung des Kindes hemmen, etwa weil sie Vorurteile sind? Erzbischof Jaeger deutet die Antwort selbst an: »Gesunde« Jugend wird sich trotzdem der väterlichen Autorität fügen, selbst wenn es ihr zum Nachteil gereicht. Der Umkehrschluß dürfte zulässig sein: Wer gegen Autorität protestiert, ist krank und verstößt darüber hinaus gegen Gottes Willen, wie aus anderen Stellungnahmen klar hervorgeht — z. B. aus einer des früheren Weihbischofs Hünermann: »Als Haupt der Familie ist er im Kreis der Seinen der Stellvertreter Gottes. Hier soll er König sein im schönsten und edelsten Sinn des Wortes.«

Die geforderte Unterwerfung unter die väterliche Autorität ist besonders gut geeignet, dem Kind zu vermitteln, daß persönlicher Mißerfolg, berufliches und gesellschaftliches Scheitern, das Sich-bescheiden-Müssen eben persönliches Versagen und individuelle Schuld sind. Mögliche gesellschaftliche Ursachen werden somit wirksam verdeckt.

Fast möchte man ein Bedauern darüber herauslesen, daß sich die Zeiten geändert haben, wenn Albrecht Beckel, Präsident des Zentralkomitees der Deutschen Katholiken, meint: »Die vergangenen monarchischen Staaten haben um des Landesvaters willen den jungen Menschen zum Gehorsam erzogen. Entsprechendes gilt von den Betrieben. Überhaupt wurde in der Erziehung mehr Wert auf Autorität gelegt, was dem Familienvater zugute kam.«

Auch die konservative katholische Staats- und Soziallehre weiß also, wo und wie autoritätsgläubige Untertanen herangezogen werden: in der Familie. Der Gesellschaftslehrer Fellermeier sagt es unverblümt deutlich: »Der erste staatspolitische Unterricht und die grundlegende staatspolitische Erziehung werden in der Familie erteilt, und zwar dadurch, daß das Kind zum Sicheinfügen in die Familiengemeinschaft, zur Achtung vor der Familienautorität und zur Mitarbeit an den gemeinsamen Familienaufgaben angehalten wird. Die soziale Erziehung des Kindes innerhalb der Familie ist die Grundlage und Voraussetzung für die staatsbejahende Einstellung des Bürgers.«

Einmal mehr wird die nur scheinbar paradoxe Verbindung von Sexualität und Gesellschaft deutlich. Denn das Schicksal der Kinder in den weitaus meisten Familien ist es immer noch, in ihrem »körperlichen Lustempfinden« (unsere umfassende Definition für Sexualität) beschränkt, ja mehr oder weniger rigoros unterdrückt zu werden. Nicht zuletzt nach katholischen Erziehungsvorstellungen ist alles, was mit Lust oder Sexualität zusammenhängt, erst einmal böse und des Teufels. Das Kind erlebt die elterliche Autorität als absolute Herrschaft, der man sich fügen muß; zudem halten die meisten Erwachsenen Prügel immer noch für ein Erziehungsmittel, das »nichts schadet«.

Von den schweren psychischen Schäden und charakterlichen Deformationen abgesehen, die harte und häufige Prügelstrafen hinterlassen, werden in der Bundesrepublik jährlich Tausende von Kindern mit gefährlichen Gegenständen mißhandelt, so daß sie in vielen Fällen schwere Verletzungen davontragen, oder sie werden mißbraucht, ausgesetzt oder einfach vernachlässigt. Die 1970 bekanntgewordenen rund 6200 Fälle schwerer Kindesmißhandlungen sind nur ein Bruchteil dessen, was sich an qualvollem Kinderschicksal täglich in den Einfamilien abspielt (vor allem wieder in solchen der sozial unterprivilegierten Schichten). Realistische Schätzungen gehen von einer zehnfach höheren Dunkelziffer aus.

Daneben werden jährlich über 100 Kinder von ihren Eltern zu Tode geprügelt, keineswegs »auf einen Schlag«, sondern häufig in einer langsamen, wochenlangen Folter. Damit fallen mehr Kinder ihren eigenen Eltern zum Opfer als Lustmördern, denen aber bemerkenswerterweise nahezu ausschließlich das Interesse der Öffentlichkeit gilt. Die elterliche Kriminalität wird verdrängt, vermutlich weil viele Väter oder Mütter unterbewußt spüren, selbst potentielle Kindestöter zu sein.

Auch hier wäre es ungerecht, diese elterliche Kriminalität in jedem Falle als individuelles Versagen auszulegen. Der Satz, daß der Mensch Produkt seiner eigenen sozialen Verhältnisse und darüber hinaus der gesellschaftlichen ist, muß auch hier gelten. In einer Gesellschaft, die den Konsum fetischisiert und zum Gradmesser für den Wert eines Menschen erklärt, werden Kinder zwangsläufig zur Konsumschranke, zum täglichen Ärgernis, vor allem in den unteren sozialen Schichten, die ohnehin kaum mithalten können. In einer Gesellschaft, die im Verbrauch kurzlebiger Güter ihre »echte« Bedürfnisbefriedigung sieht und hier die Hülle und Fülle produziert, den Bau menschenwürdiger und vor allem menschengerechter Wohnungen und Wohnsiedlungen, Kindergärten usw. aber vernachlässigt, d. h. echte Bedürfnisse zum Mangel macht, werden Kinder zum permanenten Störenfried. Sie wie ihre Quäler und Totschläger, die Eltern, sind letztlich Opfer einer Gesellschaft, die freilich von mächtigen Privatinteressen gestaltet und gelenkt wird. Ein zwölfjähriger Junge in einer Berliner Schule, befragt nach seinen Zukunftsvorstellungen: »Kinder will ich keine haben, denn dann kann man sich mehr anschaffen und man braucht dann nur eine Frau zu ernähren« (ARD, Mitteilungen über eine Schulklasse, 11. Juni 1971). Ein Kind, das noch einmal davongekommen ist, es empfindet sich selbst deutlich als Konsumschranke, als Belastung für seine Eltern, es hat gelernt und verinnerlicht. Bemerkenswert ferner, daß der Junge schon weiß, daß »eine Frau ernährt« wird.

Aber selbst wo Kinder nicht geprügelt werden, etwa in den mittleren und gehobenen Schichten, die sich »fortschrittlich« geben, beginnen sich Strafrituale auszuprägen, die gleichfalls bedrückende Folgen haben: Entzug von Taschengeld, Abbestellung des Abonnements der Pop-Zeitschrift, Verbot zum Besuch einer Jazz-Band, Radio- oder Fernsehverbot — Konsumentzug also. Das Kind lernt, daß für Konsum Anpassung notwendig ist; es schränkt ursprüngliche, echte Bedürfnisse ein, um nicht verzichten zu müssen. So werden in den Familien gelernte Verbraucher und angepaßte Konsumenten erzogen.

Es ist daher ein Unding, anzunehmen, daß Menschen, die als Kinder durch »Sicheinfügen«, genauer: durch Kapitulation vor übermächtiger Gewalt, zu Untertanen erzogen wurden, sich als Erwachsene plötzlich wie mündige, kritische Staatsbürger verhalten könnten. Die liberale Idee der Demokratie setzt aber gerade den kritisch denkenden und »innerlich freien« Staatsbürger unabdingbar voraus; mit Untertanen bleibt Demokratie in der Praxis eine Fiktion, ja gefährdet, trotz einem liberalen Grundgesetz. Es ist bezeichnend, daß die Forderung nach »Demokratisierung« (der Schule, der Wirtschaft, der Kirchen, der Verbände und Parteien usw.) heute als »Utopie« oder als »Ideologie« unbelehrbarer Linker denunziert werden darf.
Folgerichtig verurteilt denn auch Gustav E. Kafka, langjähriger

Mitarbeiter des ZK der Deutschen Katholiken, von dem Familienmodell ausgehend, den »Demokratismus«, da er nicht nur im politischen Bereich zu einer »möglichst großen Schwächung der Regierungsgewalt« führe, sondern in sämtlichen Bereichen der Gesellschaft einen »Abbau aller Autorität« nach sich ziehe: in Ehe und Familie, in den Schulen, in der Bundeswehr »und erst recht... im Bereich der Wirtschaft«. Mitbestimmung und Demokratisierung werden von der konservativen katholischen Soziallehre als »Tendenz zur Anarchie« aufgefaßt; natürlich sind Streiks »offenbar widerrechtlich«.

Nimmt es daher wunder, daß angesichts solchen Denkens immer wieder Töne zu vernehmen sind, die von kritischeren Geistern als »tendenziell faschistisch« bezeichnet werden? Da ist die Kritik der katholischen »Neuen Bildpost« an Willy Brandt: »Ein Mann, der seinem Land in Krisenzeiten den Rücken kehrt, erscheint den meisten zumindest verdächtig, meist aber auch unzuverlässig und untragbar.« Dem steht der »wahre Christ« in dem zwar aus dem Dritten Reich stammenden, aber eben nachgedruckten »Handbuch der katholischen Sittenlehre« von Fritz Tillmann gegenüber: »Die heldenhafte Hingabe von Gut und Blut für die Ehre und den Bestand des Volkes ist dem vaterländisch gesinnten Christen heilige Pflicht.«

Konsequenterweise fordert dann der Jesuit Walter Riemer in seinem »Sozialen Handbuch« das Einschreiten des Staates »gegen sittliche Verirrung, weltanschaulichen oder religiösen Irrtum«. Und dies alles im Namen Gottes, von dem alle irdische Autorität abgeleitet wird. »Jedermann sei untertan der Obrigkeit, die Gewalt über ihn hat (d. h. jeder Art von Obrigkeit). Denn es ist keine Obrigkeit ohne von Gott; wo aber Obrigkeit ist, da ist sie von Gott verordnet. Wer sich nun der Obrigkeit widersetzet, der widerstrebet Gottes Ordnung; die aber widerstreben, werden über sich ein Urteil empfangen.« Dieses Wort des Apostels Paulus (1. Römer, 13, 12) gilt als staatsbürgerliche Maxime immer noch. Ist es ein Zufall, daß Paulus eben auch die Sexualität als böse und widerlich verdammte?

Daher verkündet der Bochumer katholische Moraltheologe Gustav Ermecke als »soziale Integrationsprinzipien: Führung, Elite, Gefolgschaft«. Zumindest die Sprache läßt Erinnerungen an ähnliche Ideen des Nationalsozialismus wach werden.

In einem Schulungsbändchen für Abgänger der »Sozialen Seminare« wird gar die heile Welt des Mittelalters beschworen: »Jeder Stand hatte seine Rechte und Pflichten, die ihm von Gott zugewiesen waren, besaß Standesehre und war eine unentbehrliche Stufe innerhalb der Ordnung der Welt... Weitgehend war deshalb in der Blütezeit des Mittelalters jeder zufrieden und stolz auf seinen Stand, obwohl der Ritter oder Geistliche mehr äußere Ehre besaß als der Bauer oder Bürger.« Die entsetzliche Not des weitaus größten Teils der mittelalterlichen Gesellschaft, die der Willkür einiger weniger Herrschenden schutzlos preisgegeben war, man denke an die Bauern, den größten Stand, ist für solche Geschichtsklitterung kein Kriterium; nur die behauptete »gottgewollte« Ordnung ist wichtig.

Sicherlich gibt es auch eine fortschrittlichere Richtung der deutschen katholischen Soziallehre, die die Bindung an das Mittelalter zu überwinden sucht. Zwei Namen wie Nell-Breuning oder Josef Wallraff seien stellvertretend genannt. Aber man wird nicht sagen können, daß ihre Ideen die offizielle Lehre schon abgelöst hätten, die offenbar noch nicht einmal den Stand der traditionellen Familiensoziologie erreicht hat.

Bruno Heck konnte daher, anknüpfend an diese Familiensoziologie, in seiner Eigenschaft als Bundesfamilienminister zu Recht formulieren: »In der Familie vollzieht sich auch die zweite Geburt des Menschen, seine Ausformung zur religiösen und zur sozialkulturellen Persönlichkeit.«

Heck bestätigt die Forschungsergebnisse der Psychoanalyse: Religiöse Gläubigkeit beruht in erheblichem Maße auf Furcht und Angst, auf Schuld und Strafbedürfnis des Menschen. Diese sind aber nichts Natürliches, sondern werden eben dem Kind in einer »zweiten Geburt« durch die Erziehung andressiert. Dies kann so weit gehen, daß der so erzogene Mensch eine geradezu masochistische Neigung zur Unterwerfung, aber auch zu sadistischer Quälerei anderer und seiner selbst empfindet, was aber im psychiatrischen Sinne durchaus als »normal« gilt. Das erhellt das Verhalten der Deutschen während des Dritten Reiches ebenso wie zum Beispiel die sadistischen Quälereien, die junge amerikanische Bürgersöhne in Vietnam verüben. Davon wird noch die Rede sein.

So kann einstweilen als paradox festgehalten werden: Eine aus vorwissenschaftlichem Denken geborene Moral wollte das »naturhaft« Böse des Menschen einschränken, indem sie ihn ihren Zwängen, vor allem ihren Sexualtabus unterwarf. Gerade dadurch aber trug sie dazu bei, den Menschen erst recht »böse« zu machen; das Gegenteil wurde erreicht.

Es ist daher kein Zufall, daß alle Arten von Diktaturregimes des 20. Jahrhunderts sich der Familie und der Kinder sowie der Jugenderziehung in besonderem Maße annahmen und annehmen. Das Ziel ist überall dasselbe: Unterdrückung der individuellen Wünsche zugunsten kollektiver Normen und Ideale, um Untertanen und kritiklos gehorchende Menschen heranzubilden. Alle Diktaturen in Ost und West achten auf eine »saubere Moral«. Wenn also Ehe und Familie vom gesellschaftlichen und staatlichen Interessenstandpunkt aus betrachtet werden und nicht als Lebensgemeinschaften, die auch individuelles Glück vermitteln sollen, bleibt der Verführungsreiz bestehen, sie in den Dienst der jeweils herrschenden Gesellschaftsideologie zu stellen.

Der Nationalsozialismus hatte daher kaum größere Schwierigkeiten zu überwinden, als er die Familienfunktion auf seine rassisch-ideologischen Bedürfnisse reduzierte. »Auch die Ehe kann kein Selbstzweck sein, sondern muß dem einen größeren Ziel, der Vermehrung und Erhaltung der Art und Rasse, dienen. Nur das ist ihr Sinn und ihre Aufgabe«, sagte Adolf Hitler in »Mein Kampf«. Eine stabile Familienstruktur stand dem totalitären Denken des Nationalsozialismus im Wege, die Jugend war außerhalb der schützenden Familie leichter zu beeinflussen, häufig sogar gegen die Eltern selbst.

Sowohl ein Teil der modernen Familiensoziologie als auch die katholische Gesellschaftslehre und die bisherige Politik der CDU-Familienminister Wuermeling, Heck und Änne Brauksiepe sehen die Familie ausschließlich unter dem Aspekt ihrer Fähigkeit, das augenblicklich gültige, gesellschaftliche Gefüge zu stabilisieren. Darauf ist auch die offizielle Politik ausgerichtet. Die Familie wird somit zu einer Sache. Das Lebensglück des einzelnen Menschen, das nach Auffassung der Psychoanalyse und anderer Wissenschaften (allerdings kritischerer) in erheblichem Ausmaß in der von nicht notwendigen moralischen Zwängen befreiten Befriedigung der elementarsten Bedürfnisse der menschlichen Natur gefunden werden kann, berücksichtigte weder die offizielle Politik noch die herkömmliche Familiensoziologie.

Moderne Industriegesellschaften, das gilt in gleichem Maße auch für die östlichen, müssen also auf hohe Arbeitsleistung jedes einzelnen Mitgliedes dringen sowie auf ein möglichst unkritisches Verhalten. Zu diesem Zweck darf der Mensch seine Triebwünsche, im besonderen die Sexualität, nicht ausleben, sondern wird durch moralische Postulate gezwungen, sie zu unterdrücken oder beschränkt und kontrolliert zu befriedigen. Denn sexuelle Unterdrückung, die beim Säugling einsetzt, ist Unterdrückung der Gesamtpersönlichkeit mit ihren verschiedenen Rollen.

Dafür sind die Einehe und die Kleinfamilie die geeignetsten Institutionen (es ist aufschlußreich, daß die Sowjetunion nach ihrem ersten sozialistischen Höhenflug Anfang der 30er Jahre in verschärftem Maße zur Einehe und Kleinfamilie zurückgekehrt ist). Daher werden Ehe und Kleinfamilie besonders geschützt, aber nicht, wie Wuermeling und Heck immer wieder ausdrücklich und offen betonten, in sozialem Sinne (denn das hieße: Kinderspielplätze, Kindergärten, geräumige Wohnungen, gerechterer Familienlastenausgleich, humane, weniger trostlose Architektur, kompromißlose, wertfreie Sexualaufklärung usw.), sondern in gesellschaftserhaltendem Sinne (dazu

sind diese Maßnahmen nicht notwendig). »Die Kernfamilie ...
kann von jeder Gesellschaft in ihren Dienst gestellt werden«,
schreibt Claessens sehr richtig, also auch von der faschistischen,
der sozialistischen, bürokratischen östlicher Prägung, also auch
von unserer konsumorientierten, privatwirtschaftlichen Gesellschaft.

10. »Die Frau fehlt bei der Gestaltung der Welt«

In der Tat dreht sich alles um die Ehe und Kleinfamilie. Nur
einige augenscheinliche Indizien in losem Zusammenhang:
1. Die jungen Mädchen lernen auch heute noch in der Familie,
in den meisten Schulen, im Kommunions-, Konfirmanden- und
Religionsunterricht, von Lehrern, Pfarrern, Erziehern, Jugend-
beratern, daß ihre »wesengemäße Aufgabe« die der Hausfrau
und Mutter sei. (»Das Ziel der weiblichen Erziehung hat unver-
rückbar die kommende Mutter zu sein« — seit Adolf Hitler hat
sich immer noch sehr wenig geändert.) Das harte Berufsleben,
damit auch Politik und Gesellschaft, sei Männersache; und die
Mädchen verhalten sich so, wie man es ihnen ideologisch beigebracht hat. Auf den weiterführenden Schulen sind sie die
Minderheit oder sie brechen bedenkenlos die Ausbildung ab,
wenn ein Kind unterwegs ist oder geheiratet werden soll.
(Adolf Hitler hatte, um die erschreckenden Affinitäten deutlich
zu machen, die manchen kritischen Soziologen zu dem verübel-
ten Wort vom »potentiellen Faschismus« kommen ließen, das
Erziehungsziel für Mädchen klar umrissen: »Die geistigen
Werte kommen zuletzt.« Hitler knüpfte dabei nur an längst
bestehende bürgerliche Denkmodelle an.) In den meisten Ent-
scheidungsstellen unserer Gesellschaft findet man kaum Frauen.
»Raub an Lebensglück« nennt es der Frankfurter Soziologe
Max Horkheimer, die Frau »fehlt bei der Gestaltung der Welt«.
Die Tatsache, daß ein Drittel aller verheirateten Hausfrauen
berufstätig ist (jedoch für gleiche Leistung weniger Lohn erhalten wie die Männer), darf nicht darüber hinwegtäuschen, daß
sie keinem Beruf nachgehen, sondern nur einem zusätzlichen
Gelderwerb. Sie sind eine industrielle Reservearmee.
2. Die schon mehrfach erwähnte Tabuierung des Geschlechtsverkehrs zwischen Unverheirateten ist eine ständige Werbung
für die Ehe, die der Sexualität erst den Segen der Moral und des
Rechts gibt. Die erstaunliche Tatsache, daß immer mehr Früh-
ehen geschlossen werden und das Heiratsalter beständig sinkt,
ist auch auf die immer noch wirksam empfundene Unterdrükkung der vorehelichen Sexualität zurückzuführen — trotz der

vielfach sexuellen Freizügigkeit der heutigen Jugendlichen. (Ein möglicher anderer Grund für die Frühheirat: Die Jugendlichen werden von ihren in der Konsumjagd stehenden Eltern von früh auf vernachlässigt, so daß sie untereinander Vater- bzw. Mutterersatz suchen. Dafür spricht die erstaunliche sexuelle Treue unter Jugendlichen und ihre Paarbindung.)

3. Die Pille wird den unverheirateten Mädchen in den meisten Fällen verweigert, die Angst vor Schwangerschaft dadurch aufrechterhalten oder wahrscheinlich gemacht. Auch hier erscheint die Ehe als rettendes Ufer. Mehr als die Hälfte aller Mädchen geht schwanger in die Ehe. Der Gynäkologe Eberhard Schätzing und mit ihm der Deutsche Ärztebund, die konservativen Politiker, die Kirche und die Familiensoziologen wollen ja »Angst als Vorstufe der Moral« nicht missen. Diese Haltung entspricht durchaus der Moral eines Süditalieners, der seine Angebetete, die nichts von ihm wissen will, entführt und vergewaltigt und sie auf diese Weise zur Ehe zwingt.

4. Verbot der Abtreibung. Auch es zwingt zur Ehe, sowohl die schwangere Frau wie den Vater des Kindes. Dabei spielt es keine Rolle, ob Mann und Frau auch Liebe verbindet oder nicht, ob sonst die erforderlichen Voraussetzungen für eine lebenslange Bindung oder für die Erziehung von Kindern gegeben sind oder nicht. Ein eheähnliches Zusammenleben hingegen, doch wohl ein sichtbarerer Beweis für gegenseitige Liebe, gilt offiziell als verwerfliches, sittenwidriges Tun. Was Menschsein heißt, bestimmt eine zweck- und ordnungsorientierte Moral; individuelle Freiheit gefährdet sie.

Hier wird im übrigen die objektive (d. h. möglicherweise ungewollte, aber reale) Funktion staatlicher Moralregulierung, die sich ihrerseits auf religiöse, an sich staatsfremde Anschauungen stützt, besonders deutlich: Der Paragraph 218 (Abtreibungsverbot) kanalisiert individuelle Fehltritte in die vorgesehenen Institutionen, weil das Bewußtsein des sozialen Schutzes im kollektiv-gesellschaftlichen Rahmen noch immer unterentwickelt ist. Die Fürsorgepflicht des Staates gilt vorzugsweise der Ehe. So bleibt das uneheliche Kind ein Schrecken und eine Sanktion für einen Verstoß gegen die gültige Sexualmoral. Deutlich wird ferner, daß einer staatlich erzwungenen Sexualmoral, die nur auf die Aufrechterhaltung der bestehenden Ordnung achtet, individuelles Schicksal gleichgültig ist. Die Tatsache, daß jährlich Tausende von Frauen bei Abtreibungsversuchen sterben, interessiert einstweilen noch keinen Staatsanwalt, keinen Justizminister und kein Parlament. De facto unwesentlich ist ferner, daß sich einzelne wohlhabende Frauen eine fachgerechte Abtreibung jederzeit leisten können, minderbemittelte dagegen nicht, und hätten sie zehn Kinder. So werden im Grunde Klassenstrukturen verfestigt. Ebensowenig interessiert eine solche

Moral und den Staat, der sie durchsetzt, was mit unerwünschten Kindern unehelicher Mütter geschieht. Daß die Sterblichkeit solcher Kinder doppelt so hoch liegt wie die ehelicher, mag noch die Korrektur einer gütigen Natur sein. Daß aber solche Kinder schwerste seelische und geistige Schäden davontragen, kontaktschwach bleiben und »Rekrutierungsbasis« für Kriminelle und Prostituierte werden, zumal wenn sie in Kinderheimen aufwachsen, ist unwichtig, bleibt individuelles Schicksal. Die Gesellschaft sühnt moralische Fehltritte wahrhaftig bis ins dritte und vierte Glied. Wichtig ist die Ordnungsfunktion des Paragraphen 218, Angst vor nichtgestatteter Sexualbetätigung zu verbreiten und im Falle eines Verstoßes, so sich »Folgen« einstellen, rücksichtslos auf die angedrohten Sanktionen zu bestehen.

5. Ledige Mütter mit Kind sind nicht nur gesellschaftlicher und beruflicher Ächtung ausgesetzt, sondern müssen auch viele soziale Nachteile in Kauf nehmen. Sie suchen daher einen Ehemann. Das gilt auch für geschiedene Frauen.

6. Die sexuellen Möglichkeiten, besonders der unverheirateten Frau, sind gering. Wollte sie ihren natürlichen sexuellen oder auch nur gesellschaftlichen Bedürfnissen gemäß leben, müßte sie ebenfalls das Risiko der gesellschaftlichen Ächtung (als Hure) einkalkulieren. Sie verlöre selbst die Achtung ihrer (heimlichen) Liebhaber und Freunde.

7. Viele soziale Maßnahmen des Staates (von Wuermeling und Heck ausdrücklich als gesellschaftspolitische bezeichnet) kommen überwiegend nur Verheirateten zugute. Ausschließlich der Fall ist dies beispielsweise bei der Wohnungsvergabe.

8. Die ideologische und moralische Propaganda des Staates wie der Kirchen verkündet, daß der Mann und die Frau erst in der »ergänzenden« Gemeinschaft der Ehe zu ihrer »sittlichen Bestimmung als ganzheitlicher Mensch« fänden — nach Gottes Willen gar.

9. Die Ehescheidung bleibt selbst nach der jetzt geplanten Reform erschwert und daher im Grunde für beide Partner eine harte Strafe für eine in jungen Jahren getroffene persönliche Fehlentscheidung, die häufig von den »Umständen« erzwungen wurde. Die Erschwernis ist angesichts des herrschenden moralischen Klimas logisch, so inhuman sie auch sein mag: die Frau muß materiell abgesichert werden, das steht außer Frage, aber eine Gesellschaft hat zuvor das Mädchen ohne Ausbildung in das Risiko Ehe entlassen oder sie auf ihre Mutter- und Hausfrauenrolle beschränkt, so daß sie den Anschluß an einen oder an den gelernten Beruf nicht mehr findet. Für die Kinder geschiedener Ehen, zumal wenn sie jünger sind, bedeutet eine Scheidung der Eltern immer die Gefahr schwerster seelischer Schädigungen, die sich nicht selten in Kriminalität äußert.

Diese Gefahr ist freilich in zerrütteten Ehen noch größer, wie die Kriminalstatistiken ausweisen. Weder ein strenges noch ein liberales Scheidungsrecht können diese Härten unter den gegebenen Verhältnissen aus der Welt schaffen, die fast immer den Lebensweg und die Persönlichkeit solcher Kinder nachhaltig verändern. Sie sind eine Folge der Einehe und Kleinfamilie. Dieses Tabu verhinderte bislang die Entwicklung neuer »menschlicherer« Familienstrukturen und Erziehungsformen in einem gesellschaftlichen Rahmen, ja sie verhindert bislang selbst die Diskussion darüber.

Halten wir fest: nach übereinstimmender Analyse sowohl konservativer Politiker, der Kirchen und eines maßgebenden Teils der herkömmlichen Familiensoziologie als auch der progressiven, häufig auch als »links« bezeichneten Soziologie (etwa die »Frankfurter Schule«) sowie der Psychoanalyse liegt eine fundamentale Bedeutung der Kleinfamilie darin, die Kinder durch die Erziehung der Eltern an das Wert- und Normensystem, an die Moral der Gesellschaft anzupassen, damit die Gesellschaft stabil, funktions- und leistungsfähig bleibt. Übereinstimmung besteht auch in den Erziehungsmethoden: Brechen der kindlichen Willensäußerungen, Erziehung zu Furcht-, Angst- und Schuldgefühlen (denen automatisch Strafangst und Strafbedürfnis zugeordnet sind), Unterdrückung der Triebbedürfnisse, vor allem der kindlichen Sexualität. (Der bekannte Psychiater Professor Hans Bürger-Prinz, der der Psychoanalyse eher skeptisch gegenübersteht, schreibt beispielsweise, daß die Schulddepression als psychische Krankheit ausschließlich in »christlichen« Gesellschaften anzutreffen sei: Ein Asiate oder Afrikaner, der an Schulddepressionen leide, habe mit Sicherheit eine christliche Erziehung auf einer Missionsschule genossen!)

Die Übereinstimmung geht noch weiter: Beide Seiten halten zu diesem Zweck die monogame Ehe für die geeignete Institution, dieses Ziel zu erreichen; sie wird daher rechtlich, sozial und moralisch geschützt. Der entscheidende, unüberbrückbare Gegensatz ergibt sich aus der Beurteilung der Folgen: Während die einen in dieser Funktion der Kleinfamilie eine »sittenprägende Kraft« sehen, in der sich erst die »Würde des Menschen« entfalte, vor allem aber die gesellschaftsstabilisierende Bedeutung betonen (in einem Grundsatzurteil zu einem Scheidungsprozeß stellte der Bundesgerichtshof ausdrücklich individuelles Glück hinter die Sozialfunktion der Ehe zurück), lehnen die anderen diese Funktion der Kleinfamilie ab. Ihre Argumente: Auf diese Weise würden manipulierbare Untertanen erzogen, deren unterdrückte Triebwünsche individuell und kollektiv immer wieder in Zerstörungslust durchbrächen. Ferner fördere eine so repressive Erziehung psychische Krankheiten und erzeuge deformierte Charaktere. Außerdem würden repressiv erzogene

Menschen meist unfähig zu unbefangenen sexuellen Äußerungen, was sich vor allem in der Ehe als Orgasmusunfähigkeit und Potenzschwäche ausdrücke. Mit einem Wort: Ehe und Kleinfamilie gefährdeten letztlich gerade sowohl den einzelnen als auch die Gesellschaft.

Wie auch immer: es müßte doch allmählich zu denken geben, daß die moderne Leistungsgesellschaft zwar große Mühe und relativ hohe Kosten darauf verwendet (sie könnten freilich noch höher sein), die geistigen und technischen Fähigkeiten der Jugendlichen von Fachleuten auszubilden, um diese Fertigkeiten im Produktionsprozeß als nützliche Arbeit zu verwerten, wohingegen die Persönlichkeitsbildung weiterhin unwissenden Laien überlassen bleibt. Und die meisten Eltern sind unwissende Laien, wenn sie auch nichts dafür können, da sie selbst nicht aufgeklärt wurden.

Doch neben dem Schicksal der Kinder in der Kleinfamilie muß auch das der Ehepartner selbst untersucht werden.

»Noch heute nimmt insbesondere die Frau ihre untergeordnete Stellung als etwas Selbstverständliches hin, und es ist nicht leicht, ihr klarzumachen, daß diese eine unwürdige ist und sie danach streben müsse, ein dem Manne gleichberechtigtes, in jeder Beziehung ebenbürtiges Glied der Gesellschaft zu werden.«

Diese aktuelle Feststellung ist bereits 70 Jahre alt und stammt von dem großen sozialdemokratischen Parteiführer August Bebel. Die »untergeordnete Stellung« der Frau in der Gesellschaft und im Berufsleben (monatlicher Durchschnittsverdienst 1966: 560 DM, das des Mannes 980 DM) ist so offenkundig, daß sich besondere Erläuterungen erübrigen.

Zur untergeordneten Stellung kommt die unterrepräsentierte hinzu. Schon an den weiterführenden Schulen und an den Universitäten, vollends in den akademischen Berufen, sind Frauen in der Minderheit (im Gegensatz etwa zur DDR, wo im übrigen — neben anderen Ursachen — auch die weitgehend realisierte Gleichberechtigung der Frau die Struktur der Einehe zu gefährden scheint: Die hohen und steigenden Scheidungsraten lassen den Schluß zu, daß die Einehe in eine Krise gerät, falls eine ihrer Grundlagen, die Unterdrückung der Frau, entfällt). In den Führungspositionen der Wirtschaft, der gesellschaftlichen Organisationen und Parteien sind sie nur vereinzelt vertreten. Die eine Bundesministerin, die 3 bis 7 Prozent Parlamentarierinnen sind Aushängeschilder nach dem Motto »eine Frau muß dabeisein«.

Problematischer ist es, wenn man nach den Ursachen für diese Unterdrückung der Frau sucht. Die Suche führt wieder in die Ehe und Kleinfamilie (als andere Wurzeln für die Diskriminierung der Frau haben wir bereits Postulate und Dogmen der christlichen Religion bloßgelegt).

Denn das Mädchen, dem die bürgerliche Ideologie immer noch einredet, seine wesenhafte Bedeutung als Frau liege in der Rolle der Mutter und Hausfrau, ist materiell völlig vom Manne abhängig, der das Geld verdient. Die meisten Mädchen begeben sich auch heute noch sehenden Auges in diese Abhängigkeit: So wie der Mann durch eine entsprechende Ausbildung für seine materielle Zukunftssicherung sorgt, sorgen die Mädchen für die ihre durch die Ehe. Das Versorgtwerden, genauer das »Sichversorgenlassen«, ist aller Aufklärung zum Trotz das dominierende Grundheiratsmotiv der meisten jungen Mädchen.

Gefördert wird aber außer der materiellen auch die menschliche Unterwerfung der Frau, etwa in der Aufklärungsliteratur und Eheberatung der christlichen Kirchen (»Die Frau sei dem Manne untertan als ihrem Herrn«) sowie wiederum von einem Großteil der herkömmlichen Familiensoziologie.

In einer Dissertation heißt es zum Beispiel recht schwülstig: »Das Wesen ›Frau‹ ist berufen, Frau zu sein, das heißt Gefährtin des Mannes.« Die Frau ist mit anderen Worten die nur »Folgende«, die »Geführte«. Hier spielt auch noch das nackte Vorurteil eine erhebliche Rolle, das der Frau mehr emotionale Kräfte, dem Mann dagegen mehr Intelligenz zuschreibt. Wir sehen, daß auch wissenschaftlicher Blödsinn ein zähes Leben haben kann. 1903, zu einer Zeit, da Max Planck und Albert Einstein die Physik revolutionierten, behauptete der Psychologe Otto Weininger in seinem Buch »Geschlecht und Charakter«: »Die höchststehende Frau steht noch unendlich tief unter dem tiefststehenden Mann.« Das Buch erlebte 14 Auflagen!

Die Frau verschwindet also als »häusliche Sklavin des Mannes« (Horkheimer) in der Familie — und aus der Öffentlichkeit, die nach wie vor vom Manne gestaltet wird. Auch ihr Prestige bezieht die Frau weitgehend von der gesellschaftlichen Position des Mannes. Der Optimismus zahlreicher Soziologen, in den Ehen setze sich immer stärker der partnerschaftliche Gedanke durch, da die Frau in gesellschaftliche und berufliche Bereiche vordringe, die bislang dem Mann vorbehalten waren, muß doch erheblich relativiert werden. Die Tendenz zur »Gefährtenehe« (Renate Mayntz), die auf einer Art Vertrag von gleichen Rechten und Pflichten beruhe, mag in stärker werdendem Maße für die jüngere Generation gelten; doch zeigen auch hier alle Beobachtungen, daß die Gleichberechtigung der Frau nur in Ehen von relativ hohem Bildungsniveau und einer gehobeneren sozialen Stellung als Prinzip anerkannt wird. Dieses schwächt sich aber dort in dem Maße ab, als die Frau keinen dem Manne adäquaten Beruf ausübt oder ausüben kann, und in dem Maße, als die Partner älter werden. Unterdrückung der

Frau heißt ja schließlich nicht, daß sie vom Ehemann geprügelt wird, sondern daß sie die geringeren Chancen und Möglichkeiten zur Selbstverwirklichung hat. In einer Ehe mit Kindern übt die Frau nach wie vor vielfachen und »selbstverständlichen« Verzicht.

Darüber hinaus ist die Sexualität der Frau noch strenger verpönt als die des Mannes und noch rigoroser auf die Ehe beschränkt. »Ehebruch«, sexuelle »Untreue« der Frau wiegt schwerer als beim Mann. Trotz des wissenschaftlichen Gegenbeweises hält sich unausrottbar das Vorurteil, daß das sexuelle Empfinden der Frau weniger stark sei als das des Mannes. Das kommt deutlich schon im Sprachgebrauch zum Ausdruck: Die Frau »gibt sich hin«, sie ist »gefügig«, ist dem Manne »zu Willen«. Während der Mann wie ein Held »Eroberungen macht« und »verführt«, geht die Frau, wenn sie das gleiche Ziel verfolgt, auf billige »Männerjagd« oder »angeln«.

Anthropologen sehen hier phylogenetisch das Diebstahltabu zum Vorschein kommen, da die Pönalisierung des Ehebruchs der Frau innerhalb der breiten Skala sonst sehr unterschiedlicher sexueller Anschauungen, Sitten und Gebräuche unter den verschiedenen Kulturen noch einer der gemeinsamsten Straftatbestände ist: Der Ur-Mann, der einst unter Lebensgefahr die Frau rauben oder im Tausch hohe Opfer und Leistungen für sie erbringen mußte, fühlt sich in seinem Besitzanspruch bedroht. Ehebruch signalisiert den drohenden Verlust eines wie auch immer mühsam erworbenen Besitzes und damit Verlust an Achtung und Prestige.

Psychologen wiederum sehen in der strengeren Verurteilung des Ehebruchs der Frau eine unbewußte Rückerinnerung an frühkindliche negative Erlebnisse (Traumata), etwa an den mütterlichen Liebesentzug.

Oder: Die Gesellschaft duldet mehr oder weniger offen die Prostitution, die aber nur männliche Sexualbedürfnisse befriedigt. »Gelbe Häuser am Pinnasberg«, Bordelle für Frauen also, würden sicherlich als Perversionen ohnegleichen gelten. Verhindern also die materielle Abhängigkeit, die sexuelle Unterdrückung sowie die Mutterschaftsideologie eine dem Manne adäquate Ausbildung der Frau als Persönlichkeit und verweigern ihr adäquate soziale Chancen, so wird die Unterdrückung der verheirateten Frau vollends deutlich, wenn sie, um das Einkommen des Mannes zu erhöhen, selbst berufstätig wird. Der Beruf addiert sich dann zu ihren häuslichen Pflichten hinzu.

Aber die Frau rächt sich nicht selten für diese Unterdrückung am Manne selbst.

Da für sie die Ehe, nicht der Beruf, eine materielle Existenzfrage bedeutet, klammert sie sich an die Ehe »mit allen Fasern ihrer Existenz« (August Bebel), auch wenn die Ehe im Grunde längst zerrüttet ist. Nur in schwersten Fällen männlicher Untreue oder Verfehlungen (etwa Gewaltanwendung, Trunksucht) stimmen Frauen einer Scheidung zu. Das vergrößert die Ungleichheit, drohende Scheidung läßt vor allem ältere Frauen noch gefügiger werden. (Die Tatsache, daß 1969 in Hessen es die Frauen zu 69 Prozent waren, die auf Scheidung drängten, ist nur ein scheinbarer Widerspruch. Vielmehr kommt hier das ganze Ausmaß an Unglück zum Vorschein, das die Ehe gerade für die Frau bedeuten kann.)

Darüber hinaus stachelt die auf die Versorgungsfunktion bedachte Frau den Mann zu immer größeren Arbeitsleistungen an; er soll vorwärtskommen, sich beruflich und finanziell verbessern, beim Vorgesetzten möglichst oft um Gehaltserhöhung vorstellig werden. Besonders in den Mittelschichten, bei mittleren und höheren Angestellten, ist dieses Verhalten von Ehefrauen immer wieder anzutreffen. (Die im übrigen, aus Prestigegründen, weit seltener berufstätig sind, weil es an ihrer Stellung gemäßen Arbeitsplätzen fehlt. Eine Arbeiterin hat es da wesentlich leichter.) In den USA vor allem füllen sich die Praxen der Psychiater und Nervenärzte mit Männern aus den Mittelschichten, meist um die 40 und 50, die von ihren Frauen und heranwachsenden Kindern bis zur seelischen und körperlichen Erschöpfung gehetzt worden sind. Hierher gehört auch die Tatsache, daß Magengeschwüre immer mehr die Männer befallen und der Herztod das starke Geschlecht immer häufiger hinwegrafft.

Dieses Verhalten der Frau, das in der Einehe und Kleinfamilie seine Wurzeln hat, stabilisiert entscheidend eine Gesellschaftsordnung samt ihren Mängeln, Ungerechtigkeiten und autoritären Strukturen, indem sie den Leistungsdruck erhöht.

Hinzu kommt, daß auf diese Weise zur Leistung gezwungene Männer nicht zu rebellieren wagen, sondern sich allen Autoritäten anpassen (was man ihnen freilich schon als Kind beigebracht hat). Der Mann wird zum funktionierenden Untertanen, sozialer und gesellschaftlicher Widerstand gegen ungerecht und mißbräuchlich handelnde öffentliche oder berufliche Autoritäten erscheint nicht ratsam, ist zumindest mit härtesten Gewissenskonflikten verbunden. Erst jüngst wieder haben sowohl in Italien wie in England die Frauen streikender Arbeiter dafür gesorgt, daß ihre Männer an die Arbeitsplätze zurückkehrten — eine Disziplinierung, die Gewerkschaften, Regierung und Arbeitgebern nicht gelungen wäre.

»In doppelter Weise stärkt die familiale Rolle der Frau die Autorität des Bestehenden«, sagt Max Horkheimer in »Autorität und Familie«: »Nicht bloß durch die Sorge um die Familie selbst, sondern durch die stetige Mahnung wird der Gatte an das Bestehende verhaftet, und die Kinder erleben in der mütterlichen Erziehung unmittelbar die Einwirkung eines der herrschenden Ordnung verhafteten Geistes.«

»Ich habe Familie«, hinter diesem oft gehörten Satz verbirgt sich eine ebenso klägliche wie verständliche Unterwerfungsbereitschaft. Keine Frage, daß in den psychisch-familiären Gegebenheiten die Ursachen dafür liegen, daß heute im öffentlichen wie im beruflichen Leben notwendiger kritischer Widerstand mit schweren Einbußen der materiellen Existenz und an sozialen Möglichkeiten bedroht sein darf, selbst wenn er von einer freiheitlichen Rechtsordnung auf dem Papier garantiert wird. Die in Diktaturregimes angedrohte »Sippenhaftung« bei Widerstand gegen das Regime bestimmt als permanente, wenn auch nicht ausgesprochene und vielfach bestrittene Drohung das Verhältnis nach innen zur Familie und nach außen zu den im Produktionsprozeß maßgebenden Autoritäten.

Die Stellung des Mannes in der Kleinfamilie ist daher eine dialektische: er herrscht physisch, materiell und rechtlich, und dennoch wird auch er beherrscht — psychisch. Hinzu kommt, daß der Mann, der in der Familie formal eine fast absolute autoritäre Position hat, im Beruf eine untergeordnete Stellung einnimmt, Vorgesetzte hat und Befehlsempfänger ist. Aus diesem gleichzeitigen Herr-Diener-Verhältnis schloß der Psychoanalytiker Wilhelm Reich auf eine »typische Feldwebelnatur«. Reich fährt fort: »Seine Untertanenstellung zur Obrigkeit (in Gesellschaft und Beruf) erzeugt er neu (als Herr der Familie) in seinen Kindern, besonders in den Söhnen. Aus diesen Verhältnissen strömt die passive, hörige Haltung der kleinbürgerlichen Menschen zu Führergestalten.« Reich schrieb diese aufschlußreiche Beobachtung 1934 nieder.

11. »Das propagierte Ehe-Ideal ist fast wirklichkeitsfremd«

Trotz der bedeutenden Rolle, die der Vater in der Familie spielt, ist freilich nicht zu übersehen, daß die väterliche Autorität durch die gesellschaftliche Entwicklung in vielen Familien erheblich zurückgedrängt wurde. Der Trend geht hin zu einer »vaterlosen Gesellschaft« (so Alexander Mitscherlich). Aber einmal wirkt die väterliche Autorität nach wie vor in der entscheidenden Lebensphase des Kindes bis zum sechsten/siebten Lebensjahr, zum anderen wird die väterliche Autorität durch außerfamiliäre ersetzt: Zum Beispiel durch die Gruppe, Kindergarten, Schule, Ausbildung, durch personifizierte Idole oder andere Ich-Ideale. Die durch die Abwesenheit des Vaters geringer gewordenen

Konfliktmöglichkeiten haben für die Kinder, vor allem in der Pubertätsphase, freilich auch Nachteile. Nicht nur, daß das kritische Gegenüber fehlt, der Rivale, von dem man sich in einem schwierigen und schmerzlichen Prozeß ablöst, um zum eigenen Selbst und zu einer kritischen Einstellung zur Autorität zu finden. Die gefühlsmäßige Belastung nimmt eher zu. »Der Jugendliche hat sich nunmehr mit einem rein emotionalen Vaterbild auseinanderzusetzen, während in früheren Zeiten die gemeinsame Gebundenheit von Vätern und Söhnen an sachlichen Aufgaben konfliktmildernd wirkte.« (Andreas Flitner und Günter Bittner, »Die Jugend und die überlieferten Ordnungsmächte«, zit. nach Imme Horn/Klaus Horn »Familie — Jugend — Gesellschaft«.) Dadurch besteht möglicherweise ebenfalls die Gefahr, daß der Heranwachsende sich nicht zu einer autonomen Persönlichkeit entwickelt, zumal auch alle anderen, den Vater außerfamiliär ersetzenden Autoritäten Unterordnung, ja Unterwerfung verlangen (häufig in außerordentlich strikter Form gerade die Jugendgruppe Gleichaltriger) oder — wie die Idole und Ich-Ideale — zu bewundernder, kritikloser Gefolgschaft stimulieren.

Die Folge dieser gesellschaftlichen Verhältnisse, die zu einem guten Teil auf die Unterdrückung der menschlichen Sexualität von Kind an zurückgehen, wobei diese Unterdrückung sich in der Ehe und Familie zusätzlich differenziert und fortsetzt, sind nicht selten psychische Störungen, wie die Statistiken nachweisen. Etwa 60 Prozent der verheirateten Frauen haben noch keinen Orgasmus gehabt oder diese sexuelle Erlebnisfähigkeit im Laufe der Ehe wieder verloren. Mehr als die Hälfte würden denselben Mann nicht noch einmal heiraten. Während sich weit über die Hälfte der Ehefrauen selbst befriedigt, halten 74 Prozent Onanie gleichwohl für widerlich und ekelhaft oder gar für gesundheitsschädlich.

Der erzwungene Verlust an sexueller Spontaneität der Ehefrau kommt besonders deutlich auch darin zum Ausdruck, daß sie kaum die Initiative zum sexuellen Verkehr ergreift. Nach einer in der Zeitschrift »Jasmin« veröffentlichten wissenschaftlichen Untersuchung (Heft 12/71) warten 58 Prozent der Ehefrauen darauf, daß der Mann aktiv wird und von ihnen »Besitz ergreift«. (Eine Aufschlüsselung der statistischen Angaben über sexuelles Verhalten der Ehefrauen nach sozialen Schichten wurde nicht vorgenommen.) Hat der Mann keine Lust, unterdrücken sie den Sexualwunsch, ziehen die Bettdecke über die Ohren und schlafen ein. Sie enthalten sich damit auch jeglicher Zärtlichkeiten, was die kommunikativen Beziehungen zwischen den Partnern enterotisiert und damit anfälliger für aggressive Kommunikation macht. Ehefrauen warten bis zum Wochenende; an Samstagen und Sonntagen wird in deutschen Ehebetten dieser Untersuchung zufolge am häufigsten »geliebt«. Die harte, nervenverschleißende Arbeitswelt diszipliniert das Sexualleben nach wie vor.

Von den Ehefrauen, die schließlich selbst die Initiative ergreifen und ihren Mann verführen, handelt ein großer Teil aus einer »ausgesprochenen Notsituation« heraus: Sie sind sexuell zu kurz gekommen.

Die Frau bleibt demnach passiv, von einer »Gefährtenehe«, die ja den sexuellen Aspekt mit einbeziehen müßte, kann demnach nicht die Rede sein. Indem sich die Frau dem Mann nach wie vor als Sexualobjekt unterwirft, unterwirft sie sich auch als soziale Person.

Umgekehrt freilich wagen die meisten Ehefrauen nicht zu widersprechen, wenn ihre Männer Lust zum Geschlechtsakt verspüren, sie aber nicht. Dann gibt sich die »guterzogene« Ehefrau eben »willenlos hin«: »Fünf Minuten Augen zu, und ich habe meine Ruh'.«

Die — gesellschaftlich über die Erziehung und die herrschende Sexualmoral vermittelte — Einfallslosigkeit und Verkümmerung der sexuellen Spontaneität läßt sich auch daran erkennen, daß über zwei Drittel der Ehepartner in der Normallage miteinander verkehren. Schon Wilhelm Reich vermutete nicht ohne Grund, daß die passive Rückenlage der Frau, der Mann aktiv über ihr, nur das verinnerlichte Verhältnis zwischen Mann und Frau widerspiegele — auch das gesellschaftliche und soziale!

Eine »streng traditionelle Einstellung« erkennt der Hamburger Sexual- und Kriminalpsychiater Prof. Werner Krause dem Jasmin-Report zufolge auch darin, daß Ehefrauen häufig einen Reiz, ein Stimulans von außen brauchen, um sexuelle Lust zu verspüren: ein besonderes Erlebnis wie Besuch eines Theaters oder Restaurants, anregende Bilder oder Lektüre, Filme oder Fernsehstücke und außerdem Alkoholgenuß. Die natürlichen, aber verklemmten Sexualbedürfnisse müssen also erst von außen »enthemmt« werden, wobei der Außenreiz den sexuellen Genuß noch steigert. Nicht selten, so Krause, fühlt sich freilich die Frau nach einem »schönen Abend« zu einer Gegenleistung verpflichtet und gibt sich eben hin. (Von jungen Frauen, die für die Gleichberechtigung kämpfen, kann man hören, daß dies nichts anderes als eine Form von Prostitution sei!)

Auch rund die Hälfte der Ehemänner fühlt sich in der Ehe sexuell unbefriedigt, wobei es paradox genug klingt, daß gerade die strikte Rollentrennung, die Verbannung der Frau in den Haushalt, erheblich dazu beiträgt, ein sexuell geglücktes Eheleben zu verhindern! Das Hausmütterchen verliert für den Mann an Reiz. Dazu treten häufig Potenzschwierigkeiten auf oder psychosomatische Krankheiten (körperliche Krankheiten, die seelisch bedingt sind, wie Magengeschwüre, nervöse Leiden) und

Neurosen bei beiden Geschlechtern, Trunksucht und Neigung zu außerehelichem Geschlechtsverkehr. Die Illustrierten leben gut von den Klagen der Ehefrauen über ihre »schlappen« Männer. Es ist aufschlußreich, daß Potenzschwierigkeiten bei Männern zunehmen, je häufiger Frauen zur Pille greifen, dadurch die Angst beim Geschlechtsakt verlieren und zunehmend eigene sexuelle Wünsche äußern. Das trifft das tradierte Selbstbewußtsein des Mannes, das sich auf die Unterdrückung der Frau stützen konnte. Fast die Hälfte der Ehemänner hat sexuelle Beziehungen mindestens zu einer anderen Frau, fast drei Viertel wünschen sich die Möglichkeit dazu, mißbilligen aber gleichzeitig überwiegend (zu 68 Prozent im Jahre 1963) außereheliche Seitensprünge vom Moralisch-Grundsätzlichen her. (Bei den Frauen liegen die Prozentzahlen für außerehelichen Sexualverkehr etwas niedriger, weil bei ihnen verinnerlichtes Schuldgefühl und Strafdrohung weitaus stärker sind.) Daß trotz der feststellbaren sexuellen Abstumpfung in Millionen von Ehen fast drei Viertel der Männer und etwa zwei Drittel der Frauen ihre Ehe für glücklich halten, ist unter diesen Umständen nur ein scheinbarer Widerspruch.

Der Soziologe an der Universität Ohio, Dr. John Cuber, hat es sich zur Aufgabe gemacht, einmal diese als glücklich, zumindest als problemlos geltenden »Normalehen« zu untersuchen (nach »Frankfurter Rundschau« vom 5. 2. 1971).

Cuber und seine Mitarbeiter sprachen mit Eheleuten zwischen 35 und 55, die alle mindestens zehn Jahre verheiratet waren, nie einen Eheberater oder Psychiater um Rat fragten und nie an Trennung oder Scheidung dachten. Die Männer waren Anwälte, Richter, Ärzte, Geistliche, Abgeordnete, Offiziere, Universitätsprofessoren, Künstler und Unternehmer – also eine gewisse Elite.

Cuber hält wenig von den üblichen Fragebogen, die dann statistisch ausgewertet werden: »Dabei kommt nur ein Bruchteil des Lebens zum Vorschein. Wir sprachen sehr persönlich und lange mit jedem einzelnen, mit manchen eine Woche lang. Wir hörten so lange zu, wie es was zu erzählen gab.«

Die Studie enthüllt in zahllosen Einzelheiten, wie selten harmonische, wirklich erfüllte Ehen sind und wieviel Heuchelei, Entfremdung und Resignation auch da an der Tagesordnung ist, wo die Partner selbst eine »glückliche« Ehe zu führen glauben.

Fast alle Ehen, die durchleuchtet wurden, passen in eine der folgenden fünf Kategorien:

1. Die Streitehe. In vielen Fällen gibt es sporadisch Krach und Konflikte – aber das sind Krisenzeiten, und jeder ist froh, wenn wieder Frieden herrscht. In den »konfliktgebundenen« Ehen aber, wie Cuber sie nennt, gibt es das friedliche Glück kaum. Sie werden durch Spannungen und Kleinkrieg, der oft ein Leben lang währt, zusammengeschweißt. Beide sind unternehmens-

lustig, gern unter Menschen und vermeiden es, »zu zweit allein« zu sein. Im schlimmsten Fall liegt man sich zu Hause fast immer in den Haaren, am besten hält man wenigstens die Zungen im Zaum, wenn andere dabei sind. Man sträubt sich, über die Intimsphäre auch nur ein Wort zu sagen, weil sie nicht erfreulich ist, aber selten gelingt es, den Streitcharakter der Ehe vor Kindern, Verwandten und Freunden geheimzuhalten. »Diese Typen«, sagt Cuber, »wissen ungeheuer wenig von den Möglichkeiten zwischen Mann und Frau, kurz vom Glück — aber sie bleiben trotzdem zusammen.«

2. Die gleichgültige Ehe. Hier herrscht keine Spannung, kein Kampf der Seelen mehr, es gibt weder böse Worte noch offenen Krieg. Die Ehe hat schon früh Schwung und Leidenschaft verloren, sie ist »devitalisiert«. Eine alles durchdringende Apathie bestimmt den Ton. Doch trotz dieser Erstarrung ist die Verbindung nicht in Frage gestellt — Gewohnheit und Trägheit hindern beide, sie abzubrechen, Liebschaften oder gar eine Scheidung würden nur Nerven kosten.

Man sagt sich, »andere Dinge haben auch ihren Wert«, und denkt dabei an die Kinder, den Besitz oder die Familientradition. Hochzeitstage werden in großem Rahmen, wenn auch etwas grimmig, gefeiert. Solche Paare fühlen sich um die Fünfzig, wenn alles in ruhigen Gleisen läuft, besonders wohl.

3. Die passive, aber kongeniale Ehe. Auch hier gibt es keinen Streit, und sie ist ähnlich unproduktiv, aber Mann und Frau legen mehr Wert auf ihre Gemeinsamkeit, ja sie machen ein ziemliches Getue damit: der Garten, das Tennisspiel, der Reitunterricht, die Urlaubsreisen. In Wirklichkeit sind das aber nur Mittel, um auf unpersönliche Weise gemeinsam die Zeit totzuschlagen.

»Sie kennen ihre Enttäuschungen und begrabenen Illusionen recht genau«, meint Cuber, »aber sie stolzieren wie auf Zehenspitzen darum herum. Ihre Vorsichtsmaßnahmen, um den Ehefrieden zu bewahren, sind so raffiniert wie die Abkommen zwischen Gewerkschaftern und Unternehmern.« In späteren Jahren wird sie aktiv beim Roten Kreuz oder in der Volkshochschule, während er sich abends an seinen Schreibtisch zurückzieht oder beruflich verreist — allein.

Die große Mehrheit der 220 Testehen gehört in eine dieser drei Kategorien. Ergibt sich aus diesen nüchternen Einzelheiten das Bild der »normalen« Ehe? Warum bleibt man trotzdem zusammen? Im wesentlichen, sagt Cuber, weil er zufrieden mit seinem Beruf, seinen Hobbys und Freunden ist und sie glücklich in ihrem Heim, mit ihren Kindern und der Rolle, die sie in der Gesellschaft spielt. Man lebt nebeneinander her, die Liebe verbreitet keinen Glanz mehr, aber trotzdem bezeichnen alle ihr Zusammenleben als »glückliche Ehe«.

die letzten beiden Kategorien sind nur für eine kleine Minorität typisch:

4. Die vitale Ehe lebt und klingt aus mindestens einer starken Resonanz, der auch der Alltag nichts anhaben kann. Dieser Kraftquell können die Kinder sein, eine gemeinsame Aufgabe, die Erotik oder einfach die ständige Freude aneinander.

Wie groß der Abstand einer solchen Ehe zu den alltäglichen und »normalen« ist, sah Cuber, wenn er diesen in seinen Gesprächen die Wesenszüge einer vitalen Ehe skizzierte. Die Kommentare der »Normalen« lauteten: »Die haben Ihnen aber einen schönen Bären aufgebunden.«

5. Die totale Ehe — die seltenste von allen — ist der vitalen ähnlich, aber mit dem Unterschied, daß hier nicht eine, sondern mehrere, ja unendlich viele Gemeinsamkeiten bestehen und daß die eheliche Liebe, harmonisch im Gleichgewicht zwischen Kopf, Herz und Leib, sich immer weiter verzweigt.

»Vermutlich ist die totale Ehe so selten«, meint Cuber nachdenklich, »weil so wenige Menschen die Reife haben, sich gegenseitig ganz zu begreifen, weil es ihnen dafür an Verständnis oder Güte oder Leidenschaft fehlt.«

Aufschlußreich und eine Bestätigung psychoanalytischer Thesen von der Wirksamkeit verinnerlichter Moralgebote ist folgendes Ergebnis einer repräsentativen Umfrage: Fast zwei Drittel der Frauen in der Bundesrepublik wollen trotz offenkundiger Benachteiligung und Ungleichheit von Emanzipation wenig wissen. 84 Prozent der Frauen lehnten 1963 außereheliches Geschlechtsverkehr der Frauen ab, wobei die Mißbilligung mit höherer Schulbildung abnimmt. Der Unterdrückte bejaht eben die ihn unterdrückende Ordnung. Dazu gehört auch, daß sich die meisten Frauen keinen Ehemann vorstellen können, der ihnen nicht körperlich und geistig überlegen ist, zu dem sie nicht »aufschauen« können, der nicht Geborgenheit vermittelt.

Der Frankfurter Psychoanalytiker Alexander Mitscherlich kommt aufgrund seiner Erfahrungen mit psychisch gestörten Eheleuten zu dem Schluß, an der christlich-bürgerlichen Ehe hafte neben dem Glück, das sie durchaus schenken könne (und das von uns auch nicht bestritten werden soll), »ein so unermeßliches Quantum von Leid, von Mißverständnissen und Mißlingen«, daß es kaum vorstellbar erscheine, die Ehe als endgültige Institution aufzufassen. Der Wissenschaftler macht freilich, was Moralisten leugnen, »die zentrale Rolle einer glückenden Sexualbeziehung« zu einer wesentlichen Voraussetzung für eheliches Glück insgesamt.

Gleichwohl legt das praktizierte Sexualverhalten, vor allem der Jugend, die Vermutung nahe, daß auf längere Sicht die Einehe zu einem gesellschaftlichen Problem ersten Ranges werden wird.

Zwar werden die Sexualtabus heute ohnehin schon allenthalben durchlöchert, 90 Prozent der Männer und etwa 70 Prozent der Frauen haben voreheliche Geschlechtsverkehr gehabt, außereheliche »Seitensprünge« nehmen zu, aber die Tabus behalten ihre gesellschaftsstabilisierende Kraft, solange die vor- und außereheliche »Unzucht« die Ehe und Familie selbst nicht gefährdet.

Aus einer Untersuchung des Instituts für Sexualforschung an der Universität Hamburg, deren Ergebnisse Dr. Volkmar Siegusch vor dem Strafrechtsausschuß des Bundestages vortrug, geht hervor, daß bereits 20 Prozent der 16jährigen Arbeiterinnen und 25 Prozent der 16jährigen Arbeiter sowie 30 Prozent der Schülerinnen und 35 Prozent der Schüler gleichen Alters »koituserfahren« waren. Von Interesse an den Untersuchungen Sieguschs ist, daß die 17jährigen Spaß und Freude am Geschlechtsverkehr haben und kaum Angst und Schuldgefühle empfinden. (Lediglich die »reale« Angst vor der Schwangerschaft ist vorhanden.) Zwar betont Siegusch, daß die meisten Jugendlichen »nach wie vor« auf das Modell »Ehe und Familie verpflichtet« seien, sich aber für das »progressivste« Ehemodell entscheiden wollten, nämlich auf strikte Gleichberechtigung von Mann und Frau in Beruf und Haushalt. Ferner können sich 30 bis 40 Prozent der 16jährigen Jungen und Mädchen vorstellen, später in einer Kommune zu leben.

Inwiefern schon diese Jahrgänge ihre Vorstellungen gegen die Realität werden durchsetzen können, bleibt abzuwarten. Die soziale Sprengkraft des frühen Beginns der Aufnahme sexueller Beziehungen scheint aber darin zu liegen, daß, wie aus anderen Untersuchungen hervorgeht, bisher schon zwei Drittel der Jugendlichen, die vor dem 17. Lebensjahr geschlechtliche Beziehungen aufnehmen, später aus der Einehe ausbrechen, weil sie die geforderte lebenslange sexuelle Bindung an einen Partner nicht ertragen. Bei den koituserfahrenen 17- bis 21jährigen liegt der Prozentsatz der Untreue zwischen 40 und 50 Prozent.

Dagegen sind diejenigen, die erst nach dem 21. Lebensjahr Geschlechtsverkehr kennenlernen, treue Ehepartner. Von ihnen werden nur 16 Prozent in ihrer Ehe scheitern. Dafür sind solche Menschen nicht nur in ihrer Geschlechtskraft schwächer und in ihrer sexuellen Erlebnisfähigkeit beschränkt, sondern auch weitaus anfälliger für psychische Störungen und Fehlverhalten.

Auch bei dieser Problematik zeigt sich wieder, daß Ehen inhaltsloser und unglücklicher in den unteren sozialen Gruppen und Schichten sind wir wiesen bereits darauf hin. Mangelnder Sprachbesitz aufgrund fehlender Bildung verhindert rationale Konfliktlösungen, die Ehepartner können sich nur schwer mitteilen. Zudem läßt das in diesen Schichten herrschende aggressive Männlichkeitsideal Äußerung von Zärtlichkeit, überhaupt

Äußerung von Gefühlen, nur schwer zu, da dies als unmännlich gilt. Die Frauen fühlen sich vernachlässigt, nicht verstanden, allein gelassen, unbefriedigt (nach Tilmann Moser, »Jugendkriminalität und Gesellschaftsstruktur«). Sexualität wird von der Frau stark abgewehrt, die das Gefühl hat, ihr Mann behandele sie wie ein Objekt für seine eigene Befriedigung. Allerdings ist auch ihre eigene Fähigkeit zu Intimität nicht sehr groß. Amerikanische Untersuchungen zeigen, daß gerade die strikte Rollentrennung zwischen Mann und Frau die in den unteren sozialen Gruppen ohnehin niedrige Kommunikationsfähigkeit als Voraussetzung für Intimität vollends zerstört. Bis zu 68 Prozent der Frauen bewerten sexuelle Beziehungen zu ihren Männern negativ oder lehnen sie ab, selbst dort, wo die Ehemänner glauben, auf ihre Frau Rücksicht zu nehmen.

(Ergänzend muß in diesem Zusammenhang festgehalten werden, daß der Mann der Unterschicht innerhalb der Familie selbst nur wenig Achtung genießt, da sein geringes Einkommen und sein Beruf mit einem kümmerlichen Prestigewert ihn auch vor seinen eigenen Angehörigen als »kleines Würstchen« ausweisen. Der in seinem Selbstwert erniedrigte Mann reagiert darauf mit Aggression, aber nicht gegen das gesellschaftliche System, wo letztlich die Ursachen für seine Erniedrigung liegen, sondern, da ihm und seiner beschränkten Realitätseinsicht nur der Weg des geringsten Widerstandes bleibt, gegen die Frau und vor allem gegen die Kinder. Aggressivität, das Demonstrieren von Macht, kann verletztes Selbstwertgefühl wieder aufrichten; der Mann zeigt, wer der Herr im Hause ist. Die Kälte und Härte des Vaters führen wiederum dazu, in den Kindern den Willen zur Leistung und zum Vorwärtskommen in der Industriegesellschaft zu hemmen. Ein Teufelskreis.)

12. Unterdrückte Sexualität als Ursache für Zerstörungslust?

Die christliche Religion versteht sich zwar als Botschaft der Liebe, gerade auch der Nächstenliebe, aber das Christentum konnte im Verlauf der 2000 Jahre Haß, Grausamkeit, menschliche Zerstörungswut (Aggression = zerstörende Handlung, Aggressivität = Bereitschaft zur Zerstörung) und Kriege nicht beseitigen. Nicht nur das Christentum, die abendländische Kultur insgesamt, die im Hellenismus und in der Aufklärung die menschliche Rationalität, die Würde des Menschen, den Toleranzgedanken fand, versagte hier ebenso. Kein Jahrhundert hat je mehr Kriege erlebt, mehr Menschen getötet und schrecklichere Grausamkeiten begangen als das noch nicht einmal vollendete 20.

Das Christentum, die Religion der Liebe, konnte Grausamkeiten und Kriege nicht aus der Welt schaffen. Christus hatte zwar jede Art von Gewalt strikt verboten (»Wer zum Schwert greift, wird durch das Schwert umkommen«), aber einige Kirchenväter interpretierten den Erlöser so um, daß der »gerechte Krieg« sittlich möglich wurde, selbst für Bischöfe und Päpste. Und jeder siegreiche Krieg ist ein gerechter Krieg ...

Ja, wir haben es heute in der Hand, die Menschheit insgesamt zu vernichten und ihre Geschichte zu beenden.

Der Rückzug auf die moralisierende Erklärung für diese deprimierende Tatsache, daß der Mensch eben böse sei von Geburt an, daß die Aggressivität des mit dem Mantel der Erbsünde Behafteten nun einmal ein offenbar unveränderliches Naturgesetz sei, ist zu bequem und zu einem erheblichen Teil falsch.

Es ist richtig, daß der Natur eine verhängnisvolle Unterlassung unterlief, als sie den Hominiden, den Vor-Menschen, in die Evolution hin zum Denken entließ, ohne ihn mit einer wirkungsvollen Tötungshemmung auszustatten oder die Tötungshemmung zu verstärken.

Viele Anthropologen sind der Ansicht, daß der Mensch eine Frühgeburt sei. Die Entwicklung im Mutterleib sei noch nicht abgeschlossen, wenn der Säugling nach neun Monaten geboren werde. Er müßte an sich, wie die Jungen vergleichbarer Säugetiere, ein »Nestflüchter« sein, d. h. kurz nach der Geburt laufen können, wie etwa ein Fohlen, oder sich zumindest an der Mutter festklammern können wie ein Affenbaby. Diese Fertigkeiten erlangt ein Menschenkind aber erst etwa ein Jahr nach der Geburt. Die Wissenschaft stellt daher die These auf, daß diese Frühgeburt die Ursache dafür sei, daß der Mensch ein sprach- und vernunftbegabtes Wesen ist. Denn käme er erst nach 20 Monaten, von der Befruchtung an gerechnet, zur Welt, wäre er, wie die höheren Säugetiere, instinktgebunden. Da ihm die lebensnotwendige Steuerung durch den Instinkt fehlt, mußte er andere Fähigkeiten entwickeln, um sich in der feindlichen Natur behaupten zu können — den Verstand. Dabei wirkt die Umwelt wie ein »sozialer Uterus« weiter, der die in der Gruppe üblichen Verhaltensweisen anerzieht und prägt.

Eine weise Einrichtung hält die meisten Tiere über den Instinkt ab, sich gegenseitig zu töten (der Beute- oder Jagdtrieb kann nicht als aggressiv bezeichnet werden). Dadurch wird die Art vor gegenseitiger Ausrottung geschützt. Je stärker und gefährlicher das Gebiß oder das Gehörn ist, desto strenger wirkt die Tötungshemmung. Der im Kampf unterlegene Artgenosse wird nicht niedergestoßen oder zerfleischt.

Nicht so beim Vor-Menschen. Sein Gebiß oder seine Hände waren vergleichsweise ungeeignete Tötungswaffen, daher konnte die Schwelle der Tötungshemmung niedrig sein. Das läßt den Schluß zu, daß die Hominiden recht friedliche Leute gewesen sein müssen, so wie es unsere Vettern, die Menschenaffen, noch sind. Erst als der Mensch vor einigen Hunderttausenden von Jahren aus den schützenden Wäldern in die Ebenen hinaustrat, mußte er sich Tötungswaffen schaffen, um die schnelleren Tiere jagen oder sich gegen sie, die stärkeren, verteidigen zu können.

Dabei mag er entdeckt haben, daß mit einem Faustkeil, einer Keule oder einem Wurfspieß auch der Mitmensch rasch getötet werden konnte, so rasch, daß die in Resten vorhandene Tötungshemmung buchstäblich keine Zeit hatte, zu wirken.

Der schwache Instinkt mußte daher ersetzt werden, wollte der Mensch überleben: Der Ersatz war — allgemein gesprochen — die Moral. Das Tötungstabu z. B. sollte die fehlende instinktive Tötungshemmung ersetzen, der Anfang für die »moralische Entwicklung« des Menschen begann.

Freilich, das Tötungstabu wirkte recht unvollkommen und dann auch nur innerhalb der eigenen überschaubaren Gruppe, keineswegs gegen die gesamte Art, wie bei den Tieren. Andere Menschen zu töten war lange Zeit sowohl rechtlich wie sittlich nichts »Unmoralisches«.

Und heute? Trotz eines Geflechts von moralischen Tabus, Geboten und Verboten, aus denen sich ein kompliziertes Rechtssystem entwickelte, obwohl das Tötungstabu moralisch und rechtlich jedes Menschenleben schützt, es bleibt schwach, wie die zahllosen Kriege und Grausamkeiten der Geschichte zur Genüge beweisen.

Der Mensch des 20. Jahrhunderts hat die »Neandertaler-Mentalität« faktisch noch immer nicht überwunden, meint resignierend der Psychoanalytiker Erich Fromm. Die Moral des Urmenschen, daß der Fremde »guten Gewissens«, d. h. ohne Rücksicht auf Moral, getötet werden dürfe, durchbricht immer wieder die Tünche des Tötungstabus.

Das müßte nicht ganz so schrecklich sein, behauptet die Psychoanalyse und führt triftige Beweise für die These an, daß der Mensch ein ebenso friedliches Wesen sein könnte wie seine Ur-Ur-Ahnen oder wie die Affen, wenn er die Möglichkeit dazu hätte und wenn er entsprechend erzogen würde.

Der erste Mord könnte dadurch geschehen sein, daß ein Urmensch sich aus einer Notlage heraus das aneignete, was ein anderer schon besaß: ein Werkzeug, das herzustellen unendliche Mühe bereitete, oder auch eine Frau, weil der Sexualtrieb drängte, wobei die Waffe die ohnehin schwach entwickelte Tötungshemmung nicht erst zur Wirkung kommen ließ.

Schon dieser simple und spekulative Erklärungsversuch weist auf zwei Quellen menschlicher Aggressivität hin: auf seine Natur, die psychischen Bedingungen, sowie auf, modern formuliert, gesellschaftliche Verhältnisse im weitesten Sinne.

Die psychoanalytische Theorie ordnet den vielen Einzeltrieben, die sich als Bedürfnisse äußern, ein elementares Triebpaar (genauer: Triebenergie) zu: die Aggressivität, die in ihrer reinen Form nackte Zerstörungslust wäre, und die sogenannte »Libido«, (sexuelle) Liebesenergie.

Diese beiden Grundtriebe (bzw. Energien) treten kaum als Nur-

Aggression oder als Nur-Libido auf, sondern sind meistens gemischt (legiert). Ohne aggressive Energie könnte Liebe ihr »Triebobjekt«, zum Beispiel einen Menschen (oder, in krankhaften Fällen als Folge einer Fehlentwicklung, einen Gegenstand, d. h. einen Fetisch), nicht erreichen, erst recht nicht das ersehnte Triebziel, die Entspannung. Für alle Tätigkeiten ist libidinös gemilderte Aggressivität nötig, im beruflichen oder künstlerischen Schaffen, zur Durchsetzung irgendwelcher Pläne und Vorstellungen; ein Teil der sexuellen Energie läßt sich offenbar auch auf ursprünglich nicht sexuelle Ziele richten, sie kann »sublimiert« werden.

Normalerweise lassen sich Triebwünsche, die mit der Realität nicht in Einklang zu bringen sind, ohne allzu große Schwierigkeiten aufschieben, wenn die Realitätserkenntnis des Ich funktioniert und die Aussicht auf absehbare Befriedigung besteht.

Das wird zum Problem, wenn die Triebwünsche für immer oder für einen langen Zeitraum aufgeschoben, verdrängt oder unterdrückt werden müssen, etwa weil es moralische Gebote so wollen oder weil sich kein Triebobjekt findet. Der einem gestauten Fluß vergleichbare Trieb sucht mit aller Macht die unerträglich gewordene Spannung zu lösen. Wenn er die Realität oder das Moralgebot, das im anerzogenen Über-Ich als dem Repräsentanten der Gesellschaft sitzt, nicht überwinden kann, öffnet er sich jedoch Ventile: einen Wutanfall z. B. als kurzfristige seelische Entladung, oder er bleibt latent ständig bereit zu Aggressionen; oder er richtet sich auf der Suche nach einem Objekt langfristig gegen das eigene Selbst.

Wenn das kritische Ich unter dem aufgestauten Triebdruck die Vermittlung mit der Realität nicht mehr leisten kann, bricht es zusammen oder wird durch ein fremdes Ich-Ideal ersetzt. Gleichzeitig kann auch das Über-Ich abgebaut werden, die verinnerlichten moralischen Gebote (die ja, wie das Tötungs- und Diebstahlstabu zeigen, durchaus sinnvolle und notwendige Funktionen haben können) geraten ins Wanken. Es tritt ein Realitätsverlust ein, der sich im Extremfall individuell als Halluzination und Fanatismus oder kollektiv als Massenwahn äußern kann. Die Quelle libidinöser Energie versagt, die aggressive gewinnt die Oberhand.

Bleibt das Über-Ich intakt, d. h., ist diese innerpsychische Moralinstanz stark genug, dem Wunsch die Verletzung eines Moralgebots zu verbieten (zum Beispiel außerehelichen Geschlechtsverkehr), so kann der Mechanismus der »Projektion« eintreten: der Mensch erlebt in der Phantasie den verbotenen Wunsch an anderen, die nicht nach dem Moralgebot handeln, er erlebt ihn aber als Haß- und Verfolgungszwang. Doch das Triebziel wird erreicht: die Spannung verringert sich auch im Haß.

Projektion tritt auch ein, wenn verinnerlichte Moralgebote es dem Menschen schon in seinem Unterbewußtsein verbieten, eine unterdrückende Autorität (eine Person: den Vater, den Lehrer, den Vorgesetzten, den Papst — oder eine Institution: die Regierung, die Nation, das Vaterland, die Ehe) zu hassen, sondern im Gegenteil Liebe, Verehrung und Respekt fordern. Dieser unbewußte Haß wird dann auf andere Autoritäten (zum Beispiel vom Vater weg auf den Lehrer) übertragen und zu befriedigen versucht. Aggressivität, die durch Verdrängung von Triebwünschen frei wird, lädt also gewissermaßen das anerzogene und verinnerlichte Moralsystem des Menschen aggressiv auf — eine gefährliche List der Natur. Das erklärt, weswegen »moralische« Menschen so häufig intolerant gegen andere sind, d. h. sich aggressiv verhalten. Der Druck der Versagung fordernden Moralgebote mildert sich in der Verfolgung anderer, der »Unmoralischen«. Im geschichtlichen Zusammenhang wird man sagen können, daß »moralischer« Fanatismus jeder Art (also auch religiöser, ideologischer, weltanschaulicher, rassistischer) mehr Blut vergossen hat als alle individuelle Kriminalität.

Bereits mit diesem vereinfachten Schema der unbewußten Wirkungsweisen in der menschlichen Psyche lassen sich viele scheinbar unerklärliche Akte von Aggressivität und Zerstörung erklären.

Die Menschen müssen täglich in vielfältiger Form Triebverzicht üben, sei es, weil strenge, nicht zu begründende Moralgesetze es so wollen, sei es, weil die gesellschaftlichen Verhältnisse keine Befriedigung zulassen, sei es aus einem anderen Verzichtsgrund. Ein Mensch, der durch eine erzieherische Fehlentwicklung als Kind, wofür er nichts kann, unfähig ist, seinen Sexualwunsch auf ein Objekt, eine Frau bzw. einen Mann, zu richten (Kontaktschwierigkeiten, Schüchternheit, Hemmungen usw.), also nie oder selten oder nur oberflächlich zu einer Befriedigung gelangt, könnte zum Beispiel unter der unerträglich gewordenen Spannung zu einer aggressiven Handlung, zu Notzucht bis hin zum »Lustmord« fortgerissen werden. Er kann aber auch seine Triebspannungen unter dem Zwang des Über-Ich als Haß und Verfolgung solcher Menschen befriedigen (Projektion), die sexuell eben das tun, was er gerade nicht tun kann (aber unbewußt will). Dann erscheint er uns als besonders sittenstreng und wird geachtet, selbst wenn er im Extremfall, je nach Schicksal, ein moralischer Fanatiker ist. Dabei muß man natürlich die gesellschaftliche Funktion dieses Menschen beachten: als Abgeordneter, Richter, Staatsanwalt, Theologe, Erzieher, Vater oder Mutter usw. hat er trotzdem erhebliche Wirkung auf andere. Seine während des Sozialisationsprozesses, meist schon in früher Kindheit, erworbenen Ansichten, Vorurteile, Sympathien oder Antipathien, seine gesamten

Handlungs- und Verhaltensmotivationen gewinnen naturgemäß auch für andere Menschen, zu denen er in Kontakt tritt, ausschlaggebende Bedeutung. Der Andersdenkende und der sich anders Verhaltende werden dabei, die Alltagserfahrung lehrt es, häufig Objekt von Abneigung oder Aggression. Menschen mit einem besonders ausgeprägten Über-Ich, das sich in Sittenstrenge oder Prinzipienstarrheit äußert, fällt Toleranz offenbar deshalb besonders schwer, weil der sich anders Verhaltende ständig an die niedergehaltenen eigenen Wünsche appelliert und letztlich die psychische Struktur der Frommen aus der Balance zu bringen droht. Aggressivität soll diese Gefahr projektiv abwehren.

Zwischen einem Lustmörder und einem, der aus »sittlichen Erwägungen« für jenen die Todesstrafe fordert, scheint also nur ein relativer Unterschied zu bestehen, für den der Moralist nicht einmal etwas kann. An Ich-Schwäche und Realitätsverlust leiden sie beide. Vereinfacht gesprochen bewältigt der Kriminelle seine aggressiv gewordenen Triebwünsche nicht, der Moralist nicht sein aggressives Über-Ich. Vor allem zeigt sich, daß beide an Mangel an Liebeszuwendung gelitten haben müssen, so daß sie selbst liebesunfähig sind (wozu Einfühlungsvermögen, Toleranz, Respekt, Verständnis, schon weniger Rachsucht und Härte usw. gehören).

Somit wird deutlich, weswegen Kriminelle meistens aus asozialen Verhältnissen (zerrütteten Ehen, Waisenhäusern, Fürsorgeheimen) stammen (oder aus pädagogisch strengen Familien), wobei asozial hier lieblos heißt. Ihr Ich ist zu schwach, blieb auf einer kindlichen (infantilen) Stufe stehen; sie können keine Objektbindung für ihre sexuellen Wünsche eingehen, weil sie nie wirkliche Liebesobjekte gehabt haben.

Der einzelne lebt nicht nur in unmittelbarer Bindung zu Menschen, sondern in einer größeren Umwelt, in einer hochkomplizierten und differenzierten Gesellschaft mit einem ausgeprägten System von Verboten, Geboten, Normen, Werten, Anschauungen, Gebräuchen, Idealen, Ideologien usw., die alle, mehr oder weniger ausschließlich, ein bestimmtes Verhalten durchzusetzen versuchen, notfalls mit einer ganzen Skala von Strafen (oder Belobigungen und Gratifikationen). Gleichzeitig lassen sich Herrschaftsverhältnisse, Über- und Unterordnung, Befehl und Gehorsam in jedweder Form und schließlich soziale und gesellschaftliche Unterschiede, Klassenstrukturen usw. letztlich nur durch psychische Unterdrückung errichten oder stabilisieren.

Daneben freilich wird es in spätkapitalistischen Gesellschaften zunehmend überflüssig, ein gewünschtes Verhalten autoritär durchzusetzen. »Die moralische Durchsetzung einer sanktionierten Ordnung ... wird in zunehmendem Umfang durch adaptives Verhalten ersetzt ... Die industriell fortgeschrittenen Länder scheinen sich dem Modell einer eher durch externe Reize gesteuerten als durch Normen geleiteten Verhaltenskontrolle anzunähern. Die indirekte Lenkung durch gesetzte Stimuli hat, vor allem in Bereichen scheinbar subjektiver Freiheit (Wahl-Konsum-Freizeitverhalten), zugenommen«, bemerkt der Frankfurter Soziologe Jürgen Habermas in »Technik und Wissenschaft als ›Ideologie‹«.

Darüber hinaus bietet eine technisierte und rationalisierte Industrie- und Verwaltungsgesellschaft immer weniger Möglichkeiten und Objekte, die der Mensch mit libidinöser Energie »besetzen« könnte. Der Handwerker oder Künstler, Schriftsteller, Lehrer usw. mag noch einen Teil seines Ich in seinem Werk wiedererkennen; das befriedigt und bindet seelische Spannung. Ein Millionenheer von Arbeitnehmern sitzt dagegen an automatisierten Arbeitsplätzen oder steht an Fließbändern, tagaus, tagein dieselben paar Handgriffe. Der Angestellte kritzelt Kreuzchen auf standardisierte Formulare oder weiß sich im Großraumbüro überwacht. Der moderne Arbeitnehmer kann den Arbeitsprozeß nicht beeinflussen, nicht einmal begreifen, muß sich aber seinem Tempo anpassen und äußerste Konzentration aufbringen. Seelische Spannungen werden dadurch aufgeladen, nicht gemindert. Er ist ein Rädchen, das nur danach beurteilt wird, wie es funktioniert. Hinter dem Nachlassen der Leistungsfähigkeit sitzt dann zusätzlich die Angst vor dem Verlust des Arbeitsplatzes, vor der Versetzung, vor dem Nichtbefördertwerden oder der Angst vor Prestigeverlust.

Ebenso geht es ihm als Bürger. Er wohnt in einer modernen Wohnstadt: Häuser als Wohnmaschinen, glatte Fassaden, kein gesellschaftliches Leben, keine Kontaktmöglichkeiten, tödliche Langeweile. Hausfrauen werden frustriert, Jugendliche neigen aufgrund ihres Triebüberschusses, den sie nirgendwo sinnvoll abreagieren können, zwangsläufig zu »Kriminalität« oder brechen aus (etwa in den Konsum von Drogen und Rauschgift), psychische und psychosomatische Krankheiten nehmen zu, und die Selbstmordraten steigen. Eine verantwortungslose Gesellschaft, mangelnde Sachkenntnis der Verantwortlichen, Verteuerung durch Bodenspekulation, um nur einige Ursachen anzuführen, produzieren geradezu Unglück und Aggressivität. Denn die »echten« Bedürfnisse des Menschen werden nicht befriedigt, die Folgen dieser Frustration buchstäblich in Kauf genommen (weil sie letztlich die Gesellschaft insgesamt teuer zu stehen kommen), statt dessen kurzlebige Konsumgüter als Ersatz und Entschädigung produziert. Die Kontaktarmut und das Einfrieren von sozialen Lebensäußerungen in den großen, trostlosen Trabantenstädten sind augenscheinlich und werden auch von den Menschen selbst deutlich erkannt. Es bedarf nicht erst der Experimente mit Mäusen, um nachzuweisen, daß ein solches »overcrowding« aggressionsfördernd wirkt und mitmenschliche Beziehungen abbaut. Der Bürgerkrieg auf unseren Straßen hat viele Ursachen, eine ist sicherlich hier zu suchen.

Wer aber mit irgendwelchen Problemen zu Ämtern oder Behörden kommt, kann immer weniger auf unmittelbare Lösung, nicht einmal auf Beratung hoffen. Die »Sachbearbeiter« sind nur für Einzelfragen zuständig. Sie treten nicht als Menschen zum Bürger in Beziehung, sondern als Teil einer anonymen, mächtigen Apparatur. Der »Fall« muß in den automatisierten Verwaltungsweg eingespannt werden. Der Bürger bleibt frustriert, allein mit seiner Spannung. Die Gesellschaft ist für ihn undurchschaubar geworden, sie flößt Hilflosigkeit und unbewußte Angst ein. Der Soziologe spräche von einem »Stopp an begreifbarer Information«. Gleichwohl ist die Gesellschaft allgegenwärtig, das Leben des Bürgers ist eingezwängt in eine Unzahl von Vorschriften, Verordnungen, Gesetzen, Reglements; Formulare für alles und jedes, für jeden Schritt, den er tut, sind notwendig. Der moderne Mensch erlebt heute die Gesellschaft ebenso wie der Primitive die Natur: als übermächtiges, hinzunehmendes Schicksal.

Aber während dem Primitiven die Angst bewußt wurde und er sich zum Beispiel durch gute Götter gegen die bösen Dämonen zu schützen suchte, bleibt dem heutigen Menschen diese Angst unbewußt. Angst aber ist eine Quelle für die Bereitschaft zur Aggression. Der Bürger flüchtet sich mit seinem aufgestauten Triebdruck in die Privatsphäre, sie erscheint ihm überschaubar, hier hofft er Geborgenheit zu finden, hier fühlt er sich vor allem als Herr im Hause, der über sich selbst bestimmen kann. Ein erstes Ziel der Leistungsgesellschaft ist damit erreicht: Energien, die sich zum Beispiel in sozialem Widerstand oder politischer Kritik äußern, also fruchtbar werden könnten, jedoch Autoritäten bedrohen würden, werden aus dem Arbeitsprozeß und der Verwaltung abgezogen. Diejenigen, die über sie bestimmen, die »Herrschenden«, bleiben unkontrolliert unter sich. Die ungläubige Betroffenheit der Gewerkschaften über das mangelnde Interesse der Arbeitnehmer an der Mitbestimmung findet hier zumindest eine teilweise Erklärung.

Aggressive Energien, die in der Sphäre der Öffentlichkeit durch Zwang zur Anpassung aufgeladen wurden, werden aber im Privatbereich abreagiert: am Ehepartner, an den Kindern, am Nachbarn, beim Autofahren usw.

Nun aber müssen diese Konflikte von den Individuen selbst gelöst werden, Scheitern gilt als persönliches Versagen oder Charakterschwäche. Der amerikanische Psychologe Stanley Milgram hat in einem äußerst aufschlußreichen, schon sprichwörtlich gewordenen Experiment nachgewiesen, daß Menschen für aggressive Akte zur Verfügung stehen, ohne eigentlich bewußt wütend oder zornig, ja überhaupt gereizt zu sein. Die Versuchspersonen wurden aufgefordert, einer anderen, die bestimmte Dinge zu lernen hatte, jedesmal dann Stromstöße zu geben, wenn diese Testperson eine bestimmte Aufgabe nicht gelöst hatte. Nach jedem negativen Versuch wurde der Stromstoß verstärkt bis zur lebensgefährlichen Dosis. Daß das Experiment nur simuliert war, wußten die Versuchspersonen nicht, sie glaubten, daß sich die Testperson wirklich unter Qualen in den Gurten winde. Das hinderte freilich mehr als die Hälfte nicht, immer wieder auf den Knopf zu drücken, so, wie es von ihnen verlangt wurde. Viele protestierten zwar und verlangten nach Erklärungen, nach dem Sinn des Experiments, aber schließlich gehorchten sie doch.

Daraus ist der Schluß zu ziehen, daß Menschen in einer Situation, die sie nicht begreifen, der sie sich aber fügen müssen, tun, was »Sachautoritäten« von ihnen verlangen. Ihre kritischen Fähigkeiten reichen nicht mehr aus, gegen unmenschliche Befehle zu protestieren; sie kapitulieren und werden somit verfügbar.

Es gibt darüber hinaus eine Menge von Ventilen, die die Gesellschaft toleriert oder eingeführt hat, um zerstörende Aggressionsbedürfnisse abzureagieren, die sich während des Produktionsprozesses aufstauen: die Prostitution (»Privatunternehmer, sogar Städte errichten Eros-Center« unter Verstoß gegen den Kuppelei-Paragraphen. Es ist bezeichnend, daß Justitia nicht dagegen einschreitet), der Karneval, der die Menschen für eine begrenzte Zeit sexuell enthemmen darf, unter augenzwinkernder Tolerierung der Moral; der Fußballplatz, wo man Dampf ablassen kann; im Kino, vor dem Fernsehen, mit Illustrierten voller halbnackter Mädchen, die aggressive und sexuelle Phantasien abziehen und deren Spannung mildern. In einer Analyse der »Bild«-Zeitung, die der Springer-Verlag bei wissenschaftlichen Instituten in Auftrag gegeben hat, heißt es beispielsweise: »Bild geht auf die verborgenen Wünsche und Antriebe der Leser ein, indem ein gewisses Maß an Sensationen und Sex, an Berichten von Unglücksfällen und Verbrechen vorgestellt wird. Der Leser hat so die Möglichkeit, seine Es-Ansprüche ersatzweise zu befriedigen, ohne daß er damit den eigenen Bestand und das gesellschaftliche Gefüge gefährdet. In diesem Zusammenhang ist auch der Mechanismus von provozierter und zugleich aufgefangener Angst einzuordnen: zwangsläufig wird durch die Berichterstattung über aktuelle Ereignisse Angst vor der undurchschaubaren gesellschaftlichen Situation provoziert, aber gleichzeitig werden auch die Entlastungsmechanismen geliefert, die das Ausmaß der aufgetretenen Spannungen reduzieren.«

Reduzieren, aber eben nicht beseitigen.

Die bürgerliche Ideologie gibt der Privatsphäre eine fast heilige Weihe, sie soll unantastbar sein. Doch der moderne Mensch hat in Wahrheit keine Privatsphäre und kaum Freizeit. Wenn die Privatsphäre und die Freizeit nur dazu benutzt werden müssen, um den immer intensiver werdenden körperlichen und nervlichen Verschleiß des Arbeitsprozesses zu regenerieren, um aufzutanken, so sind sie im Grunde nur ein notwendiger Bestandteil des Produktionsprozesses selbst, nicht aber wirklich freie, privat verfügbare Zeit. Arbeitszeitverkürzung muß daher für den Unternehmer kein Verlust, sondern kann im Gegenteil ein Gewinn sein: er darf mit leistungsstärkeren Arbeitnehmern rechnen.

Leistungsdruck und Konkurrenzkampf setzen sich in der Privatsphäre fort. Als Konsum, der über die Bedarfsdeckung weit hinausgeht, als Wettkampf um Statussymbole. Das im Produktionsprozeß erniedrigte Ich sucht nach Geltung und Prestige, etwa in der Wohnung, im Auto, in vorzeigbaren Anschaffungen oder in teuren Reisen. Dadurch ist dem einzelnen die rationale Entscheidung genommen, selbst seine Bedürfnisse zu bestimmen. Die Werbeindustrie, die ja die Ergebnisse der psychologischen Wissenschaften verwertet, sagt ihm, was man haben muß, um heute als Mensch schlechthin zu gelten, um anerkannt zu werden.

Es ist beispielsweise augenscheinlich und wohl auch unbestritten, daß ein Mensch um so mehr Achtung erfährt, je luxuriöser sein Wagen ist, je komfortabler sein Haus. Mit Bedürfnisbefriedigung hat dies vielfach nichts mehr zu tun. Vielmehr wird hier die Ventilfunktion deutlich: Statussymbole sind Ersatzobjekte, die psychische Energien binden und einen Ich-Ersatz aufbauen. Vom psychologischen Standpunkt aus kann dabei von einer »Gesellschaft im Überfluß« nicht gesprochen werden, wie es die Ökonomen tun. Der »private« Konsumwettkampf um befriedigende. Prestigesymbole offenbart gerade einen Mangel, der durch die Werbung ständig aufrechterhalten werden muß. (Wobei das Ratenzahlungssystem das Gefühl der Abhängigkeit verstärkt und Widerstand schwächt, weil der Zahlungsbefehl droht.) Würde ein Zustand erreicht, in dem individuelle materielle Bedürfnisse befriedigt wären, geriete das vorwiegend an Absatz von Konsumartikeln und »Gewinnmaximierung« orientierte Industriesystem in ernsthafte Schwierigkeiten.

Dennoch zeichnet sich bereits ein weltweiter Konflikt für die Industriestaaten ab: die Investitionen, die für den Umweltschutz notwendig sind, für ein besseres Schulsystem, humanere Wohnungen, ein sicheres Verkehrssystem, eine leistungsfähige Medizin usw. werden so unvorstellbar hoch sein, daß sie nur unter Einschränkung eines »überzüchteten« Konsums und unter Ein-

Großen Wirbel unter ihren Lesern erregte die britische Tageszeitung
»Times«, als sie zum ersten Male in ihrer Geschichte das Bild dieses
nackten Mädchens veröffentlichte. Der Nackedei warb übrigens für
Schlankheitsbiskuits. Die Konsumwerbung greift immer »unverhüll-
ter« auf sexuelle Reize zurück und stellt die Sexualität in den Dienst
der Absatzstrategie.

griff des Staates in private Unternehmensentscheidungen möglich sein werden. Ein sozialer, gesellschaftlicher und vor allem politischer Umdenkungsprozeß wird notwendig sein, wobei die Frage offenbleiben muß, ob er gelingen wird, ohne daß politischer Radikalismus entstünde.

13. »Eine puritanische Sexualethik fördert Sadismus«

Aus Mangel an Möglichkeit, die rasch zur Unfähigkeit werden kann, in der Öffentlichkeit Objekte mit libidinösen Energien zu besetzen, was sich in kritischer Mitarbeit, Mitdenken, Interesse äußern würde, projiziert der moderne »frustrierte« Mensch diese Energien auf sich selbst, auf das eigene Ich und auf Objekte in seiner privaten Konsumwelt, da sie ihm Entscheidungsfreiheit suggerieren.

Das Ergebnis ist eine Art Selbstliebe (Narzißmus), Gleichgültigkeit gegen andere Menschen, Ansteigen der Kriminaldelikte, Rücksichtslosigkeit oder mangelndes politisches Interesse, an öffentlichen Aufgaben mitzuarbeiten. Ist es denn nicht bezeichnend, daß der Staat unterlassene Hilfe, etwa bei Verkehrsunfällen, mit Strafe bedrohen muß, weil das Schicksal des Mitmenschen weithin gleichgültig geworden ist?

Auch Narzißmus kann Triebdruck entspannen, aber nur unvollkommen. Dieser Selbstliebe und dem Zwang, sich im Privatleben von der Hetze des Produktionsprozesses zu entspannen (und sei es aggressiv), dient im Grunde auch die riesige Vergnügungs- und Unterhaltungsindustrie. »Die Seele baumeln lassen«, schrieb Kurt Tucholsky sarkastisch. Kritische Reflexion, das hat die Industrie längst erkannt, schafft Unlust. (Und nicht nur sie, Axel Springer weiß das ebensogut: »Ich war mir seit Kriegsende darüber klar, daß der deutsche Leser eines auf keinen Fall wollte, nämlich nachdenken. Und darauf habe ich meine Zeitungen eingestellt.« Zitiert nach Sonntagsblatt vom 5. Juli 1959). Viele Soziologen halten die angebotenen Unterhaltungs- und Vergnügungsmöglichkeiten für sozial notwendig »unter den gegebenen Umständen«. Dann aber muß auch der Preis genannt werden: mangelhafte Triebentspannung, Fortwirken der Aggressionsbereitschaft, Unfähigkeit zu personaler Begegnung, politische Interesselosigkeit, Isolierung.

Wie sehr organisierte Unterhaltung die Menschen über ihre sexuellen Wünsche hinwegtäuscht, zeigt folgender, immer wiederkehrender Vorfall, wenn man den Nachrichtenagenturen Glauben schenken soll: In einem Stadtteil bricht abends die Stromversorgung zusammen, die Fernsehapparate fallen aus,

Kinos, Bars und Tanzlokale schließen vorzeitig. Nach neun Monaten wird das Ergebnis sichtbar: In den Kliniken schnellen die Geburtsraten sprunghaft in die Höhe; der Baby-Boom bricht aus.

Wird der Mensch also allein gelassen, nicht abgelenkt und unterhalten, meldet sich der unterdrückte Triebwunsch. Dabei ist die Unterhaltungsindustrie keineswegs immer wertneutral, eine »l'art pour l'art«. Häufig ist sie ein Transportmittel für Ideologien, Vorurteile und Denkschablonen.

Wohl eine der spießbürgerlichsten Ideologien vermittelt der Schlager: Der Traum von Liebe und Zärtlichkeit, zu denen der sexuell »beschädigte« Mensch nicht fähig ist, sich aber danach sehnt, soll über die Alltagsnot hinwegtäuschen. Es verwundert nicht, daß diese anspruchslose Musik vorwiegend in den unteren sozialen Gruppen »genossen« wird. Die verkitschte Romantik des Schlagers zeigt dabei das ganze Ausmaß der erotischen Verkrüppelung seiner Hörer, aber seine kommunikationsarme Sprache wird verstanden, sie macht gerade seinen Erfolg aus. Das Ideologische des modernen Schlagers und damit seine gesellschaftliche Funktion liegt wesentlich darin, Lebensglück und erotische Erfüllung von den Möglichkeiten des Individuums in seiner traulichen Privatsphäre abhängig zu sehen. Über Glück oder Unglück entscheide der einzelne, suggeriert der Schlager, allenfalls noch der blinde Zufall, aber man müsse sich nur richtig verhalten, und im übrigen sei alles nicht so schlimm, die Sonne gehe ja immer wieder auf.

Ein Schlager ist harmlos, nett oder auch nicht. Aber zusammen mit anderer ständiger Ideologievermittlung wird diese Art von Unterhaltung gesellschaftliche Manipulation, eine Entschädigung dafür, daß es in der Realität des Alltags eben anders ist. Hier liegt eine jener zahlreichen Techniken vor, die Realitäten verschleiern und Verhaltenskontrolle ermöglichen.

Auf derselben Linie liegt das Angebot der Unterhaltungsindustrie an brutaler Gewalt. Ermöglicht der Schlager Fluchtmöglichkeiten in eine tröstliche Scheinwelt, so bieten brutale Krimis oder »harte« Western Identifikationsmöglichkeiten für die aggressiven Bedürfnisse des Konsumenten: Der Kerl, der sich in allen schwierigen Lagen bravourös behauptet und notfalls über Leichen geht, das bin ich! Nur: Während zwischen der Scheinwelt des Schlagers und der Realität eine Kluft liegt, über die keine Brücke führt, kann die Identifikation mit dem brutalen, grausamen »Helden« sehr wohl in der Realität und an anderen Menschen wirksam werden. Das Angebot der Unterhaltungsindustrie an brutaler Gewalt, das nicht zuletzt auf Kinder und Jugendliche einen verführerischen Reiz ausübt, erfüllt somit objektiv die Funktion eines Ventils: Aggressionslust wird in der Freizeitsphäre abreagiert, sie kann nicht »sublimiert« werden zu sozialem Widerstand. Besonders gewalttätige Menschen zeichnen sich häufig durch mangelnde Zivilcourage gegenüber Vorgesetzten aus. Es gehört also zu den durchaus erklärbaren Irrationalitäten dieser Zeit, daß ein in aller Realistik dargestellter Mord einer heuchlerischen Moral tolerabler erscheint als ein Geschlechtsakt, der zu Tode gequälte Körper eines Menschen »sauberer« als ein nackter Leib.

Ein zureichendes Verständnis des »Bösen« im Menschen ist nicht möglich, wenn man nicht zur Kenntnis nehmen will, daß dieses angeblich Böse, die Zerstörungslust, wohl zum größten Teil gesellschaftlich vermittelt wird. Der Mensch ist trotz moralischer Normen aggressiv erst in einer Gesellschaft, die er in Unkenntnis seiner psychischen Konstitution aufbaut, die sich dann aber in ihren »Sachzwängen« und Herrschaftsverhältnissen verabsolutiert und Unterwerfung verlangt, damit sie funktioniert.

Doch um welchen Preis! Der Mensch bleibt nach wie vor manipulierbar. Unterdrückte Triebwünsche auf gesellschaftliche Minderheiten und außergesellschaftliche Feinde zu projizieren, um sie dort in oft blutiger Verfolgung als Haß zu erleben, bleibt weiterhin eine Kleinigkeit. Wahnhafte Handlungen ganzer Völker zeigen, daß die Individuen unter Ich-Schwäche leiden, nicht zu kritischer Reflexion in der Lage sind und dadurch einem Realitätsverlust anheimfallen. Zerstörungslust und Brutalität werden zum Ersatz für körperliche Lust. In Umlauf gesetzte politische Parolen, Ideologien, Vorurteile, Schlagworte und Programme finden über ein geschwächtes Ich oder ein Ich-Ideal ohnehin unmittelbar Zugang in das Unterbewußtsein der Menschen. Ich-geschwächte, triebunterdrückte Menschen klammern sich an sie, um die Ich-Schwäche durch ein Ideal zu ersetzen, um das verringerte Selbstwertgefühl in der Gewalt, im »Sieg«, aufzurichten, und sei es durch einen Schein. Auch große »Führer« leben von diesen innerpsychischen Mechanismen: daß sie millionenfaches Ich-Ideal sind, daß sich Millionen Menschen mit ihnen identifizieren, um ihr Ich an ihrer Größe aufzurichten, ihre Hoffnungen und Wünsche auf sie zu übertragen und gleichzeitig ihre Ängste durch ihre Allmacht zu mildern. Solche Führer werden Heilige, unantastbar, tabu. Es liegt hier in etwa ein Verhältnis vor wie zwischen einem Vater und seinen Kindern, ein infantiles Verhältnis. Nur so war ein Hitler möglich, erklärt sich ein Mao, sind die Exzesse beim Begräbnis Nassers verstehbar (in gemilderter Form lebte davon auch ein Adenauer oder de Gaulle), sind außerdem Nationalismus, missionarischer Fanatismus oder Kriegsbereitschaft denkbar.

Denn das unter dem Druck des Über-Ich und der aufgestauten Triebe geschwächte Ich kann die Realität nicht mehr zu Bewußtsein bringen. Gleichwohl aber muß der Druck entspannt werden. Daher werden andere Gruppen, »die« Juden, »die« Neger, »die« Kommunisten, »die« Kapitalisten, »die« verwahrlosten Jugendlichen, »die« Gastarbeiter usw. zu kleinen oder großen bedrohenden Feinden, vor denen man sich verfolgt fühlt: zu Objekten der Aggressionslust. Sie werden, um das Tötungstabu außer Kraft zu setzen und das Gewissen zu beruhigen, entmenschlicht: der Jude wird zur Judensau, der Neger zum Nigger, der Vietnamese zum tierhaften »Gook«, der Deutsche wird zum Hunnen, der Russe frißt Stearinkerzen oder hält das Wasserklosett für einen Brunnen.

Gegen Nicht-Menschen aber ist alles erlaubt, ja, Töten wird zur sittlichen Pflicht, gefordert von den höchsten Autoritäten der Gesellschaft, gesegnet von den Kirchen und von Gott selbst. Diese höchsten Autoritäten aber hat der Ich-geschwächte Mensch ja verinnerlicht. Er ist sie.

Gesellschaften, ganze Völker beginnen im Wahn zu handeln. Wo einzelne Persönlichkeiten oder Gruppen vermöge ihres intakt gebliebenen, zur kritischen Reflexion fähigen Ich Widerstand leisten, gelten sie als Feiglinge und Verräter, müssen um Leib und Leben fürchten, wie die Hitler-Gegner im Dritten Reich, oder werden gesellschaftlich geächtet, wie die Vietnam-Kriegsgegner in den USA, die Wehrdienstverweigerer bei uns oder in den 50er Jahren diejenigen, die für weniger Aggressivität und für mehr Ausgleich mit dem Osten eintraten, also die Realität anerkennen wollten, statt sie zu verdrängen.

So löst sich der scheinbar unfaßbare Widerspruch, daß die Schlächter von Auschwitz achtbare, harmlose Bürger waren und wieder wurden, daß die jugendlichen Killer von My Lai als Privatmenschen »Sonnyboys« sind. Sie sind Menschen wie du und ich, Menschen mit einem deformierten Ich in einer zwanghaften Gesellschaft. »Je puritanischer die Sexualethik, desto sadistischer die Gesellschaft«, sagt der bekannte Verhaltensforscher Irenäus Eibl-Eibesfeldt.

Wir können viele konkrete Einzelbeispiele nennen, aus denen der Zusammenhang klar wird: unterdrückende Erziehung, fehlende Chancen oder Fähigkeiten für sexuelle Triebbefriedigung führen zu willenlosem Gehorsam und grausamer Aggressivität, die körperliches Lustgefühl erzeugt.

Aus Filmen vom Polizeieinsatz während der Studentenunruhen 1968 in Paris, von der Art der Verletzungen, aus Augenzeugenberichten auch bei uns, geht eindeutig hervor: beim Einsatz schlagen Polizeibeamte mit Vorliebe auch auf die Genitalien: eine spontane Aktion, die »schlag«artig die sexuellen Nöte dieser Menschen zeigt.

Heinrich Himmler lebte in einem betont streng katholischen Elternhaus. Seinen Jugendfreunden »fiel sogar etwas angenehm auf, nämlich dessen betonte Zurückhaltung gegenüber Mädels«.

»Meine Männer haben sich beim Töten aufgegeilt«, berichtete ein SS-Offizier vor Gericht. Besteht ein Zusammenhang zwischen verdrängten Sexualwünschen und der Lust am Töten? Ist Töten und Morden ein sexueller Ersatz? Dieses Bild versucht, die Hinrichtungen in einem Konzentrationslager szenisch zu rekonstruieren.

Als Reichsführer SS fuhr er mehrere Male nach Auschwitz, um sich die Auspeitschung weiblicher Häftlinge anzusehen. Das bereitete ihm offenbar sexuelle Lust.

Auch Adolf Eichmann, der Hunderttausende von Juden vom Schreibtisch aus in den Tod schickte, galt als ein »sauberer deutscher Junge«. Wer diesen unauffälligen, harmlos wirkenden Mann hinter der von Glaswänden abgeschirmten Anklagebank sah, wird dies sofort glauben wollen; der Satan müsse doch in anderer Gestalt auftreten.

Der Gauleiter und Reichskommissar von Weißruthenien, Wilhelm Cube, erklärte vor Gericht, daß »seine Männer sich an diesen Exekutionen geradezu aufgeilen«.

»Ich bin erzogen worden in der Ehrfurcht und in der Furcht vor der Obrigkeit«, versicherte Gotthard Schubert, der als Gestapo-Kommissar und SS-Hauptführer Tausende von Juden umgebracht hat. Es habe ihn gegraut, er habe sich geekelt und gesträubt, aber er habe dennoch geschossen.

Hitler selbst hatte, soviel bekannt ist, mit starken homoerotischen Neigungen zu kämpfen, seine »Braut« war Deutschland. Das Niederhalten dieser als widerlich und schwächlich empfundenen Wünsche führte dann zu dem Irrsinn rassischer Reinheit, Sauberkeit, dem absoluten Vorrang der körperlichen Ertüchtigung in der Jugenderziehung und zur Ausmerzung alles rassisch, d. h. körperlich Minderwertigen.

Der Sinn jeder militärischen Ausbildung, des Drills, ist nicht nur, den Umgang mit Waffen einzuüben, sondern durch Unterdrückung Aggressivität zu produzieren oder zumindest den Widerstandswillen gegen unmenschliche Einsatzbefehle entscheidend herabzusetzen. (Für den Angegriffenen ist es letztlich unerheblich, ob ein fanatisch Hassender oder ein willenlos Gehorchender auf ihn schießt oder die Bomben über seiner Stadt ausklinkt.) Der im Drill erniedrigte Soldat, dem das Über-Ich verbietet, seinen Unterdrücker zu hassen, ist eher geneigt, den Haß automatisch auf einen Feind zu projizieren. Bei den meisten Armeen wird Ich-Schwäche systematisch entwickelt. Kritisches Denken über Einsatzbefehle kann verhängnisvoll sein, ist daher nicht erwünscht. (Noch mehr als ein Faustkeil setzt naturgemäß eine weittragende Waffe die ohnehin niedrige Schwelle der Tötungshemmung herab. Das grauenhafte Schicksal der Bombardierten ist dem Piloten in 20 Kilometer Höhe unsichtbar.) Hinzu kommt die durch den Drill erzwungene totale Anpassung des Soldaten an eine durchtechnisierte und durchorganisierte Kriegsmaschinerie, deren Funktionsweisen er nicht begreift; er kann sich den Rollenanforderungen nur anpassen »bis zur Auslöschung der persönlichen Identität«. Das löst unbewußt Ohnmachtsgefühle aus und Angst, die aber irgendwie verarbeitet werden müssen, denn ein ängstlicher Soldat wäre kein »efficient soldier« (so der Titel eines Buches des amerikan. Psychoanalytikers Kurt Eissler, zit. nach Klaus Horn: »Über den Zusammenhang zwischen Angst und politischer Apathie«, in »Aggression und Anpassung in der Industriegesellschaft«).
Um Ohnmachtsgefühle zu verdrängen, bietet sich die ausgefeilte Technik der Kriegsmaschinerie an. Sie gibt dem sich hilflos fühlenden Soldaten das »Bewußtsein« von Macht und reizt ihn zugleich, diese Machtmittel im Ernstfall wie einen magischen Zauber sofort und hemmungslos einzusetzen. »Wird aber Technik als psychisches Abwehrmittel benutzt, so handelt es sich um einen infantilen Gebrauch von Technik«, heißt es bei Horn. »Psychologisch betrachtet gehören die Dimensionen groß–klein und Macht–Ohnmacht in die prägenitale Entwicklung«, d. h., es sind Probleme, mit dem sich bereits das Kind (gegenüber den Erwachsenen) auseinandersetzen mußte und offenbar vergeblich zu bewältigen versuchte und die den Soldaten jetzt wieder beschäftigen.
Angst überwindet oder bewältigt der Soldat entweder durch Flucht oder aber durch Aggression (eine Art »Vorwärtsverteidigung«) gegenüber dem propagierten Feind, selbst wenn dieser ihn gar nicht bedroht.

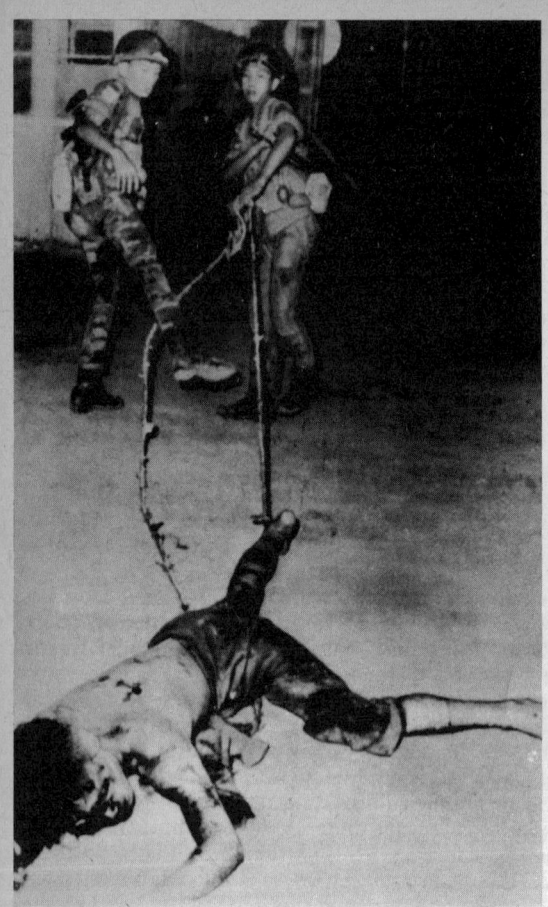

Die militärische Ausbildung des Soldaten hat außer der
Einübung des Waffenhandwerks den Zweck, moralische
Skrupel abzubauen, damit er für Grausamkeiten und für
das Töten fähig wird. Dieses Ziel könnte vermutlich
nicht erreicht werden, wenn der Sozialisationsprozeß die
Menschen nicht bereits prädisponiert hätte.

Dieses Zusammenspiel von Abreagieren von Ohnmachtsgefühlen mittels »machtvollen« Einsatzes der Kriegsmaschinerie und der Projektion von Haß und Angst auf den Gegner, der einem an sich nichts getan hat, erleben wir gegenwärtig besonders deutlich in Vietnam — falls die älteren Deutschen ihre eigene Situation als »efficient soldiers« im Zweiten Weltkrieg bereits vergessen haben sollten.

Darüber hinaus ist aber festzustellen, wie das Scheitern der gewaltigen US-Kriegsmaschinerie, das Scheitern also des infantilen Omnipotenzbeweises, innergesellschaftliche Krisen in den USA selbst hervorruft. Eine psychische Stütze bricht zusammen, nachdem sich die Realität als anders erweist als die phantasierte. Gleichwohl scheint ein großer Teil der US-Amerikaner nicht bereit zu sein, diese Realität des militärischen Scheiterns in Vietnam zur Kenntnis zu nehmen: Sie wird verdrängt dadurch, daß man das Versagen Minderheiten, den Pazifisten im Lande, anzulasten beginnt und gleichzeitig infantile Massentöter wie den Oberleutnant William Calley zu Helden der Nation erklärt. Das massenhaft geschwächte Ich kann zwischen Recht und Unrecht nicht mehr unterscheiden.

Für die GIs an der Front bedeutet das Versagen der Kriegsmaschinerie eine Reaktivierung der Ohnmachtsgefühle. Die kaum glaubhaften Grausamkeiten und die Massaker, die diese jungen Bürgersöhne in Vietnam auch an Frauen und Kindern begehen, es gab viele Schlächtereien wie in dem Dorf My Lai, zeigen, wie der Mensch Ohnmacht und Angst bewältigt und wie diese psychischen Mechanismen ausgenutzt werden zur effizienten Kriegführung. Der Mensch wird zum gefühllosen Teil der Kriegsmaschinerie, seine Ich-Kräfte können die Realität nicht mehr zu Bewußtsein bringen.

Angesichts der drohenden Niederlage und der steigenden Verluste öffnen sich diese jungen Soldaten aber einen zweiten Fluchtweg aus der Wirklichkeit: Sie greifen immer häufiger zum Rauschgift. Nach gegenwärtigen Schätzungen, die sich teilweise auf Untersuchungen von Senatoren stützen, ist fast die Hälfte der kämpfenden Truppe rauschgiftsüchtig. Es sieht ganz so aus, als habe sich der Vietnamkrieg für die USA dadurch erledigt, daß ihm die jungen Soldaten psychisch nicht gewachsen waren und rauschgiftsüchtig wurden; eine narzißtische Art von Opposition, gerichtet gegen das eigene Selbst, da kritischer Widerstand gegen die Befehlenden als Meuterei bestraft wird. Was die US-Regierung aus Vietnam heimholt, sind demoralisierte, süchtige Menschen, die in den Vereinigten Staaten selbst zum Problem werden. (Eissler und andere Psychologen sehen in dieser Kriegssituation und der Reaktionsweise lediglich ein verdichtetes Modell der spätkapitalistischen Industriegesellschaft selbst.)

Nur so aber, aufgrund von Ich-Schwäche, ist auch der Heldentod erklärbar, das sinnlose Ausharren der ideologisch längst ernüchterten deutschen Soldaten beispielsweise im Kessel von Stalingrad bis zum letzten Mann. Mut und Tapferkeit, immer noch gelobte Tugenden, entsprechen der Ich-Schwäche. Zivilcourage dagegen findet sich gerade bei den Tapferen selten. Sie entspräche der Ich-Stärke!

Ein häufig unverzichtbarer Bestandteil für die Ausbildung vor allem von Eliteeinheiten ist darüber hinaus strengste sexuelle Enthaltsamkeit, strikte Kasernierung. Wer sich mit Frauen einläßt, fliegt und wird hart bestraft. Das war bei der SS der Fall, so bildet man heute US-Rangers aus, in allen Heeren wird diese Methode praktiziert. Ohne sie wäre der Elite-Soldat nicht in der Lage, härteste Strapazen zu ertragen oder in Blut zu waten (bei Durst z. B. das Blut der getöteten Feinde zu trinken), ohne seelische Schäden davonzutragen, ohne verrückt zu werden.

Die sowjetischen Soldaten, die 1945 in die deutschen Ostprovinzen einrückten und zahllose Frauen, vom kleinen Mädchen bis zur 80jährigen Greisin, vergewaltigten, taten es nicht, weil sie minderwertige Russen waren, sondern weil sie jahrelang an der sibirischen Grenze ohne Frauen kaserniert waren. Abgesehen davon, daß das Ich der — nicht nur sowjetischen — Soldaten in diesem Stadium eines fatalen Krieges zwangsläufig deformiert war. Wenn die Individualität des einzelnen kollektiv in einer »Massenseele« aufgeht, gilt der Gegner, Mann, Frau oder Kind, als »auszurottendes Ungeziefer«. (Da entsprechende Untersuchungen noch nicht vorliegen, kann einstweilen nur darüber spekuliert werden, ob und inwiefern das Rekrutierungssystem herrschaftsstabilisierende Folgen für eine Gesellschaft hat. Jede Armee, auch die demokratischste, also auch die Bundeswehr trotz des Prinzips der »Inneren Führung«, funktioniert ausschließlich auf der Grundlage von Befehl und Gehorsam. Es ist daher nicht anzunehmen, daß die kritischen Fähigkeiten und der Widerstandswille gegen soziales Unrecht bei den Wehrpflichtigen — immerhin rund 60 Prozent eines männlichen Jahrgangs — gestärkt werden, wenn sie 18 Monate lang zu Zucht und Ordnung, zu Anpassung und Hinnahme, mehr oder weniger gezwungen wurden.)

Derselbe Mechanismus wirkt im innergesellschaftlichen Bereich, die »Lust«-Mörder bringen ihn an den Tag (von psychiatrisch-medizinischen Krankheiten abgesehen). Die geschiedene Frau des Rudolf Strack, der 1965 zwei zwölfjährige Mädchen in einer Gartenlaube mit dem Beil erschlug und sich an ihnen sexuell verging, erzählte den verständnislosen Richtern, sie habe ihren Mann deswegen verlassen, weil er »keinen hochkriegte«, sie sexuell also nicht befriedigen konnte.

Auch bei dem »Kirmesmörder« Jürgen Bartsch spielten — von

möglichen Hirnkrankheiten wiederum abgesehen — eine verfehlte Kindererziehung sowie homosexuelle Erlebnisse im strengen Don-Bosco-Heim eine entscheidende, verhängnisvolle Rolle. Mörder und Schwerverbrecher sind häufig kontaktschwache, gesellschaftlich isolierte Menschen, wobei die Ursache ihres Konflikts in ihrem frühkindlichen Schicksal zu suchen ist.

Nun ist es nicht so, daß die zerstörenden Gefahren, die sich aus der modernen Industriegesellschaft für den einzelnen und damit für die Gesellschaft selbst ergeben, nicht erkannt würden. Die Psychoanalyse und die kritische Soziologie weisen ständig auf sie hin. Auch die Psychiatrie betont immer stärker das »soziale Umfeld« eines Menschen. Wieder besteht allgemeine Übereinstimmung, die Konservativen sehen ebenso klar. Bruno Heck, heute Generalsekretär der CDU, schrieb als Bundesfamilienminister sehr richtig: »In dem modernen System maschineller Arbeit ist der Mensch als Funktion in die mechanistische Disziplin mit einbezogen: das Schicksal des Menschen in unserer modernen Industriegesellschaft ist es, gegen Entgelt eine von anderen geplante, von anderen organisierte, eine von anderen bis in die letzte Einzelheit hinein vorweg festgelegte Funktion auszuüben.«

Doch während die einen folgern, die Gesellschaft müsse den Bedürfnissen der psychischen Konstitution des Menschen angepaßt, das heißt verändert werden, zieht Heck den genau entgegengesetzten Schluß: Anpassung des Menschen, der damit zum Bestandteil des Apparats wird. »Das geht, wie ich meine, nicht anders«, schreibt Heck, »weil anders jenes Minimum an Ordnung nicht garantiert werden kann, ohne das es nun einmal nicht geht.« Als ob eine Ordnung nicht denkbar sein sollte, die der Psyche des Menschen mehr entspräche. Die Konsequenz ist: Barbarei und Grausamkeit und Aggressivität werden — soweit sie gesellschaftlich bedingt sind — weiterbestehen, sich sogar vergrößern, weil die Gesellschaft, die sie zu einem großen Teil erzeugt, angeblich nicht geändert werden kann oder darf. Gleichzeitig aber werden gesellschaftsverändernde Forderungen als »rote Ideologie«, als »Weltverbesserertum« oder »Utopie« denunziert.

Professor Jürgens bestätigt abschließend eine unserer wichtigsten Thesen: »Wir finden daher im Zusammenhang mit starker Einschränkung der Sexualität, insbesondere auch der öffentlichen Äußerung der Sexualität, Tendenzen zu wirtschaftlicher Aktivität und wirtschaftlichem Aufschwung. Das gilt für die Nachkriegszeit in der Bundesrepublik ebenso wie für die Zeit vor 1914 (wir fügen hinzu: Das gilt für den Frühkapitalismus des Bürgertums, für die Zeit der industriellen Revolution im 19. Jahrhundert, für die nach Nordamerika ausgewanderten

Puritaner oder für bestimmte Richtungen des Protestantismus, die im materiellen Reichtum das persönliche Wohlwollen Gottes sahen) ... Unter volksgesundheitlichen Aspekten ist festzustellen«, so Jürgens weiter, »daß diese Perioden Aggressionstendenzen steigern und neurosenfördernd wirken, daß sie zu einer Übersteigerung und Überhitzung des ökonomischen und sozialen Wettbewerbs führen mit den entsprechenden psychosomatischen Folgen.«

Die kommunistischen Planwirtschaften des Ostblocks zwingen den Menschen nicht weniger hart zu entfremdeter Arbeit und Leistung. Doch kommt hier diese Unterdrückung den Werktätigen zu Bewußtsein, weil die erzeugte Aggressivität in weit geringerem Maße auf andere Objekte in der Privatsphäre abgeleitet und im Konsum gemildert werden kann. Wenn Alexander Mitscherlich schreibt, »es sieht so aus, als habe die Erwerbsaggression die Kriegsaggression verschluckt«, so gilt dies — auch nur bedingt — für die westlichen Konsumgesellschaften. Für die östlichen Staatspropagandisten ist es daher ebenfalls eine für das System lebenswichtige Notwendigkeit, die Aggressionsbereitschaft auf äußere Feinde, auf eine behauptete Bedrohung von außen abzulenken (oder auf innere Feinde: subversive Elemente oder immer noch auf Juden), selbst um den Preis der Unsinnigkeit: Sozialdemokraten und die sozialliberale Bundesregierung sind kein plausibler, den Osten bedrohender Gegner.

Im ungarischen Aufstand von 1956, in der »tschechoslowakischen Krise« von Januar bis zum 20. August 1968 oder jüngst in den Dezember-Streiks in Polen 1970 wird deutlich, daß die Aggressivität sich gegen die Unterdrücker selbst richtet.

Der Zusammenhang zwischen manipulierter oder fehlender Information und der Weckung von Aggressionsbereitschaft, die die Neigung zum Krieg beinhaltet (oder zumindest den Widerstand gegen Krieg schwächt), zeigt sich freilich auch im Westen. Ehe die Deutschen »guten Gewissens« die Ausmerzung der Juden dulden konnten, mußten diese entmenschlicht werden, ehe die Deutschen gegen Osten geführt werden konnten, mußten die Slawen zu Untermenschen erklärt werden, wobei sich die Wissenschaften als williges Werkzeug anboten. Fehlende oder manipulierte Information führt zwangsläufig auf die Dauer zu Realitätsverlust.

In der Bundesrepublik wurde mehr als zwei Jahrzehnte lang ein Bild von den kommunistischen Systemen gezeichnet, das auf Fehlinformationen beruhte. Dadurch wurden Angst und Aggressionsbereitschaft geweckt. Die US-amerikanische Presse ist aus demselben Grund heute noch nicht in der Lage, ein objektiv informierendes Bild von der Volksrepublik China zu vermitteln. US-Präsident Lyndon B. Johnson konnte die volle Kriegsbereitschaft der Amerikaner gegen Nordvietnam erst dadurch gewinnen, daß er eine Falschmeldung verbreiten ließ: Der Tonking-Zwischenfall ist, wie heute feststeht, eine Zwecklüge gewesen, um die Bombardierung Nordvietnams und den vollen Einsatz der Kriegsmaschinerie zu rechtfertigen. Der Schock, den die Publikation der sogenannten »Vietnam-Studie« des Pentagon auslöste, hatte seine Ursache u. a. in der Einsicht, daß geplante Fehlinformierung und damit Manipulation der Öffentlichkeit auch in demokratischen Staaten zur Strategie und Taktik der Politik gehört, um ein gewünschtes kritikloses Verhalten, um Gefolgschaft zu ermöglichen.

14. Sexualfeindliche Ethik als System von Vorurteilen und Behauptungen

Die sexualfeindliche Moral des christlichen Abendlandes entstand, wie jede Moral, auch aus sozioökonomischen, gesellschaftlichen, kulturellen oder politischen Anforderungen. Weiter entwickelt, verfestigt, interpretiert und zur Ethik zusammengefaßt wurde sie von einem vorwissenschaftlichen Denken, das über die psychische und biologische Konstitution des Menschen nur spekulieren konnte.

Kein Arzt würde z. B. heute nach den Theorien eines Hippokrates, eines Galen oder Paracelsus kurieren. Er brächte die Patienten rasch unter die Erde und käme vor Gericht oder ins Irrenhaus. Aber die Menschen müssen sich, der herrschenden Moral zufolge, sexuell so verhalten, wie es sich ein Paulus, ein Augustinus, ein Tertullian dachte oder wie es Mediziner und pädagogische Philosophen des 18. und 19. Jahrhunderts als wissenschaftliche Wahrheit postulierten. Die Askese, die sie verlangte, kam den Bedingungen der kapitalistischen Produktionsweise entgegen, weil sie Disziplin ermöglichte und den Menschen dazu veranlaßte, Wünsche und Hoffnungen im gesellschaftlichen Rahmen zu verdrängen und auf ein besseres Jenseits zu übertragen. Dadurch konnte er den oftmals grausamen Verhältnissen und den sie leitenden Interessen angepaßt werden (daß heute tendenziell andere moralische Anforderungen an den Menschen gestellt werden, statt Askese z. B. Genußfreudigkeit, daß sich also die Moral unter veränderten sozioökonomischen Bedingungen abermals wandelt und die Deckungsgleichheit mit der von den Kirchen nach wie vor gepredigten asketischen Moral aufgelöst wird, soll Thema des zweiten Hauptkapitels sein).

Verhalten sich Menschen aber anders, geraten sie in Spannung sowohl zu den von außen gesetzten Anforderungen als auch zu denen aus dem eigenen Innern. Sie müssen daher schuldbewußt ins Heimliche und Dunkle flüchten, wissen aber, daß sie »Böses« tun und »sündigen«; dieses Bewußtsein veranlaßt sie dann, sich desto williger im gesellschaftlich-öffentlichen Raum anzupassen und zu unterwerfen.

Was existiert, brauchte an sich keine Begründung. Wer also unsere Sexualmoral dennoch begründen will, etwa um den immer wieder abbröckelnden Gehorsam zu retten, darf nicht auf ihre realen Entstehungsursachen verweisen, sonst wiese er zugleich ihre Überholtheit nach. Er muß daher wiederum auf jene vorwissenschaftlichen Postulate zurückgreifen, er muß verschleiern, von Geheimnissen reden oder eben einfach behaupten, das sei nun einmal so, weil es »natürlich« sei oder der »Würde des Menschen« entspreche. Die Unfähigkeit oder das Verbot der konkreten Aussage enthüllt sich dabei in einer pathetischen, verschwommenen Sprache.

Das könnte nicht aufschlußreicher demonstriert werden als anhand der sexualpädagogischen »Aufklärungs«-Literatur der beiden großen christlichen Kirchen. Die über 100 Heftchen, in denen diese »Aufklärung« stattfindet, sind außerordentlich billig oder gar kostenlos und haben zusammen eine Auflage von einigen Millionen. Untersuchungen (wie die Ludwig von Friedeburgs aus dem Jahre 1949 oder Professor Hans Gieses von 1966) haben ihre Wirksamkeit für die heute Älteren nachgewiesen. Dabei ist schon verräterisch, daß diese Schriften im Untertitel oder im Vorwort meist als »Geleit« bezeichnet werden. Geleit ist Führung und braucht Folgende, heißt aber zunächst nicht Aufklärung und Aufforderung zum selbständigen aufrechten Gehen.

Da ist das Vorurteil, die Frau sei dem Manne intelligenzmäßig unterlegen. Für den emsigen protestantischen »Aufklärer« Theodor Bovet hat die Frau sogar ihre eigene Logik: »Für ihn ist 2 x 2 = 4, immer und überall. Für die Frau dagegen ist 2 x 2 nie genau 4, sondern je nach den Umständen bald 3,9, bald 4,1, bald 4,15.« Klar, daß die Frau im Beruf, wo 2 x 2 allemal 4 ist, nichts zu suchen hat. Im 18. und 19., selbst noch im 20. Jahrhundert zogen Physiologen und Psychologen aus dem geringeren Gewicht des weiblichen Hirns den Schluß, die Frau sei effektiv »schwachsinnig«. Bovet und andere ziehen ihre Weisheit offenbar immer noch aus Meyers Konversationslexikon von 1897.

Da ist das Vorurteil, die Frau empfinde den Sexualtrieb weniger stark als der Mann. Der Katholik F. Kastner meint, daß »bei einer edlen Frau der Trieb nach der körperlichen Vereinigung und dem damit verbundenen Lusterlebnis im allgemeinen fast schweigt und statt dessen der Wunsch nach seelischer Hingabe und nach dem Kind im Vordergrund steht«. Pater Pereira stimmt zu, daß »der Naturtrieb, der dem Jungen zu schaffen macht, beim Mädchen noch schweigt«. Wir erinnern uns, noch vor 80 Jahren glaubte man, daß die Frau beim Koitus nichts empfände. Womöglich hat die Frau tatsächlich nichts empfunden, weil sie dazu erzogen wurde und ihre Sexualität unterdrücken mußte, selbst beim Geschlechtsakt.

Auf protestantischer Seite gibt es — offenbar persönlichkeitsbedingt — Widersprüchliches. Während Frau Hesekiel weiß, »ein junges Mädchen sehnt sich nicht nach dem Geschlechtsverkehr«, erkennt Marianne Reis, »es gibt viele Mädchen, die so voll Verlangen sind, daß sie sich ohne Heirat einem Mann hingeben — und nicht nur einem, sondern heute dem, morgen einem anderen«. Motto: Wer wechselt, wird Kleingeld.

Für katholische wie protestantische Autoren ist der »natürliche« Mann aktiv (weil intelligent), der Handelnde, »er ist der Schöpferische«. Der Katholik Hünermann: »Deswegen gab Gott dem Mann ein besonders ausgeprägtes Selbstbewußtsein, ein Machtbewußtsein, einen Willen, sich Geltung zu verschaffen.« Was er denn in der Familie häufig genug auf Kosten der Frau und der Kinder tut. In Verzückung gerät der Protestant Bovet, denkt er an seine Geschlechtsgenossen: »Dieser Mann ist wie ein Pfeil in Gottes Köcher.« Nicht selten eine Gewehrkugel . . .

»Würde und Sendung« der natürlichen Frau ist dagegen für Hünermann »der liebende Dienst«: »Leben empfangen und mit Herzblut nähren«, gebären, hüten, pflegen, heilen. Der Platz der »natürlichen Frau« ist in der Küche, bei den Kindern, im Haushalt, denn sie sagt: »Ich bin die Magd des Herrn.«

Gegen eine berufliche Tätigkeit der Frau wird in den kirchlichen Traktaten häufig Sturm gelaufen: »Es ist kaum faßbar, daß verheiratete Frauen ihre Lebenserfüllung nicht in der Ehe und Familie, sondern in ihrem Beruf suchen und finden.« (H. Wiesemann in »Ehe nach Gottes Ordnung«.) Ähnlich formulierte der ehemalige Bundesfamilienminister Wuermeling, mit der konkreten Konsequenz, daß der Bund noch zu Anfang der sechziger Jahre kaum Mittel für den Bau von Kindergärten bereitstellte und wesentlich dazu beitrug, daß die Bundesrepublik eines der »kinderfeindlichsten« Länder Europas ist.

Die Verteufelung sexueller Lust selbst in der Ehe ist vor allem für katholische Autoren eine Folge der behaupteten »Natur« des Menschen. Vor allem die Frau ist angeblich gefährdet, sie kann auch in der Ehe »fallen« und den intelligenten, aktiven Mann gefährden. Das Schema Adam — Eva lebt weiter und liest sich dann so: Die Frauen dürfen nicht »den Mann zum Gefangenen ihrer Liebe machen wollen. Sie dürfen nicht vergessen, daß der Mann auch gesellschaftliche Pflichten als Staatsbürger hat und daß wertvolle Kräfte in ihm nicht zur Erfüllung kommen, wenn er an die Frau gekettet ist« (S. Müller in »Quiz für

Katholiken: Ist Liebe Sünde?«). Staatsbürgerliche Pflichten hat die Frau offenbar keine, und in der Gesellschaft hat sie nichts zu suchen.

Angst- und Schuldgefühle, nach Ansicht von nicht wenigen Ärzten und Soziologen »die Grundlagen unserer Moral«, werden mit besonderer Sorgfalt gepflegt. In düsteren Farben werden beispielsweise die Folgen ausgemalt, die vorehelicher Geschlechtsverkehr für Jungen und Mädchen hat. Auch hier ist vor allem das Mädchen gefährdet, wie überhaupt auffällt, daß sich die Traktatautoren in erster Linie an das Mädchen und die Frau halten. Protestanten und Katholiken sind sich darin einig: »Je mehr eine Frau wirklich Frau ist, desto religiöser ist sie.«

Angst und Grauen verbreiten die Autoren, wenn sie den Geburtsvorgang schildern: »Wenn nun die neun heiligen Monate um sind, kommt für die Mutter die schwerste Stunde ihres Lebens . . . Der arme Leib wird häufig geradezu zerrissen . . . Ja die Schmerzen sind mitunter so groß, daß der armen Mutter das Herz bricht und sie stirbt« (nach Friedrich Koch, »Negative und positive Sexualerziehung«. Koch ist Dozent für Sexualpädagogik an der Universität Hamburg). Fast genüßlich scheint hier der Autor an den auf die Verführerin Eva geschleuderten Fluch zu erinnern: »Du sollst mit Schmerzen gebären.«

Der Protestant Jochen Fischer schreckt die Frauen mit Frigidität, wenn sie sich vor der Ehe »einem Jungen hingeben«. Es sei wahrscheinlich, »daß die Frau auf diesem Wege frigide, d. h. körperlich-geschlechtlich unempfindlich wird«, aber »auch seelisch unbefriedigt bleibt«.

Den Jungen stellen die frommen Autoren das Schreckensbild des geistigen und körperlichen Verfalls vor Augen: »Die frühe Befriedigung . . . verbraucht so viel Kraft, daß die geistigen Leistungen sofort zurückgehen« (S. Rödleitner in »Reifende Liebe«). Medizinisch noch bedenklicher der Pater Pereira: »Gib nicht der Lust nach und vergeude keine Kräfte, die der Körper viel besser zu seinem Aufbau brauchen könnte. Der Arzt sagt dir nämlich, daß ein Teil der aufgestauten Samenzellen vom Körper als Aufbaukraft für sein Wachstum benutzt wird.«

Nur sexuelle Enthaltsamkeit fördert die »seelische Liebe«, Geschlechtsverkehr birgt dagegen die Gefahr, daß sich die Partner gegenseitig verachten. Vor allem das Mädchen gehe die Gefahr ein, vom Mann als Dirne betrachtet zu werden.

Einen der zahlreichen Gipfelpunkte des Schreckhaften erreicht Rödleitner: »Verfrühte Triebhaftigkeit«, so meint der ›Aufklärer‹, hat »im besten Fall eine Verwischung der Geschlechter« zur Folge: »Das Mädchen hat dann nicht Zeit und Möglichkeit, sich zu seiner weiblichen Eigenart zu entfalten, der Bub nicht Gelegenheit, zu seiner wirklichen Mannhaftigkeit zu kommen. So wird das Mädchen burschikos, der Bursche sentimental. Zeigt aber am Ende keiner seine richtige Eigenart, so kommt es zu keiner Anziehungskraft der Geschlechter, weil keine gesunde Spannung da ist, kein Bedürfnis nach Ergänzung.«

Am besten wäre, die »aufzuklärenden« Kinder zeigten überhaupt keine Neugier, oder die vermaledeite Sexualität wäre dem Menschen gar nicht erst gegeben. Da sie aber nun einmal da ist und man als christlicher »Aufklärer« nicht gut behaupten kann, die Kinder brächte der Klapperstorch, gibt ein katholischer Autor den Eltern den Rat: »Ich würde gleich die richtige Antwort geben: Vom lieben Gott.« (Nach Koch)

Zeigt sich ein Jugendlicher aber doch neugierig, seiner Natur gemäß, so warnt es aus einem katholischen Heftchen: »Hüte dich auch vor einer ungesunden Neugier, die immer und immer wieder etwas darüber lesen will, wenn es auch an und für sich einwandfreie Bücher sind. Auch die beste Medizin wird gefährlich, wenn du zuviel davon nimmst.« Keine Frage, daß durch Verbot, Abwertung und Strafandrohung die Sexualität erst zu einem Problem gemacht wird: sie wird notvoll, häßlich und schwer beherrschbar. In einem Zirkelschluß wird dann der Scheinbeweis erbracht, Sexualität sei tatsächlich, von Natur aus, widerlich und gefährlich.

Zwischen der Notwendigkeit, komplizierte sexuelle Sachverhalte wie die Zeugung eines Kindes in zwar vereinfachter, dem kindlichen Auffassungsvermögen angemessener, aber realistischer, d. h. »wahrer« Form darzulegen, und einem aufklärungsfeindlichen Baby-Deutsch weiß selbst ein überkonfessioneller Pädagoge wie Hans Zulliger nicht zu unterscheiden: »Wenn die Eltern ein Kind haben wollen, steckt der Vati sein Zipfelchen durch das Törchen der Mutti, und die Samenflüssigkeit mit den Sämchen fließt aus.« Fast möchte man in dieser Sprache die Schwierigkeiten des Autors selbst durchschimmern sehen. Dazu Koch: »Die Darstellung der Vereinigung von Mann und Frau nimmt denn auch mitunter einen Charakter an, der in seiner mechanistischen Akzentuierung eher an die Gebrauchsanweisung für eine Münzwaschmaschine als an die Beschreibung des Geschlechtsverkehrs erinnert.« Auch nach Koch dient eine solche Sexualerziehung dazu, überlieferte Autoritätsstrukturen aufrechtzuerhalten, abgesehen davon, daß sie die Phantasie des Menschen erst recht sexualisiert, was wiederum die Aggressionsneigung steigert, weil diese »künstliche«, unnatürliche Sexualisierung ich-fremd, nicht-identisch ist und an Es-Wünsche appelliert. Eine repressive Sexualerziehung und -moral schafft weder Sexualität aus der Welt, die verdrängten Sexualwünsche kehren häufig wieder in den vielfältigen Weisen von Aggressivität, noch macht sie den Menschen innerlich freier, er fühlt sich im Gegenteil schuldbewußt und wird anpassungsbereit oder psychisch krank, noch schließlich ermöglicht sie eine

»Kultivierung« der Sexualität, Sublimierung der sexuellen Energien bleibt stets ein Risiko und gefährdet. »Geschlechtserziehung gewinnt somit unmittelbar die Dimension politischer Erziehung«, sagt Friedrich Koch.

Die Einsichten der Sexualwissenschaft, Pädagogik und Psychologie gingen an diesen Autoren spurlos vorbei. Es ist, als meldeten sich wieder die Kirchenväter oder die bekannten Pädagogen und Mediziner des 18. und 19. Jahrhunderts zu Wort. Es ist zweifellos richtig, daß sich in beiden großen Kirchen die kritischen Stimmen vor allem jüngerer Theologen mehren, die die sexualfeindliche Einstellung für verfehlt und nach der Bibel auch nicht für gerechtfertigt halten. In der erschienenen — allerdings inoffiziellen — »Denkschrift zu Fragen der Sexualethik« der Evangelischen Kirche in Deutschland finden sich solche kritischen und selbstkritischen Einsichten formuliert. Eine gewandelte Haltung zeichnet sich ab, aber sie hat deshalb noch längst nicht die offizielle Haltung der Kirchen erreicht.

So kann einstweilen der These im Ernst nicht widersprochen werden, daß (naturhaft-gesellschaftliche, religiöse und sexuell motivierte) Angst und Schuld den Menschen in die Arme der Kirchen fliehen lassen. Es erscheint nicht abwegig, die steigende Zahl der Kirchenaustritte auch mit der sogenannten »Sex-Welle« in Verbindung zu bringen. Der mittlerweile berühmt gewordene Leiter des englischen Jugendheimes »Summerhill«, A. S. Neill, hat jedenfalls die aufschlußreiche Beobachtung gemacht, daß seine Zöglinge, die weitgehend in sexueller Freiheit erzogen werden, sich aus Religion nur wenig machen. Für die heute 16-, 17- oder 18jährigen spielen kirchliche Sexualnormen ebenfalls keine entscheidende Rolle mehr (wie das noch vor wenigen Jahren der Fall war).

Zweiter Teil: Die sexuelle Scheinliberalisierung und ihre Folgen

»Sittliche Anarchie«, die nicht nur den einzelnen, sondern auch Staat und Gesellschaft bedrohe,

Liberalisierung im Sinne einer fortschreitenden, notwendigen Emanzipation vom Zwangskorsett der bürgerlichen Moral,

»bloßer Schein« (Adorno), der die bestehenden Herrschaftsverhältnisse verschleiere und über die Manipulierbarkeit des einzelnen wie der Masse hinwegtäusche — dies sind die drei einander widersprechenden und sich jeweils ausschließenden Beurteilungen und Analysen des Phänomens »Sex-Welle«.

Nun ist es eine unbestreitbare, weil augenfällige Tatsache, daß in den spätkapitalistischen Industriestaaten mit formaldemokratischer Verfassung eine Liberalisierung bestimmter sexueller Verhaltensweisen und Anschauungen zu beobachten ist, vor allem unter der jüngeren Generation. Vorurteile und Konventionen der bürgerlichen Zwangsmoral brechen auf, vorehelicher Geschlechtsverkehr beispielsweise ist zur Norm geworden, wird zumindest stillschweigend toleriert, autoritäre Sanktionen werden seltener, die Abwertung und Denunziation des menschlichen Körpers und des Geschlechtsaktes etwa im Sinne des 19. Jahrhunderts, dem sich die Ethik der Kirchen, vor allem der katholischen, verpflichtet weiß, wirkt absurd. Für den kommerziell einträglichen Film, für Illustrierte und die Konsumwerbung sind die verschiedenen Formen der Darstellung des Sexus unentbehrlich geworden. Sexueller Genuß wird offen propagiert und angeboten, nicht nur in Sex-Magazinen und Sex-Zeitungen, sondern auch in Jugend-Illustrierten und pädagogischen Veröffentlichungen. Nicht zuletzt werden an der Mode, am Minirock oder an den Hot Pants die gewandelten sexuellen Anschauungen »sichtbar«. Das führte dazu, daß die Vertreter der evangelischen und katholischen Kirche in ihrer gemeinsamen Schrift »Das Gesetz des Staates und die sittliche Ordnung« eine »sexuelle Revolution« am Werke sehen, die das Vorspiel für die große gesellschaftliche Revolution sei.

Somit ergeben sich zwei Fragen, die unsere bisherige Analyse des Problemzusammenhanges Sexualität — gesellschaftliche Herrschaft zumindest in einigen wesentlichen Teilaspekten widerlegen könnten:

Wenn das, was wir, um in der verständlicheren Umgangssprache zu bleiben, als »Sex-Welle« bezeichnet haben, eine echte Emanzipation des Menschen bedeutete oder zumindest ankündigte, so wäre unser skizzierter Begriff von Herrschaft falsch. Denn unserer Analyse zufolge wird menschliches Verhalten bestimmt von den Produktions- und Herrschaftsverhältnissen, ohne deren Wandlung eine sexuelle Emanzipation als unmöglich behauptet wurde.

Oder aber das Herrschaftsmodell ist richtig, dann können die »Sex-Welle« und die unbezweifelbare Liberalisierung sexuellen Verhaltens und der zumindest partielle Abbau repressiver Sexualnormen nicht als wirkliche Emanzipation des Menschen zu Freiheit und Selbstbestimmung gedeutet werden. Es müßte sich dann allenfalls um eine Scheinemanzipation im Sinne Adornos handeln.

Der späte Wilhelm Reich und vor allem Herbert Marcuse waren die ersten, die anhand ihrer Beobachtungen in den USA darauf hinwiesen, daß in den spätkapitalistischen Industriestaaten eine Lockerung der moralischen Normen offenbar möglich sei, ohne daß sich die Herrschaftsverhältnisse strukturell änderten. »Wir dürfen sagen, daß alle Begriffe, die von Menschen zur klärenden Erfassung ihres Daseins aufgestellt wurden, in den letzten zwei Jahrzehnten in Fluß gerieten. Unter diesen Begriffen ist wohl keiner so sehr zusammengebrochen wie der der sexuellen Zwangsmoral, der noch vor kaum mehr als 30 Jahren unerschütterlich das menschliche Leben regierte.« Sicherlich übertreibt Reich zumindest in diesem Zitat, denn eine repressive, sexualfeindliche Moral kann sich, wie im vorangegangenen Kapitel zu zeigen versucht wurde, immer noch auf starke gesellschaftliche Kräfte stützen, vor allem ist ihr aber das Kleinkind in den Familien nach wie vor unterworfen. Aber im Verhalten der Erwachsenen und vor allem der Jugend zeichnet sich ohne Zweifel eine Tendenz in Richtung auf eine Liberalisierung ab.

Trotzdem übersehen weder Reich noch Marcuse, daß sich das aggressive Potential in den spätkapitalistischen Gesellschaften nicht verringerte; die Menschen sind nicht friedlicher geworden und psychische Krankheiten, von der Psychoanalyse als gesellschaftlich bedingt behauptet, nehmen nicht ab, sondern rapide zu. Des weiteren ist deutlich zu beobachten, daß sich Ressentiments, Vorurteile, Fremdenhaß und alle Arten von aggressiven Neigungen mühelos reaktivieren lassen bis hin zum offenen Faschismus und missionarischen Nationalismus.

Von einem Willen zur Selbstbestimmung kann gleichfalls keine Rede sein. Was Reich, Marcuse, Adorno oder Horkheimer in den 30er und 40er Jahren als These aufstellten, ist inzwischen erhärtet: Die Entpolitisierung der Massen und ihre Manipulierbarkeit, d. h. die Möglichkeit, sie durch Außenreize zu einem »adaptiven Verhalten« zu veranlassen, nahmen zu. Die dem einzelnen nicht mehr überschaubare Gesellschaft, wie sie funktioniert, warum die Entwicklungen so und nicht anders laufen, welche Interessen oder »Sachzwänge« sie steuern, wirken wie ein Informationsstopp, wobei gerade die tägliche, steigende Nachrichtenflut eine Orientierung verhindert; Zusammenhänge werden dadurch nicht deutlich. Die Massen bestimmen weder die ökonomischen noch die gesellschaftlichen und letzten Endes auch nicht die politischen Prozesse, weil sie auf die Entscheidungsabläufe keinen Einfluß haben; das Entwicklungsgeschehen bleibt fremd, unerklärbar und wird erst dann registriert, wenn es krisenhaften Charakter annimmt. Darüber hinaus aber wurde auch die Vermögens- und Einkommensverteilung nicht verändert. Die definitorischen Wesensmerkmale von Herrschaft, Besitz, Entscheidungskompetenz, Informationsvorsprung und soziale Privilegien bzw. größere Chancen, bleiben nach wie vor unangetastet, trotz eines relativ wachsenden Wohlstands breiterer Bevölkerungsschichten und trotz formaler demokratischer politischer Verfassungen.

Diese Erkenntnisse sind keineswegs neu, kritische Soziologie und Ökonomie sowie die Psychoanalyse haben wesentliche Zusammenhänge aufgedeckt, ohne freilich diese Erkenntnisse einer breiteren Basis bisher vermitteln zu können. Ursache dafür ist einmal die Denunzierung jeder konsequenten und radikalen (d. h. in etymologischem Sinne »von der Wurzel ausgehenden«) Gesellschaftskritik als »links«, »rot«, »marxistisch« oder »utopisch-naiv«; zum anderen aber wirkt die Sprache der Kritik selbst wie eine kaum zu überbrückende Kommunikationsbarriere (konsequent marxistisch formuliert: sie wirkt objektiv reaktionär). Von einem unverzichtbaren Begriffsapparat abgesehen, dessen jede wissenschaftliche Sprache bedarf, enthält diese Sprache eher komplizierten, schablonenhaften Jargon, der selbst von gebildeten Menschen nicht verstanden wird und der erst in eine verstehbare Sprache übersetzt werden müßte, um Kommunikation mit breiteren Bevölkerungsgruppen, vor allem mit den sozial und bildungsmäßig unterprivilegierten, zu ermöglichen.

Wie die Sexualmoral selbst, hat sich auch der Zwangscharakter politischer und gesellschaftlicher Herrschaft in den spätkapitalistischen Demokratien gemildert. Schüler und Lehrlinge werden nicht mehr legal vom Lehrer oder Meister geprügelt, der einzelne genießt als Bürger wie als Arbeitnehmer einen erheblichen Rechtsschutz, desgleichen als Angeklagter oder (zumindest formal) als Angehöriger irgendwelcher Minderheiten. Das soziale Versorgungssystem garantiert zumindest das Existenzminimum, die Bildungseinrichtungen stehen theoretisch allen offen, Meinungsfreiheit wird zu einem erheblichen Grad garantiert, Eingriffe in die Informationsfreiheit kommen zwar nahezu täglich vor, gelten aber doch als peinlich, wenn sie entdeckt werden. Der Kampf des Bürgertums im 19. Jahrhundert um Erweiterung der Rechtssicherheit und der Arbeitnehmerorganisationen um garantierte soziale Leistungen hat den Freiheitsraum des Menschen erheblich erweitert.

Nicht weniger bedeutsam und folgenreich für die gesellschaftliche Entwicklung aber war die Erweiterung der Freizeit, wodurch die Privatsphäre für den einzelnen an Attraktion gewann. Die — noch zunehmende — Bedeutung dieser Entwicklung und ihre Konsequenzen in politischer, gesellschaftlicher und psychologischer Hinsicht sind dabei vielfach noch gar nicht erkannt worden.

Die durch den Einsatz von Wissenschaft und Technik gesteigerte Produktivität ermöglichte es, die Arbeitszeit auf gegenwärtig rund 42 Wochenstunden zu verkürzen und die Urlaubszeit auszudehnen. Trotz des historischen Kampfes der organisierten Arbeiterschaft um Arbeitszeitverkürzung wäre es indes verfehlt, die Erfolge ausschließlich als »soziale Errungenschaften« zu werten und sie in den Bereich des Humanen abzudrängen. Von der Funktion der erweiterten Privatsphäre her gesehen muß sogar bezweifelt werden, ob die Erweiterung der Freizeit als Etappe auf dem emanzipatorischen Weg der Arbeitnehmerschaft bewertet werden kann.

Der britische Sozialreformer Robert Owen (1771–1858), geistiger Urheber des Genossenschaftswesens seines Landes, hatte 1816 in der von ihm geleiteten Textilfabrik in New Lenark erkannt, daß seine Arbeiter eine höhere Tagesleistung erbrachten, wenn sie statt 16 Stunden nur 10,5 arbeiteten. Die verkürzte Arbeitszeit ließ die Leute schneller zu Werke gehen, weil sie weniger stark ermüdeten; außerdem waren sie konzentrierter bei der Sache und produzierten daher weniger Ausschußware. Als Gewinn schlug in der Bilanz auch zu Buche, daß die Maschinen entweder rationeller ausgelastet werden konnten oder weniger verschlissen wurden.

Die Beobachtung Robert Owens, der sicherlich ein Herz für seine Arbeiter hatte und die Verkürzung der Arbeitszeit vorwiegend unter humanen Aspekten sah, ist heute wissenschaftlich längst erhärtet und weiter erforscht — und genutzt — worden.

Die optimale Arbeitsleistung wird, so stellte die Arbeitspsychologie fest, bei 42 Wochenstunden erbracht; sie könnte allerdings auf vielfache Weise noch gesteigert werden, und in der Tat befassen sich ganze Stäbe von Medizinern, Arbeitszeitpsychologen und -organisatoren usw. mit dieser Frage. Eine Möglichkeit beispielsweise wäre, wenn ab der dritten Arbeitsstunde eine Pause von zehn, mindestens fünf Minuten eingelegt würde. Der Leistungsabfall ist vor allem bei den rationalisierten und automatisierten Arbeitsvorgängen, die stetig steigende Überwachungs- und Kontrollfunktionen erfordern, erheblich, weil der Ermüdungseffekt aufgrund von Konzentrationsschwäche rapide wächst. Die graphisch darstellbare Leistung fällt steil ab. Diese körperlich zwar leichtere, aber entfremdete Arbeit steigert wiederum die Anfälligkeit für psychische und psychosomatische Störungen und Krankheiten, eine sowohl betriebs- wie volkswirtschaftliche Vergeudung von Produktivkraft.

Somit wird bereits an diesem Einzelbeispiel deutlich, daß die Ausdehnung der privaten Freizeit keineswegs nur ein humanes Zugeständnis an den Arbeitnehmer, sondern in erster Linie ein notwendiger funktionaler Bestandteil der sich fortentwickelnden Produktivkräfte ist. Freizeit muß heute dazu benutzt werden, sich vom körperlichen und nervlichen Verschleiß, den die modernen Produktionsweisen hervorrufen, wieder zu erholen. (Dies spricht die von den Sportverbänden und vom Bundesgesundheitsministerium propagierte »Trimm Dich«-Aktion offen aus!) Insofern ist Freizeit Teil des Arbeitsprozesses selbst, andernfalls die Arbeitsleistung und damit der Gewinn sänke. Schließlich ist es mehr als symbolisch, daß ein Unternehmer diese Zusammenhänge als erster erkannt hat.

Aber auch aus anderen Gründen kommt der Ausdehnung der Freizeit ökonomische Bedeutung zu.

Rund um die Uhr arbeitende Menschen spüren kaum Bedürfnisse, die über die in der Arbeitssphäre hinausgingen. Alle Energien und auch die Triebwünsche werden in der Arbeit verbraucht, vorausgesetzt, der Mensch ist durch eine strenge Verzichtsmoral bereits dazu disponiert worden, sich organisierter Arbeit unter dem Kommando einiger weniger diszipliniert zu unterwerfen.

Der lange arbeitende Mensch ist also kein Konsument und kein Verbraucher.

Er wird es jedoch in der Freizeit. Denn für Kaufentscheidungen ist Zeit nötig, nicht nur in dem Sinne, daß sie langer Überlegungen bedürften, vielmehr ist Freizeit gewissermaßen der Raum, in dem Wünsche und Bedürfnisse reifen und zu Bewußtsein gelangen. Davon abgesehen will Freizeit ausgefüllt und gestaltet werden, sonst würde sie zur tödlichen Langeweile, daher bietet sie sich auch aus diesem Grunde als Markt für Konsumartikel und Unterhaltungsprogramme an. Ganze Industrien sind entstanden, um mit Gütern, Dienstleistungen und sonstigen »Techniken« dem Menschen bei der »Bewältigung« seiner Freizeit zu helfen.

Dem Individuum allerdings erscheint die Privatsphäre keineswegs als faktisch in den Arbeitsprozeß integriert, sondern als autonomer Raum für sich, der frei verfügbar ist. Er bietet nicht nur Erholung, sondern vermittelt auch das Gefühl, daß in ihm der Persönlichkeitsverlust, den der entfremdete Produktionsprozeß als Tribut täglich fordert, wieder ausgeglichen wird. »Hier bin ich Mensch, hier darf ich's sein«, wohingegen sich der einzelne am Arbeitsplatz als schnelles, diszipliniert funktionierendes und kontrolliertes Rädchen fühlt. Die Privatsphäre scheint dem erniedrigten Ich wieder Genüge zu tun, sie scheint Selbstbestimmung zu ermöglichen und souveräne Entscheidungsfreiheit zu geben. Leistungs- und Verhaltenskontrollen von außen scheinen abwesend zu sein.

Die Privatsphäre wird also immer mehr der eigentliche Lebensraum des Menschen; sie gewinnt an Attraktion auch in dem Maße, wie steigendes Einkommen mehr Wünsche und Bedürfnisse zu befriedigen vermag und die Arbeitszeit sich verkürzt, der Produktionsprozeß aber an Tempo und Streß zunimmt. Der einst einheitliche Lebensraum, den der Frühkapitalismus allmählich zu trennen begann, weil die Arbeitenden zu Lohnabhängigen wurden, die ihre Arbeitskraft für eine bestimmte Zeit verkauften, ist vollends in zwei offenbar scharf abgegrenzte Sphären zerfallen.

2. »Liebestechnik« statt »Liebeskunst«

Freizeit und ein gewisses Einkommen sind aber unvereinbar mit einer strengen Sexualmoral. »Müßiggang ist aller Laster Anfang« weiß schon das Sprichwort. In der erweiterten Privatsphäre heute fehlt jenes vielfältige, direkte Kontrollsystem, dem der Mensch, Arbeiter wie Angestellter, im Arbeitsprozeß oder in der Öffentlichkeit unterworfen ist. Die Regeln für sein Verhalten glaubt er selbst bestimmen zu können, und so durchbricht er immer häufiger die Vorschriften und Normen einer strengen Sexualmoral und beginnt ihre Tabus zu verletzen oder Verletzungen zu tolerieren.

Wer jedoch genauer hinsieht, wie diese Möglichkeiten für eine freiere Sexualmoral genutzt werden, muß über die Kümmerlichkeit verwundert sein. Von einer Sexualkultur, wie sie etwa die gehobenen Schichten der griechischen oder römischen Antike pflegten, oder wie sie — auf anderer Ebene — ansatzweise in den skandinavischen Staaten als pädagogisches Ziel formuliert wird, kann keine Rede sein. Die äußerlich und gewissermaßen nur formal verletzten Sexualnormen erweisen ihre fortbestehende Wirkung, weil ihre verinnerlichten Wurzeln unangetastet bleiben.

Das zeigt sich einmal in der Phantasielosigkeit der sexuellen Praxis. Sexualität wird nahezu ausschließlich vollzogen im einfachen genitalen Geschlechtsakt. Variationen sexueller Positionen und Praktiken gelten bei den meisten Partnern, vor allem bei den Frauen, immer noch weitgehend als pervers und widernatürlich. Ihre Beschreibung und Darstellung, in der Hoch- und

Spätantike ein zentrales Thema der Kunst, erscheint heute als Pornographie oder wird zumindest als solche empfunden und konsumiert. Allenfalls spräche man von »Liebestechniken«, wohingegen ein Ovid einst die Kunst der Liebe oder die Kunst zu lieben besungen hatte.

Der Unterschied zwischen »Liebestechnik« — ein dem »technischen« Zeitalter gemäßer Begriff — und der Liebeskunst deutet auf eine gesellschaftlich vermittelte psychische Ursache hin: Auf die Verkümmerung der Partialtriebe, die im Verlauf des Sozialisierungsprozesses am Kleinkind erzwungen wurde. Die zu selten gewährte und zu früh versagte Lust des Säuglings am Körper der Mutter (orale Sexualität) oder die unterdrückte Lust des zwei- oder dreijährigen Kindes an seinem eigenen Körper in der analen Phase (die gekennzeichnet ist durch Bewegungsdrang, Neugier, Eigensinn und Stolz auf erste Lernerfolge, in der aber ordnungsbesessene Eltern durch Dressuren häufig ein Verhalten erzwingen, das eine seelische Reifung über diese Stufe hinaus einschränkt. Das Kind wird entweder unterwerfungsbereit, es verliert an Identität, oder aber überaktiv. »Anal fixierte« Menschen neigen besonders leicht zu aggressivem Verhalten), ferner die ständige Denunzierung der Genitalien stoppen die Entwicklung zu einer Sensibilisierung des Körpers, zu einem umfassenden körperlichen Lustempfinden, eben zur Sexualität. Fast alle Zonen des Körpers ließen sich erotisieren und könnten zur Quelle von Lust werden. Die für den christlich-abendländischen Kulturkreis typische Askese und Körperfeindlichkeit verschüttete jedoch diese Quellen und engte Sexualität auf den Bereich der Genitalien ein, da schließlich die Fortpflanzung gesichert werden mußte; daher empfindet der so erzogene Mensch sexuelle Lust fast ausschließlich als beschränkt genitale, wobei die Möglichkeiten sexuellen Genusses im Sadismus und Masochismus als Perversion sichtbar wird. Die Gesellschaft und ihre Moral bestrafen dabei Fehlentwicklungen, deren ursprünglich natürliche Wurzeln sie zur Verkümmerung zwangen.

Die Verstümmelung der umfassenden menschlichen Sexualität zur ausschließlich genitalen darf als eine der wesentlichen Ursachen dafür gelten, daß auch die emotionale Beziehung, die Liebe, zum andersgeschlechtlichen Partner wenig entwickelt ist und von außerfamiliären, gesellschaftlich-sozialen Faktoren beeinflußt werden kann. Die Befriedigung des Geschlechtstriebes erfordert an sich wenig Sensibilität für den Partner und keinen emotionalen Aufwand. Zärtlichkeit empfindet der nach Entspannung drängende Trieb sogar häufig als Unlust bereitenden Aufschub und als Hindernis.

Emotionaler Aufwand, das zärtliche Eingehen auf den Partner, scheinen vor allem beim Mann mehr oder weniger ritualisiertes Vorspiel geworden zu sein, um das Triebziel, den genitalen

Geschlechtsakt, leichter zu erreichen; sie sind »Eroberungstechniken« oder »Verführungsmittel«. Im Rahmen einer sexualfeindlichen Moral verhalten sich Partner meist nur am Beginn ihrer Beziehungen zärtlich und gefühlsdifferenziert. Die sexuelle und damit verbunden die menschliche Verödung der weitaus meisten Ehen bezeugt dies, sie ist schließlich statistisch faßbar. Vor allem ist dies in den unteren sozialen Gruppen der Fall, wo ein stereotypes Männlichkeitsideal, bedingt durch den sozialen Status, Zärtlichkeit als Schwäche empfindet. Aber auch in den mittleren und oberen sozialen Schichten wird die gesellschaftlich vermittelte Verkümmerung der Sexualität nicht bewußt, wie psychologische Untersuchungen zeigten. Möglicherweise gutgemeinte Versuche, genitale Sexualität durch phantasievolle Variationen für die Ehepartner attraktiver zu gestalten, um internalisierte Scheu und Hemmungen abzubauen, schaffen kein Bedürfnis nach Zärtlichkeit.

Die Lockerung der genitalbezogenen Sexualmoral führt aber fast zwangsläufig dazu, daß es für das gegenseitige Einverständnis zum Geschlechtsakt keines langen Vorspiels mehr bedarf; so bleiben die Beziehungen der Partner von Anbeginn an meist nüchtern und sachlich, aber narzißtisch-ichbezogen und somit letztlich infantil. »Moderne« Liebe reduziert sich auf den naturhaften, aggressiven Akt. Die wegen einer Versagung fordernden Moral und verständnisloser Erziehungspraktiken verkümmerten Partialtriebe lassen eine Sublimierung und Verfeinerung der Es-Wünsche nicht zu, selbst wenn sich die moralischen Normen lockern. Liebesfähigkeit und eine partnerschaftliche Ich-Du-Beziehung erlauben somit weder eine strenge Sexualmoral noch die mehr oder weniger tolerierten Verstöße gegen ihre Tabus und Normen. Das hat zur Folge, daß sich zwei Partner auch menschlich entfremden, wenn sie sich »sexuell nicht mehr verstehen«; oder umgekehrt: sexuelle Entfremdung, selbst nur ein »Seitensprung«, löst in den meisten Fällen die Beziehung zum anderen insgesamt auf, bedeutet zumindest eine schwere Störung. Sigmund Freud betrachtete die in der Einehe legalisierte genitale Sexualität nüchtern als »Prämie« für den erzwungenen Verzicht auf vor- oder außerehelichen Geschlechtsverkehr. Eine sexualfeindliche Moral ideologisierte diese »Prämie« zum »großen Glück«. Es zerbricht, weil sich auf den »bloßen« Geschlechtstrieb, der im übrigen seiner Natur gemäß nicht monogam ist, partnerschaftlich-mitmenschliche, zärtliche Beziehungen nicht dauerhaft gründen lassen. Sie sind fordernd, besitzergreifend, ich-zentriert und letztlich über eine oral-kindliche oder ödipale Stufe nicht wesentlich hinausentwickelt. Eine solche genital-sexuelle Liebe verfolgt den anderen Partner, der sich dieser Besitzergreifung entzieht, mit Eifersucht und Haß. Der Mord aus Eifersucht ist die letzte Konsequenz des

Besitzanspruchs. Die soziale Funktion dieser verinnerlichten Moral zeigt sich in der gegenseitigen Unterdrückung der Partner, die sich keine Freiheit zu geben vermögen. Dies scheint in der Tat die Annahme zu rechtfertigen, daß erst die erzwungene Verkümmerung des menschlichen Lustempfindens, die ja schließlich eine Verkümmerung des emotionalen Vermögens und somit eine Festlegung des Verhaltens ist, den Menschen »ehefähig« mache und damit »gesellschaftsfähig«.

Die Kümmerlichkeit des »modernen« Sexuallebens ist evident, trotz des gegenwärtigen Prozesses einer vordergründigen Enttabuisierung einiger Normen der tradierten Sexualmoral. Vorehelicher Geschlechtsverkehr mag nicht mehr problematisiert sein, der »außereheliche« ist es zweifellos noch, selbst wenn immer mehr Ehepartner, vor allem Männer, »Seitensprünge« wagen. Dem Partnertausch haftet vollends der Geruch des Obszönen, wenn nicht Kriminellen an, die Beteiligten treiben ihn in aller Heimlichkeit, Sanktionen ihrer Umgebung fürchtend. Auf das Elend von Minderheiten wie der geschiedenen Frauen, ledigen Müttern, älteren Menschen oder Strafgefangenen wurde bereits verwiesen.

Andererseits hat die Prostitution Hochkonjunktur, was kaum als Zeichen einer sexuellen Befreiung gelten kann. Indessen, die einst angesehene, geistvolle Hetäre oder Kurtisane wurde zur Nutte, bestenfalls zum Callgirl, stammt meist aus elenden Familienverhältnissen, ist sozial gestrandet und lebt am Rande der Gesellschaft, im Untergrund der Kriminalität. Aber ihre Kundschaft wächst, und womöglich zeigt gerade dies die Verkümmerung der Sexualität und das Fortwirken einer repressiven Moral besonders deutlich an, wobei sich in der Verachtung der Prostituierten die Heuchelei dieser Moral manifestiert.

Darüber hinaus scheint die angebliche Liberalisierung der Sexualmoral, die »Sex-Welle«, zu einem erheblichen Teil im bloß Voyeuristischen zu liegen. Die Enthüllung des menschlichen Körpers, vorwiegend des weiblichen, in Filmen und Illustrierten zu Objekten des Betrachtens und zum Zwecke des Konsumanreizes, der wachsende Bedarf an pornographischen Zeitschriften und Magazinen mit ihren fotografisch scharfen, farbigen Details sind eher Anzeichen für sexuelle Not als für eine Befreiung des Sexus. Erotische Kunst hingegen behält auch heute, wie ehedem, ihren exklusiven Charakter, sie hat keine emanzipatorische, breite Wirkung. Öffentlich angeboten wird sie zum Ärgernis. »Mit der zunehmenden sozialen Betätigung der Genitalität steigt der Druck gegen die Partialtriebe und gegen ihre Repräsentation in genitalen Beziehungen. Als ihr Rest wird nur der sozialisierte Voyeurismus kultiviert, die Vorlust. Sie setzt die Betrachtung durch alle anstelle der Vereinigung mit einer«, schreibt Theodor W. Adorno (in »Sexuali-

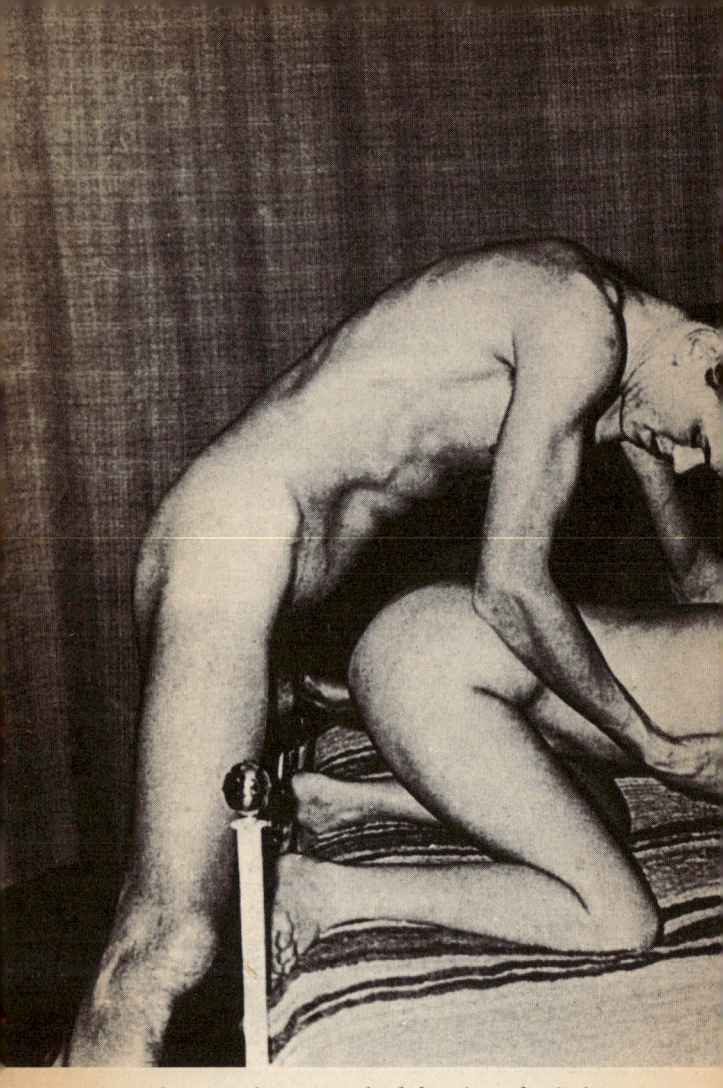

Die starke Nachfrage nach Pornographie läßt auf eine beschädigte, verkümmerte Sexualität schließen. Voyeur-Sex befriedigt die Schaulust.
Gleichzeitig ist Pornographie das Symptom, nicht die Ursache für die
Verkümmerung des Sexus. Zahlreiche ernst zu nehmende wissenschaftliche Untersuchungen kommen zu dem Ergebnis, daß Pornographie auf den Konsumenten nicht schädlich wirke, im Gegenteil:

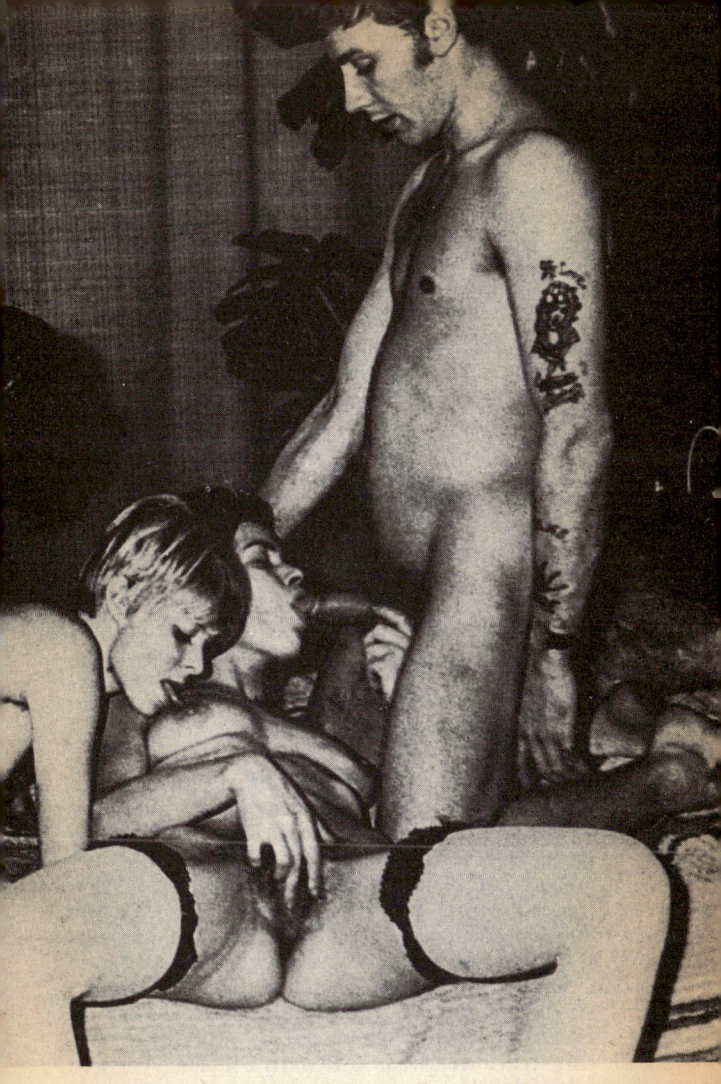

Im Klima einer sexualfeindlichen Moral komme der Pornographie die Funktion eines Ventils zu, das sexuelle Spannungen mildere und auf diese Weise sogar verhüte, daß sich diese Spannungen in kriminellen Delikten äußern. Andererseits führt Pornographie eine sexuelle Märchenwelt vor, die, zum Maßstab genommen, u. U. doch zu Konflikten führen könnte.

tät und Verbrechen«). In seinem »Drei Abhandlungen zur Sexualtheorie« meint Freud, der Voyeurismus entspringe dem ursprünglich kindlich-neugierigen Schauen, das sich später als »intermediäres Sexualziel« erhalte und, falls der Reifungsprozeß aus irgendeinem Grund aufgehalten werde, an die Stelle aller weiteren Ziele treten könne. Und in der Wiener Zeitschrift »Neues Forum« behauptet der Historiker Michael Siegert in seiner Analyse »Ist Sade ein Pornograph?« sogar: »Im Voyeursex steckt eine nach unten gerichtete Aggression: Das Weib ist das ›Untere‹ schlechthin, das Minderwertige, auch Gefährliche. Die Frau ist der sexuelle Jude: Aggressionsobjekt der Mittelklassen, die sich durch die Verachtung des Untenliegenden ihres Status versichern. Das Illustriertenfoto ist Resultat einer sadistischen Pressung des weiblichen Leibes auf das Zweidimensional-Flache, die wehrlose Pappkameradin als Zielobjekt onanierten Spermas ... Was an unerfüllbare Wünsche gemahnt, löst Aggressionen aus. Die hohnvolle Geste der Freien macht die Sklaven rebellisch statt durch den Verfremdungseffekt nachdenklich. Die Ohnmacht, aus der gesellschaftlichen Form auszubrechen, wendet sich gegen die, die draußen sind.«

Auch Siegert sieht in der Verkümmerung der als umfassend angelegten Sexualität zur bloßen Genitalität eine Brutalisierung, die Aggressionen freisetzt: »Die Verdrängung der Partialtriebe aus unserer Kultur übt einen ständigen faschistischen Druck auf unsere Gesellschaft aus, der politisch jederzeit aktiviert werden kann. Um die depravierte Sinnlichkeit wieder zu sich selbst zu bringen, muß versucht werden, die potentiellen Himmlers in Sades Boudoir zu ziehen«, um ihnen »den Zusammenhang zwischen sexueller Verdrängung und Herrschaft, zwischen sexueller und politischer Rebellion klarzumachen«. Die Sexualtabus, die sich im Voyeursex verschleiern und in einer — schlechten Gewissens übrigens — Tolerierung gewisser Verstöße nach wie vor wirksam sind, fallen auch nach Adorno »in jenes ideologische und psychologische Syndrom des Vorurteils, das dem Nationalsozialismus die Massenbasis zu verschaffen half und das in einer dem manifesten Inhalt nach entpolitisierten Form fortlebt. Zu ihrer Stunde könnte sie auch politisch sich konkretisieren. Systemimmanent und unauffällig zugleich, ist sie heute der Demokratie verderblicher als die neofaschistischen Bünde, die einstweilen weit weniger Resonanz finden, über weit geringere reale und psychische Ressourcen verfügen.«

Die Ursache und gleichzeitig der Raum für diese relative sexuelle Liberalisierung ist nahezu ausschließlich die Privatsphäre. Der ökonomische Bereich und der Bereich der Öffentlichkeit bleiben auffälligerweise von dieser Entwicklung unberührt; die Rollen hier bleiben bestimmt von Leistung, Disziplin und Kontrolle. Diese Bereitschaft zur Unterwerfung scheint psychisch motiviert zu sein: Die Aussicht auf den freien Privatraum läßt die Repression des öffentlichen Bereichs erträglich werden. Möglicherweise aber spielt das Motiv der Schuld unbewußt eine ebenso große Rolle, wie Leo Kofler (»Der asketische Eros«) vermutet: Der in seiner Privatsphäre gegen die verinnerlichten moralischen Normen Verstoßende kehrt, ohne daß ihm die Zusammenhänge bewußt würden, als Büßender und Bereuender in die öffentliche Sphäre zurück. Moralisch »laxes« Freizeitverhalten wird als Unrechttun erlebt. Außerdem mag hier die Angst eine Rolle spielen, daß »Nichtstun«, nicht arbeiten, bereits unmoralisch sei, denn nur Arbeit gibt dem Leben Sinn, nur Arbeit adelt. Archaische Erinnerungen — ora et labora — bestimmen offenbar das Verhalten des »modernen« Menschen mit.

Hier könnte eine Erklärung (von sicherlich mehreren) dafür liegen, daß die heutigen Jugendlichen, über deren ausschweifendes Sexualleben die institutionalisierte Moral laut klagt und die in der Tat privat ihren Eltern zum kaum noch zu bewältigenden

Was ist ein Gesetz wert, wenn es immer weniger Menschen für verbindlich halten? Während man gegenwärtig darum ringt, ob Pornographie freigegeben werden solle oder nicht, steigt die Pornoflut unaufhaltsam. Im Berliner Sportpalast konnte man gegen fünf Mark Eintrittsgeld zusehen, wie ein »Dauerunhold« nackte Mädchen »sadistisch« piesackte. »Sex 2000« nannte sich das.

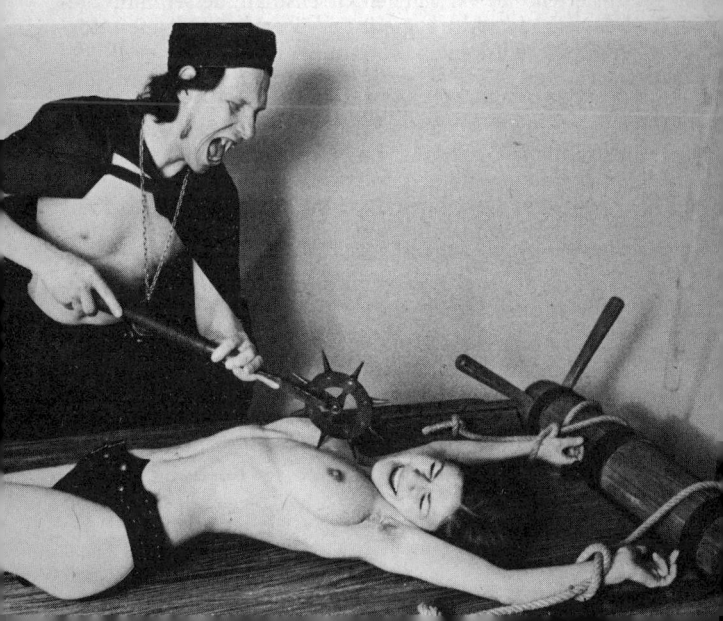

Problem werden, in der Mehrzahl brave und strebsame Arbeitnehmer sind. Meister, Ausbilder und sonstige Vorgesetzte haben insgesamt, von einer kleinen Elite abgesehen, kaum Schwierigkeiten mit ihnen, auch in den Amtsstuben gibt es wenig Anlaß zur Klage. Wo die Rebellion »der« Jugend aus der Privatsphäre am Arbeitsplatz oder in der Öffentlichkeit als gesellschaftskritischer, politischer Widerstand auftritt, ist er mehr oder weniger isoliert. Die Initiatoren des Protests sind einzelne oder kleine Gruppen, eine elitäre Minderheit von — Schätzungen zufolge — 3 bis 5 Prozent eines Jahrgangs, die vor allem auch Sinn und Zweck des Protestes aufgrund der gesellschaftlichen Verhältnisse reflektieren und formulieren kann.

Angesichts der Widerstandsfähigkeit des »Systems« scheint sich die oppositionelle Energie eines immer größer werdenden Teils der Jugendlichen gegen sich selbst zu richten, bis zur physischen Vernichtung, wie der steigende Drogen- und Rauschgiftkonsum zeigt. (Nach Schätzungen, genaue Untersuchungen liegen nicht vor, haben von den Jugendlichen bis 20 Jahren 50 Prozent Rauschgift genommen. Etwa fünf Prozent müssen als süchtig gelten.) Die überkommenen Erziehungs- und Sozialisierungspraktiken können offenbar eine gelungene Anpassung nicht mehr leisten; ein größer werdender Teil der Jugend findet weder in der Privatsphäre noch im öffentlichen Raum Objekte, und seien es Ideale, die mit libidinös-aggressiver Energie besetzt werden könnten, mit denen Auseinandersetzung und Rivalität möglich und sinnvoll wäre. Das Leben in der technisierten und verwalteten Gesellschaft, dessen Sinn dieser Teil der Jugend nicht begreift und über den er keine Informationen erhält, wird »zum Kotzen«, es findet daher ein Rückzug auf das eigene Selbst statt, ein Rückschritt hin auf eine infantile Haltung, eine Flucht aus der Realität. Dabei scheint bemerkenswert, daß selbst die Privatsphäre, in der die Jugend eine eigenständige Subkultur entwickelt hat und die, sexuelle Freizügigkeit eingeschlossen, attraktiv wie nie zuvor sein müßte, gleichwohl viele Jugendliche nicht vor jener Flucht aus der Welt abhalten kann.

Lediglich in einem Teilbereich ist es dem Jugendprotest gelungen, den Produktionsprozeß zumindest partiell zu verändern und an ihm teilzunehmen: an den Universitäten. Doch wird sich noch zeigen müssen, ob Techniken entwickelt werden können, um diese Veränderungen, die sich noch als Konflikte äußern, zu regeln.

3. Konsum als Entschädigung für Verzicht auf politische Teilnahme

Die Trennung der Privatsphäre von der öffentlichen, einschließlich der »Arbeitswelt« hat unter anderem zur Folge, daß nahezu ausschließlich die privaten Konsumbedürfnisse als die eigentlichen und wichtigen erkannt werden. Slogans wie »Wohlstand für alle« und andere Parolen als Bestandteil einer Ideologie suggerieren dabei Chancengleichheit und die Möglichkeit einer gleichen Einkommensverteilung oder lenken von der ungerechten Einkommens- und Vermögensverteilung ab; die gesellschaftlich vermittelte Realität wird entpolitisiert in dem Maße, als sie als Ergebnis individueller Leistung und Tüchtigkeit — oder Versagens — erscheint. Privateigentum und Teilhabe am Konsum werden Voraussetzungen für eine erfolgreiche und gelungene Lebensgestaltung.

Dadurch werden andere, möglicherweise wichtigere, Bedürfnisse verschleiert, d. h. nicht zu Bewußtsein gebracht, weil sie im unzugänglichen, entfremdeten öffentlichen Bereich liegen: Die Forderung nach einem effizienten, chancengleichen Bildungssystem, nach leistungsfähigen Krankenhäusern, nach Umweltschutz, Stadtsanierung oder einem funktionierenden Verkehrssystem stößt bei Menschen, die ihre Privatsphäre als Rückzugsraum empfinden, auf wenig Interesse. Die Realisierung dieser Bedürfnisse bleibt dem Staat vorbehalten, der sich jedoch an den Interessen derer, die über die Produktionsmittel verfügen und daher auch politisch notwendigerweise seine Partner sind, orientieren muß. Eher werden, wie sich in den vergangenen Konjunkturkrisen zeigte, die echten Bedürfnisse zurückgestellt, als daß eine längere Gefährdung oder Einschränkung der privaten Konsuminteressen hingenommen werden könnte, ohne politische Krisen bei den politisch Entwöhnten zu riskieren.

Selbst so fundamentale Bedürfnisse wie ein ausreichender und humaner Wohnungsbau kann von einem privatisierten Bewußtsein nicht mehr zu einer politischen Frage gemacht werden. Eine menschenwürdige Wohnung erscheint ebenfalls nur als Konsumartikel, wenn auch als teurer, den man sich leisten kann oder eben nicht. Entpolitisiertes, auf die Privatsphäre gerichtetes Bewußtsein akzeptiert, daß Wohnungsbau und Städteplanung den Gesetzen des Profits unterworfen bleiben. Was keinen Gewinn abwirft, unterbleibt, also unterbleiben Kindergärten, Spielplätze, Jugendhäuser. Wohnungsbedingte psychische Schäden haben seit 1950 in erheblichem Maße zugenommen, dies ist bekannt und die Österreichische Gesellschaft für Psychologie hat es in einer Untersuchung im Auftrage der österreichischen Forschungsgesellschaft für Wohnen, Bauen und

Planen im Frühsommer 1971 einmal mehr nachgewiesen. »Die seelenlosen Menschensilos der Großstädte vergiften unsere Psyche«, faßte der Präsident der Gesellschaft, Dr. Maximilian Piperek, das Ergebnis der Untersuchungen zusammen. Bauplanung und Ausführung im Dienst von Profitinteressen führen zu kleinen, schlecht isolierten, zu dicht beieinanderliegenden Wohnungen in Mammuthäusern, die das Individuum zur menschlichen Ameise degradieren. Die Folgen sind steigende Aggressivität, leichte Erregbarkeit, Mangel an Konzentrationsfähigkeit, Angst und seelische Krankheiten aller Art. Daher liegen auch die Selbstmordraten in diesen Wohngettos höher. Die Forderung von Medizinern, Soziologen und auch Architekten, bei der Bauplanung endlich psychologische und medizinische Erkenntnisse zu berücksichtigen, verhallt ungehört. Wer gar die Notwendigkeit eines Bau-Psychologen erhebt, fällt als naiver Utopist allgemeiner Heiterkeit anheim. Echte Bedürfnisse bleiben in einer Konsumgesellschaft Mangelware, daher schätzen sich Konsumenten glücklich, wenn sie so eine »moderne« Wohnung ergattert haben. Die Schäden dieses legalen, gleichwohl kriminellen Profitstrebens bezahlen der Betroffene und die Allgemeinheit. Die Nachteile des Kapitalismus werden von jeher sozialisiert.

Die Trennung der Privatsphäre von der öffentlichen, die Attraktion des privaten Raumes durch Freizeit und scheinbar frei entscheidbare Konsummöglichkeiten einerseits und die sich verstärkenden Anpassungszwänge des öffentlichen Raumes andererseits haben zur Folge, daß der Mensch seine Befriedigung in seiner Rolle als Privatmann sucht und findet, nicht jedoch in seiner Rolle als Arbeitnehmer und Staatsbürger. Für ihre Abwesenheit von der Politik werden die Massen also entschädigt, Privatsphäre, Freizeit und Konsummöglichkeiten sowie die tolerierten Lockerungen repressiver Moralnormen müssen als Entschädigungen gelten. Mitbestimmung etwa, die Teilnahme an Entscheidungsprozessen, die wiederum Konzentration und kritische Auseinandersetzung mit Informationen bedingte, ist uninteressant, weil sie auf Kosten der privaten Freizeit ginge. Politisches Denken und kritisches Reflektieren lösen bei psychisch Infantilen Unlust aus (hohe Intelligenzleistungen im Beruf bleiben davon unberührt). Dabei leuchtet ein, daß Reformen und Veränderungen nicht in der Privatsphäre, sondern nur in der öffentlichen durchgesetzt werden können. Die in die Privatsphäre geflüchteten Massen fehlen bei der Gestaltung der Gesellschaft, die Entscheidungen bleiben Elitegruppen vorbehalten, den Vorständen von Parteien, Organisationen, Verbänden und der staatlichen Bürokratie, die nahezu selbständig untereinander von Fall zu Fall konkurrieren oder aber zusammenarbeiten. Wissenschaft und Technik, von Privatinteressen geleitet, ergeben dann als sog. »Sachzwänge« eine wirksame Ideologie, die bestehenden Verhältnisse zu rechtfertigen oder Entwicklungen als so und nicht anders möglich erscheinen zu lassen.

Das kann an einem Beispiel einsichtig demonstriert werden. Die Großindustrie unterhält – sicherlich ihr gutes Recht zunächst – ein Zukunftsforschungsinstitut, das über großzügige finanzielle Mittel verfügt und in dem wissenschaftliche Kapazitäten ersten Ranges arbeiten. In diesem Institut ist auch die gesamte Automobilindustrie vertreten. Es versteht sich daher von selbst, daß die Zukunft, hier das Verkehrssystem, nach den Interessen der Automobilindustrie verplant wird und nicht nach denen eines optimalen Verkehrssystems, denn es sind mehrere alternative »Zukünfte« möglich. Den politischen Entscheidungsträgern und der Öffentlichkeit wird es indessen nicht möglich sein, dieser mit allem wissenschaftlichen Aufwand betriebenen und alle technischen Möglichkeiten berücksichtigenden, alle verfügbaren Informationen auswertenden Planung ein Alternativmodell entgegenzusetzen, weil die fachliche Kompetenz schlicht und einfach fehlt. Der totalitären Logik der vollendeten Tatsachen werden sie sich nur fügen können.

Die Privatinteressen werden dabei von diesen »Sachzwängen« verdeckt, deren Kompliziertheit dem einzelnen nicht mehr begreifbar ist. Die ökonomischen und gesellschaftlichen Prozesse werden nicht mehr durchschaubar, der Bereich der Öffentlichkeit erscheint als Schicksal, gegen das man nichts ausrichten, vor dem man sich aber in die Privatsphäre retten kann.

Der einzelne Arbeitnehmer übersieht ja kaum noch den Produktionsprozeß in seinem Betrieb. Er ist am Produkt nur mit wenigen Handgriffen beteiligt, das ihm dadurch fremd bleibt, Gestaltungswillen und Phantasie bleiben gleichsam gestaut, die Arbeit befriedigt nicht, sondern frustriert. Hinzu kommt, daß die Entscheidungsinstanzen in Großbetrieben in dem Maße anonym werden, als Persönlichkeiten nicht mehr als Autoritäten sichtbar werden. Dem einzelnen Arbeitnehmer fehlen konkrete Objekte als Ziele für seine Sympathie, Wünsche, Hoffnungen oder für seine Kritik. Der Fabrikherr macht nicht mehr die Runde durch seinen Betrieb, begleitet von den verstohlenen Flüchen seiner Arbeiter. Die Herren des Managements bleiben unsichtbar, »die dort oben« sind für den »kleinen Mann« nicht zu sprechen, er ahnt nur ihre Gegenwart und weiß um ihre Macht.

Die beiden Industriesoziologen Horst Kern und Michael Schumann haben in ihrer außerordentlich gründlichen und detaillierten Untersuchung »Industriearbeit und Arbeiterbewußtsein« diese Zusammenhänge (einmal mehr) aufgedeckt. Sie meinen, die industrielle Entwicklung habe bis heute dazu beigetragen, den Arbeitern die tatsächlichen Herrschaftsverhältnisse in der Gesellschaft und im Betrieb noch mehr zu verdecken. Der Arbeiter kennt seine Unterprivilegisierung, sein relativ geringes Einkommen, die kaum weitere Chancen eröffnen, sie stoßen ihn ja mit der Nase darauf, und er weiß recht gut, daß ihm nichts anderes übrigbleibt, als sich zu unterwerfen unter Entscheidungen, an denen er nicht beteiligt ist. Er sieht auch zuweilen überraschend klar hinter die Schleier der bürgerlichen Ideologie, die ihm einredet, wer es zu nichts bringt, sei selber schuld.

Die Frage, weshalb die Widerstandsbereitschaft und politisch-gesellschaftliches Engagement trotz dieses Bewußtseins nicht größer sind, kann nur psychologisch beantwortet werden. Der Betrieb ist schließlich nur ein Teil der Gesellschaft; aus der Summe seiner Erfahrungen in der öffentlichen Sphäre rührt eine tiefe Unsicherheit des Arbeiters (ähnliches gilt vom Angestellten, der sogar, nach Leo Kofler, noch weit angepaßter und »unbewußter« ist), »daß die Gesellschaft ihn im Prinzip in der Situation individueller Ersetzbarkeit beläßt und ihm daher die Garantie stabiler Lebensverhältnisse unter Beibehaltung des einmal erworbenen Status verweigert« (Kern/Schumann). Wieder stoßen wir auf das Phänomen der Angst, die sich um so mehr vergrößert, als die Privatsphäre attraktiver geworden ist; der Arbeitnehmer meint, er könne etwas verlieren. Diese Angst läßt es nicht zu, in der Produktionssphäre um politische Interessen zu kämpfen wie etwa um die Mitbestimmung oder um die Vermögensverteilung, um die Humanisierung des Arbeitsplatzes (einem Problem, dem Kern und Schumann mit Recht größte Bedeutung beimessen, weil es zur psychischen Verkümmerung beiträgt), an den Produktionszielen usw. Wie die berühmten Septemberstreiks des Jahres 1969 deutlich gezeigt haben, sind Arbeiter nur dann zu Widerstand bereit, wenn sie sich in der Höhe des Tariflohns übervorteilt fühlen, d. h. wenn die Konsummöglichkeiten gefährdet erscheinen. Kern und Schumann verwiesen darauf, daß die Erfüllung von Konsumwünschen, die in der Privatsphäre reifen, das im entfremdeten Produktionsprozeß erniedrigte Selbstwertgefühl selbst von Facharbeitern stabilisiert bzw. wieder aufrichtet. »Sollte sich diese Tendenz zur verstärkten Bindung an die Privatsphäre stabilisieren, dann wird der qualifizierte Automationsarbeiter kaum mehr ein Klassenbewußtsein im herkömmlichen Sinne entwickeln.« Damit verschwindet das »politische« Interesse selbst einer Elite unter der Arbeiterschaft; die Engagementbereitschaft für gewerkschaftliche oder gesellschaftliche Probleme, für »politische« Probleme des öffentlichen Bereichs, ist gering. Der Arbeiter ist, obschon keineswegs zufrieden, so doch aus Angst am Status quo fixiert und nur an prozentualen Einkommensverbesserungen oder konkret an Schutzmaßnahmen interessiert: Diese gewinnen damit objektiv die Funktion von Entschädigungen dafür, daß der Arbeiter »nicht mehr die totale Negation des kapitalistischen Systems darstellt« (Ernst Fischer), sich also aus der öffentlichen Sphäre, zu der der Produktionsprozeß gehört, zurückgezogen hat in seine Privatsphäre.

Ähnlich verhält sich der Arbeitnehmer als »Bürger« gegenüber der staatlichen Bürokratie. Die Verwaltungen der Großstädte sind unübersehbare Apparate geworden. Der Bürger weiß, daß sie ihn beherrschen, und je weniger er diese Apparate durchschaut, desto mehr hat er das Gefühl des Ausgeliefertseins an Übermächtiges. Gegen Gesetze, Erlasse, Verordnungen, Vorschriften und die genormten Formulare des Instanzenweges muß bereits der Gedanke an Widerstand, selbst an ein Sich-Mitteilen, an ein Sich-Aussprechen verdrängt werden. Die Kontaktpersonen am Fuße des hierarchischen Apparates sind selbst nur kleine Sachbearbeiter, die allenfalls Auskunft geben können, aber ansonsten inkompetent sind für individuelle Probleme. Gegenüber diesem Apparat fühlt sich der Bürger hilflos, klein und ohnmächtig, ungerechte Behandlung aufgrund von Irrtümern oder Willkür wird meist geschluckt und hingenommen, vielfach ist der Bürger infolge der Kompliziertheit der Verwaltung gar nicht in der Lage, seine Rechte wahrzunehmen, falls man ihn nicht darauf aufmerksam macht. Die Tatsache, daß dem Staat jährlich Milliardenbeträge geschenkt werden, weil seine Bürger ihre Ansprüche, Rechte und sozialen Möglichkeiten nicht kennen, etwa beim Wohngeld, Lohnsteuerjahresausgleich, Rentenberechnung (jede sechste Rente ist irrtümlich zu niedrig!) usw., zeigt, daß die Entfremdung vor dem bürokratischen Apparat jede Orientierung verlorengehen ließ.

Was Schumann und Kern für die Arbeitswelt konstatierten, gilt auch hier: Politisches Engagement schwindet, die Ansprüche an den bürokratischen Apparat reduzieren sich auf einige Versorgungserwartungen, der Bürger wird zum entpolitisierten Untertan. Der bürokratische Apparat vor allem in den Großkommunen ist dabei, die Idee der Demokratie, die auf die Teilnahme des politisch »räsonierenden« Privatmannes angewiesen ist, abzuwürgen. Autoritäre, faschistische Regimes hätten »zu ihrer Stunde« kaum ernsthaften Widerstand eines kollektiv-demokratischen Bewußtseins zu überwinden.

Vollends bleiben die großen gesellschaftlichen und politischen Prozesse unbegriffen. Die Auseinandersetzungen beispielsweise um die Europäische Wirtschaftsgemeinschaft, um die Lösung der jüngsten Währungskrise oder um die Reform des Bildungswesens und des Steuersystems spielen sich vor einer orientierungslosen, entpolitisierten Öffentlichkeit ab. Die Kompliziertheit des Geschehens wirkt wie ein Informationsstopp, der den »Durchschnittsbürger« gewissermaßen aus der Realität drängt und ihn offen macht für Realitätsersatz in Gestalt von — bestenfalls — Vorurteilen, oder auch Ideologien oder eines starken Mannes. Politiker und wohl auch einsichtige Journalisten sind ohne Illusionen über die demokratische Stabilität unseres Staatswesens, wenn infolge einer krisenhaften Entwicklung die Privatsphäre und ihre Konsummöglichkeiten einmal ernsthaft gefährdet sein sollten.

Die Privatsphäre ist in den spätkapitalistischen Demokratien zum entscheidenden Stabilisator (oder Risiko) des politischen Systems insgesamt geworden, da sie Ventil für außen erworbene Aggressivität ist, ein Raum, wo Angst sich in etwa wieder beruhigt, eine Sphäre, die, wenn auch nur zum Schein, Entscheidungs- und Gestaltungskompetenz ermöglicht, also erniedrigte Ich-Kräfte wieder in Gang setzt, indem sie suggeriert, beeinflußbare Realität zu sein.

Die Privatsphäre ist insgesamt eine Entschädigung, mithin Manipulation. Psychoanalytisch formuliert: Die unbegreifbar, zum Schicksal gewordene Sphäre der Öffentlichkeit läßt kritische Ich-Tätigkeit nicht mehr zu, weil die Orientierung verlorengegangen ist. Dieses Gefühl der Hilflosigkeit und des Ausgeliefertseins erzwingt einen Rückzug auf das eigene Selbst, es ist eine »Regression« auf eine infantile, narzißtische Stufe; die in der öffentlichen Sphäre aufgestaute Aggressivität mildert sich dabei zu einem Teil in der »Erwerbsaggression« (Mitscherlich).

Unbegriffenes Schicksal, das Gefühl, keinen festen Boden unter den Füßen zu haben und keine Garantien auf sicheren Besitz und Genuß des bereits Erworbenen oder Erwünschten, erzeugt Angst; Angst bewirkt Realitätsverlust. Fünf Prozent Preissteigerungen beispielsweise erzeugen Angst, weil sie Erworbenes, die Konsummöglichkeiten der Privatsphäre, unmittelbar gefährden. »Die Bedingungen, unter denen Gratifikationen gewährt werden«, werden nicht beherrschbar (Horn). Diese Angst, die sich in diesem Falle außerdem auf konkrete Inflationserfahrungen berufen kann, ist so groß und so »realitätsfremd«, daß sie, wie Umfrageergebnisse immer wieder zeigen, zugunsten von konstanten Preisen lieber auf reales Einkommenswachstum verzichtet. Die Einsicht, daß 10 Prozent Lohnerhöhungen bei fünf Prozent Preissteigerungen ein Plus von fünf ergibt, kann offenbar nicht mehr geleistet werden.

Die Politik hat dieser Angst Rechnung zu tragen: Reformen werden ungeachtet ihrer Dringlichkeit aufgeschoben (und somit zum wichtigsten Instrument der Konjunkturpolitik), weil sie die privaten Lebenshaltungskosten verteuern. Die privaten Konsumbedürfnisse haben Vorrang vor den echten Bedürfnissen (Umweltschutz, Krankenhäuser, Schulen, Kindergärten usw.)

4. Gesellschaftlich erworbene Angst wird »privatisiert«

Angst und Ohnmacht müssen aber irgendwie abgewehrt werden, der amerikanische Psychoanalytiker Kurt Eissler sieht den Bürger in den technisch verwalteten, unbegreifbar gewordenen Gesellschaften ohnehin in der gleichen Situation wie den Soldaten innerhalb der Kriegsmaschinerie.

Wieder bietet sich die Privatsphäre an. Der in der Produktionssphäre, durch die unverstandenen Rollenanforderungen oder angesichts des schicksalhaften Ganges der gesellschaftlichen Entwicklung geängstigte Mensch nimmt seine Angst und Ohnmacht und das ausgelöste oder gesteigerte Aggressionsbedürfnis in die überschaubare Privatsphäre mit. Die Konflikte, die in der öffentlichen Sphäre hätten gelöst werden müssen, aber infolge der repressiven Anpassungszwänge nicht gelöst werden konnten, werden hier ausgetragen. Gesellschaftlich verursachte Konflikte werden »privatisiert«.

Diese Vorgänge sind häufig genug augenscheinlich und banale Alltagserfahrungen. Der ermüdete Vater beispielsweise läßt seiner Gereiztheit gegenüber Frau und Kindern freien Lauf; er explodiert bei der geringsten Kleinigkeit. Der Beweis seiner Stärke (Omnipotenz) entspannt ihn seelisch, der »primitive« aggressive Akt richtet sein gedemütigtes Selbst wieder auf. Je geringer der Prestigewert seines Berufes ist, je nervlich oder körperlich verschleißender seine Tätigkeit, je weniger schöpferische Entfaltungsmöglichkeiten sie bietet, je tiefer er in der Betriebshierarchie steht, desto häufiger wird sich solches Verhalten finden. Es ist fast die Norm in den unteren sozialen Schichten.

Der Unterdrückte reproduziert seine eigene Unterdrückung, die Herrschafts- und Interessenstrukturen in der öffentlichen Sphäre bleiben unangetastet.

Nun sind die Familienangehörigen kein ausreichendes Objekt für die Frustrationen aus dem Produktionsprozeß und für den Zwang zum aggressiven Omnipotenzbeweis. Es bieten sich vielfache und sublimierte Möglichkeiten für Verdrängung oder projektive Abwehr von Angst an. Suchtformen wie Trinken, die Zeit im Wirtshaus verbringen, Lotto- und Toto-Spielen usw. helfen, Realität zu verdrängen oder zu vergessen und von einer besseren Welt zu träumen.

Sehr viel direkter und lustvoller kann man den Omnipotenzbeweis beim Autofahren erbringen, was mittlerweile unsere Straßen zu Stätten eines immer heftiger werdenden Bürgerkrieges werden ließ. Die Abgeschiedenheit des Wagens suggeriert Freiheit von jeglicher Kontrolle und suspendiert offenbar jedes Verantwortungsbewußtsein, das sonst erzwungen wird, aber

kaum etwas anderes als Anpassungszwang ist. Die Beherrsch-
barkeit des Wagens und seiner Kraft kommt dem geschwächten
Ich zugute und mindert die Vorsicht vor der allgegenwärtigen
Gefahr. Der größere oder schnellere Wagen des Überholenden
trifft jedoch das Selbstwertgefühl und ruft Vergeltungs- und
Haßgefühle wach; plötzlich sitzt im schnelleren oder größeren
Wagen möglicherweise der Vorgesetzte, den man nun durch ris-
kantes Fahren in Angst und Schrecken versetzen kann. Oder aber
das verinnerlichte Konkurrenz- und Leistungsmotiv bestimmt
die Fahrweise, ebenfalls eine Form des Omnipotenzbeweises,
und schaltet alle Gefahrensignale und alle Rücksichten aus.
Nicht weniger hart tobt sich der Leistungs- und Konkurrenzkampf aber als Konsumverhalten selbst aus.
Während eine Richtung der Psychologie (in der Nachfolge Alfred Adlers) das Geltungsstreben des Menschen als eine Art
Urinstinkt versteht, müssen verschiedene Verhaltensweisen in
der Privat- und Freizeitsphäre doch wohl eher als infantile,
wenig reflektierte Formen des Handelns und Verhaltens gesehen werden.
Die Sucht nach Anerkennung und Prestige mittels vorzeigbarer
Konsumobjekte deutet auf schwere Verlusterlebnisse während
der Kindheit hin, an ständige Erschütterungen des Selbstwertgefühls während des Sozialisationsprozesses. Der komfortab-
lere oder schnellere Wagen, der schönere Garten, die besser
angezogenen Kinder, die weitere und teurere Reise, die brau-
nere Bräune, der automatische Filmapparat sind alles gewiß
gute und nützliche Dinge, sie erhalten ihren psychologischen
Stellenwert indes durch den Komparativ: Man kauft sie häufig
des Nachbarn wegen, es sind Statussymbole und Konkurrenz-
erfolge, hinter denen sich Erfahrungen der eigenen Minderwer-
tigkeit verbergen. Wer diesen Konsumwettkampf in der Privatsphäre, der zum massenhaften Ich-Ideal geworden zu sein
scheint, nicht mitmacht, riskiert Ausschluß aus der Gruppe und
Prestigeverlust. Das signalisiert wiederum Angst und Scham
vor Ablehnung wie beim Kind, das von seiner Gruppe zum
»outsider« erklärt wurde und deswegen todunglücklich ist. Es
ist eine Form erzwungener Anpassung und »Fixierung auf einer
präödipalen Stufe«, »richtiges Verbraucherverhalten«, ohne das
ein konsumorientiertes Produktionssystem nicht mehr existie-
ren könnte.
Die Verbrauchsgüter sind die Prämien für diese Anpassung.
»Die Palette der Befriedigungsmöglichkeiten für kurzfristig zu
stillende Bedürfnisse ist groß, solange einer sich anpaßt. Weil
auch diese Lust auf dem Niveau der Sucht nach Ewigkeit verlangt, werden politische Alternativlösungen als beunruhigend,
ja als gefährlich empfunden. Sie sind häufig mit der Phantasie
verknüpft, daß es einem dann materiell schlechter gehen wird.

Politische Apathie entspringt unter den gegebenen gesellschaftlichen Verhältnissen dem Lustprinzip auf einer sehr niedrigen Entwicklungsstufe des Ich«, heißt es bei Horn (»Über den Zusammenhang zwischen Angst und politischer Apathie«). Die Phantasie lenkt ab von der unbewußt als schmerzlich empfundenen Tatsache, daß der einzelne dort, wo die Entscheidungen fallen, am Arbeitsplatz und im politischen Raum, ein ohnmächtiges Rädchen ist, das sich nicht einmal der Bedingungen der materiellen »Prämien« sicher sein kann, das sich aber gerade wegen dieser Unsicherheit desto williger unterwirft. »Sozialisierten Narzißmus« nannte Theodor W. Adorno diesen Rückzug auf sich selbst in der Privatsphäre, um sich im Konsumwettkampf zu versichern, daß man noch jemand sei.

Aber diese infantile Haltung ist politisch bedeutsam, darauf sollte immer wieder verwiesen werden. Eine Gefährdung dieser Erwartungshaltungen über eine bestimmte Verunsicherungsgrenze hinaus, etwa durch eine Wirtschaftskrise, riefe unvorhersehbare Reaktionen heraus, infantile Trotzreaktionen, die reaktionäre und rechtsradikale Kräfte beleben würden. Der Unmut wäre aber nicht in der Lage, die objektiven Ursachen auszumachen und die hinter ihnen stehenden Interessen, sondern würde die Krise personalisieren: Er würde im besten Falle die im Vordergrund sichtbar agierenden Politiker haftbar machen, vor allem, wenn es unterschwellig suspekte Sozialdemokraten sind, oder Minderheitengruppen wie die »Linken«. Vor 40 Jahren waren es notabene »die« Juden. »Für die in Frage stehenden narzißtischen Strukturen ist eine äußerst geringe Unlusttoleranz hinsichtlich der Bedürfnisbefriedigung charakteristisch«, heißt es bei Horn weiter. Einfacher und politischer formuliert hieße das, die Bevölkerung der Bundesrepublik wäre nicht bereit, den Gürtel im Privatbereich enger zu schnallen, um in der Zukunft lebenswichtige Reformen zu bezahlen (soweit dies die Absatzinteressen der Industrie zuließen). Die politisch Agierenden wissen, daß die Fähigkeit zur Realitätsvermittlung bei politisch Unmündigen unterentwickelt ist und sie verhalten sich entsprechend. Die Ideologisierung der Privatsphäre und des kleinen Besitzes verhindert, im kollektiven Eigentum einen Wert zu sehen. Gleichzeitig stellt sie eine seltsame Solidarität her zwischen den Habenichtsen und den Vermögenden (denn Vermögen ist weder das kleine Häuschen noch die Lebensversicherung oder der Prämiensparvertrag, sondern einzig sich vermehrendes, nicht für den Konsum bestimmtes Produktivkapital), die die Interessen des Großbesitzes sichern. Aber während der kleine Privatmann in seine Privatsphäre geflüchtet ist und sich apolitisch verhält, aus Angst sich am Status quo festklammernd, zwingt Produktivvermögen und Besitz an Produktionsmitteln aus sich selbst zu politischem Verhalten und zur Teilhabe an politischen und sozio-ökonomischen Entscheidungen. Wer täglich die Aktienkurse studiert, um sich über den Stand seines Vermögens zu informieren, verhält sich politisch. Die Partner des Staates sind daher nicht die vielen kleinen Privatleute, die übergroße Mehrheit, sondern die wenigen Besitzenden, die aber ebenfalls am gesellschaftlichen Status quo interessiert sind.

Obwohl also die Privatsphäre nur scheinbar von der Produktionssphäre getrennt ist, erlebt sie der einzelne als getrennten, autonomen Bereich, in dem er der Herr ist. Lediglich die Angst vermittelt den Zusammenhang der beiden Sphären; aber diese Angst wird nicht bewußt, sondern äußert sich lediglich in feststellbarem Verhalten. Die Privatsphäre ist notwendiger Teil des Produktionssystems selbst, sie erlaubt Verhaltenskontrolle ohne jeden autoritären Druck und ohne ein strenges moralisches Normensystem.

Insofern vermittelt sich auch die bürgerliche Leistungsethik eher über die Angst als über autoritären Druck. Der Privatmann empfindet, daß seine Arbeitskraft und der für sie getauschte Gegenwert, der Lohn, in Wahrheit sein einziger Besitz ist. Die Sorge um die »Qualität« dieser Produktivkraft, d. h. die Sorge um die fachliche Ausbildung, bleibt dem einzelnen überlassen. Jeder ist seines Glückes Schmied. Von der Arbeitskraft hängt der soziale Standort des einzelnen ab; der Prestigewert eines Berufes und sein Tauschwert (die Höhe des Einkommens) entscheiden innerhalb der bürgerlichen Leistungsethik gleichzeitig über die »menschliche Qualifikation« (nicht entscheidend ist die soziale Nützlichkeit. Ein Müllfahrer oder ein Kanalreiniger beispielsweise verrichten unter Umständen eine sozial nützlichere Arbeit als ein promovierter Karosseriekonstrukteur. Gleichwohl ist das gesellschaftliche Ansehen und das Einkommen des Müllfahrers gering, das des promovierten Karosseriekonstrukteurs dagegen hoch.). Die Arbeitskraft als einziger produktiver Besitz, die gleichzeitig über den sozialen Status entscheidet, läßt beide, den Arbeiter wie den leitenden Angestellten, am Status quo festhalten. Der Verlust des Arbeitsplatzes weckt schicksalhafte Angst, da er die Privatsphäre gefährdet. Der soziale Unterschied zwischen dem, der arbeiten kann und dem, der nicht arbeitet, dem Invaliden, dem Rentner usw., ist nicht nur sichtbar in den beschränkten Konsummöglichkeiten aufgrund geringeren Einkommens, sondern deutlicher noch in der gesellschaftlichen Ausschließung und Isolierung. Insofern wird der »Arbeit-Geber« zum Beauftragten eines gütigen Schicksals. Arbeiten wird innerhalb eines Systems, das keine Garantie auf Arbeit und sicheres Einkommen gewährt und somit ständig Unsicherheit aufrechterhält, zur Gnade. Arbeit ist wie eine Ware dem marktwirtschaftlichen Prinzip von Angebot und Nachfrage unterworfen. Insofern hat der »Arbeit-Nehmer« alles Interesse an der Aufrechterhaltung des gegenwärtigen Produktionssystems und seinen gewährten sozialen und materiellen Entschädigungen. Er wird es nicht durch Reformwillen und Widerstand, nicht einmal durch Anspruch auf politisches Mitspracherecht, gefährden wollen.

Das unterscheidet den Arbeiter heute vom Proletarier vor 60, 70 oder 100 Jahren, der wegen der kümmerlichen, lebensbedrohenden Verhältnisse zumindest in der verbalen Drohung eher bereit gewesen wäre, die herrschenden Strukturen des kapitalistischen Systems zu zerschlagen (falls sich eine Konstellation entwickelt hätte, die das Über-Ich, die innerpsychische Exekutive gesellschaftlicher Normen, abgebaut hätte. Im übrigen ist noch bei alten Sozialdemokraten bemerkenswert deutlich eine große Unabhängigkeit, ja Souveränität festzustellen gegenüber der Sucht nach Wunschbefriedigung mittels kurzlebiger Konsumgüter. Entsprechend sind ihre politische Kritikfähigkeit und ihre gesellschaftliche Engagementbereitschaft immer noch wach!).

Die Integration der Privatsphäre in das gesamte System mit Hilfe von Angst zeigt sich nicht zuletzt darin, daß etwa jeder dritte Verbraucher verschuldet ist und auf Kredit konsumiert. Das Kredit- und Abzahlungssystem ermöglicht nicht nur dem Geldgeber gute Gewinne und erleichtert die Kaufentscheidung, dient somit den Absatzinteressen, sondern fördert die Anpassungsbereitschaft an die bestehenden Verhältnisse. Die Gewährung eines Kredits oder die Ermöglichung von Ratenzahlungen gilt beim kleinen Verbraucher als Gunstbeweis, er ist vertrauenswürdig und fühlt sich zu Dank verpflichtet; die dahinterstehenden Interessen verdecken sich ihm. Die monatliche Rate ist aber unbewußt eine deutliche Warnung und Mahnung, sich auch ja als »guter« Bürger zu verhalten und als gehorsamer Arbeitnehmer, der sich zu keinen Dummheiten wie etwa zu Streiks hinreißen läßt. Denn ein Streik könnte Einkommensausfall zur Folge haben, dann kann die Rate nicht bezahlt werden, dann kommt der Zahlungsbefehl und schließlich wird gepfändet. Das Verbraucher-Kredit- und das Ratenzahlungssystem sind ein Politikum allererstens Ranges, es stabilisiert die bestehenden gesellschaftlichen Verhältnisse und die sie leitenden Interessen.

Sie sind sogar einstweilen stabiler als je in der Geschichte, weil die gesteigerte Produktivität der weiterentwickelten Produktionsmittel und der Organisation es erlaubt haben, in der Privatsphäre ein Ventil zu schaffen, in der auch gesellschaftliche Konflikte als individuelle ausgetragen werden, in der sich soziale Renitenzbereitschaft (Kofler), die als Reformwillen fruchtbar werden könnte, selbst absorbiert. Gleichzeitig wird Angst ins Unterbewußtsein abgedrängt. War ehemals Lustverzicht notwendig, erzwungen von einer strengen Moral, um angesichts des niedrigen Standes der Produktivkräfte und der gesellschaftlichen Organisation die notwendige Arbeitsdisziplin zu erzielen, so ist heute Lust gefordert, als Konsum in der Privatsphäre. Dies bedingt gleichzeitig eine Lockerung der sexualmoralischen Normen und anderer Konventionen, die ehemals als Werte des Menschseins galten (z. B. Askese, Selbstzucht, Sparsamkeit, generell die Verachtung der schnöden materiellen Güter und das Streben nach »Höherem«).

Die Abhängigkeit der Moral, jeder Moral, von den sozio-ökonomischen Bedingungen ist augenscheinlich.

Der Freiheitsspielraum des einzelnen ist dabei gleichwohl begrenzt. Die Autoritäten, die ehemals ein sanktioniertes Verhalten erzwangen, haben sich scheinbar verflüchtigt. Verhaltenskontrolle und -steuerung geschieht mittels nicht als Zwänge erkannter Außenreize. Ein so ermöglichtes »adaptives Verhalten« ist aber stabiler als ein autoritär erzwungenes, weil es als freies Eigenverhalten erscheint. Gegen bewußt nicht wahrgenommene Außenreize ist keine aggressive Haltung möglich.

Das gegenwärtige hochkomplizierte gesellschaftlich-ökonomische System wäre sogar instabil, wenn es dem einzelnen, dessen wichtigste Funktion ja die des Verbrauchers ist, Freiheit und Entscheidungskompetenz beließe.

Das läßt sich leicht an einem Beispiel erläutern. Eine Automobilfabrik — das gilt für jedes Unternehmen —, die viele Millionen Mark für die Entwicklung eines Autotyps ausgibt und sich dabei möglicherweise hoch verschuldet, ginge ein unverantwortlich großes Risiko ein, wollte sie die Kaufentscheidung einzig dem Verbraucher überlassen. Die Kaufentscheidung muß daher geplant werden, sie muß kalkulierbar werden, ja gestaltbar und beeinflußbar.

Dem dient die Absatzstrategie, die entworfen wird von einem Team hochqualifizierter Fachleute. Das Produkt wird einmal dem genau erforschten Geschmack des in Frage kommenden Kundenkreises (der Zielgruppe) angepaßt (und nicht in erster Linie den Möglichkeiten optimalen Funktionierens, der Dauerhaftigkeit — der Verschleißeffekt wird mit eingebaut — oder dem Sicherheitsbedürfnis), gleichzeitig aber der Geschmack des Kundenkreises für das Produkt geweckt: Der Kaufwille des potentiellen Kunden wird geformt. Die bis ins letzte verfeinerten Techniken der Marktforschung, Verkaufsstrategie und Werbepsychologie, die aufgrund genauester wissenschaftlicher Kenntnis der Psyche des konsumbereiten Privatmenschen entwickelt worden sind, unter Berücksichtigung seiner gesamtgesellschaftlichen ambivalenten Situation, nehmen ihm letzten Endes die Kaufentscheidung ab. Das Produktionsrisiko mildert sich außerdem dadurch, daß der Kunde meist nur zwischen

qualitativ und preislich in etwa gleichen Artikeln wählen kann. Daß der Kunde König sei, glaubt nur noch der Kunde selbst. (Entsprechendes gilt für den »König Wähler«. Der gesellschaftlich-institutionelle Rahmen läßt den Parteien nur einen relativ geringen Spielraum, der unter den gegebenen Verhältnissen andererseits auch nicht unterschätzt werden sollte.)
Gerade an der Automobilwerbung lassen sich einige Aspekte der Psychologie der Werbetechnik zusammengerafft darstellen: Sie zielt auf den Geltungsdrang des in der Arbeitswelt erniedrigten Menschen (der Wagen wird zum Gradmesser der gesellschaftlichen Stellung), auf seinen Zwang zum Omnipotenzbeweis (das Auto vermittelt überlegene, aggressive, aber gehorsame Kraft), auf seine Sehnsucht nach Freiheit (das Auto gibt das Gefühl, nicht an einen Ort gebunden zu sein), auf seine Sehnsucht nach Jugendlichkeit (die Wagentypen wechseln wie die Mode und werden »immer jugendlicher« und »temperamentvoller«) und schließlich auf seine sexuelle Potenz (die »männliche« Kontur des Wagens kontrastiert erfolgreich zu fragilen, zarten Werbedamen und überträgt sich auf seinen Besitzer; die Anpreisung der Liegesitze weckt unverhohlen Assoziationen an ein Liebesbett. Jugendlichen, denen eine strenge Sexualmoral die geschlechtliche Vereinigung in der elterlichen Wohnung verbietet, wird hier offen eine Ausweichmöglichkeit angeboten . . .).

5. Die Funktion des Staates: »crisis-management«

Der Staat selbst unterstützt dabei die Absatzinteressen der Industrie; er trägt zuweilen sogar den Verbraucherwünschen Rechnung, um die echten Bedürfnisse seiner Bürger zu vernachlässigen. Während in modernen, mit öffentlichen Mitteln geförderten Neubaugebieten Kindergärten, Spielplätze, Bürgerhäuser, Altenheime usw. Mangel sind, gehört es zum selbstverständlichen Service, daß für teures Geld Parkplätze für Autos zur Verfügung gestellt werden. Das Wohngebiet insgesamt bleibt kinder- und allgemein sozialisationsfeindlich, den psychischen Bedürfnissen seiner Bewohner hohnsprechend — aber es ist »autofreundlich«.
An diesem Beispiel werden einige der oben geschilderten Zusammenhänge deutlich: Erstens, daß es sehr wohl möglich ist, zwischen »falschen« und »wahren« Bedürfnissen zu unterscheiden (genauer: zwischen sekundären, d. h. weniger notwendigen, und primären, d. h. vorrangig notwendigen. Parkplätze sind sicher notwendig; sie werden erst dann ein »falsches« Be-

dürfnis, wenn ihretwegen dringlichere, obschon nicht als solche erkannte Bedürfnisse zurücktreten müssen). Diese Unterscheidung muß auch dann gelten, wenn der Hinweis auf die hervorragende wirtschaftliche Bedeutung der Autoindustrie (jeder siebente Arbeitnehmer ist von ihr abhängig) den Bau von Parkplätzen zu einem »echten« Bedürfnis zu machen scheint.

Zweitens zeigt dieses Beispiel, daß die Bewohner solcher Wohnsiedlungen selbst eher auf die Befriedigung der »falschen« Bedürfnisse bestehen, als auf die Erfüllung der echten. Eine Wohnsiedlung ohne Parkplätze erschiene als Schildbürgerstreich, als grotesk, sie könnte vermutlich gar nicht funktionieren, weil ein Chaos entstünde. Eine Wohnsiedlung ohne Kindergärten, Spielmöglichkeiten, Erholungs- und Begegnungszentren, ohne Kontaktmöglichkeiten, eine inhumane kurzum und menschenfeindliche gilt dagegen fast als Norm — und sie funktioniert zudem. Die Folgen (psychische Krankheiten, Aggressionsneigung, Selbstmorde usw.) können »privatisiert« werden, sie stellen kein öffentliches Problem dar.

Der Staat muß sich daher unter den Bedingungen des Spätkapitalismus an realen, nicht an wünschenswerten oder dringend notwendigen Bedürfnissen und Erwartungshaltungen der entpolitisierten Massen orientieren. Obwohl die Massen an den Entscheidungen nicht beteiligt sind, liegt der wunde Punkt für eine rationale, an der Realisierung echter Bedürfnisse orientierten Politik darin, daß die Enttäuschung dieser Erwartungshaltungen alle vier Jahre mit dem Stimmzettel heimgezahlt werden kann. In der Praxis wird ein Grundwiderspruch der Demokratie sichtbar, das Auseinanderklaffen ihrer Idee und der Wirklichkeit. Das demokratische System setzt den kritischen, kompetenten, zur Diskussion und Teilhabe an politischen Entscheidungen bereiten Bürger voraus. Da er nicht vorhanden ist, verabsolutiert sich die Exekutive, und das Parlament erleidet einen Funktionsverlust. Urs Jaeggi hat nachgewiesen, daß die Interessengegensätze einer »pluralistischen« Gesellschaft die Gewaltenkontrolle nicht ersetzen können: die ökonomischen Interessen des Kapitals setzen sich — ohne Kontrolle — durch. Gerhard Schröders Wort als Innenminister: »Die Masse ist zugleich anspruchsvoll und verantwortungslos«, könnte der Seufzer des politisch Einsichtigen sein, wenn es nicht zynisch gemeint wäre, d. h. außer acht ließe, daß das Verhalten der Masse geplantes Produkt des Produktionsverhältnisses ist.

Drittens schließlich kann aus diesem Beispiel gefolgert werden, daß die »falschen« Bedürfnisse der Massen den Interessen derjenigen entsprechen, die über die Produktionsmittel verfügen; es ist gelungen, eine Interessenidentität herzustellen. Indem der Staat den Bau von Parkplätzen mit Steuermitteln ermöglicht, erfüllt er nicht nur die falschen Bedürfnisse der Konsumenten, sondern subventioniert gleichzeitig die Absatzinteressen der Produzenten.

Echte Bedürfnisse — Reformen — können unter kapitalistischen Bedingungen in der Regel nur partiell befriedigt werden. Der Staat, gegen den das Bürgertum einst die notwendige ökonomische Dispositionsfreiheit durchsetzte und politisch mit einer liberalen, parlamentarisch-demokratischen Verfassung absicherte, ist längst zum unentbehrlichen Nothelfer des spätkapitalistischen Systems und der es leitenden Interessen geworden. Politisches Handeln beschränkt sich immer mehr auf »crisis-management«, auf eine Konfliktvermeidungsstrategie (Habermas). Über Subventionen, Steuervergünstigungen, Kredite, Absatzgarantien, Aufträge (ohne die Großforschung nicht möglich, weil zu teuer und risikoreich wäre), Zölle, finanz- und währungspolitische Maßnahmen greift er laufend in den Wirtschaftsprozeß ein, um das ökonomische System zu stabilisieren, d. h. die »private Verfügungsgewalt über die Produktionsmittel« zu erhalten (so eine Gruppe Frankfurter Soziologen in ihrem Gemeinschaftsreferat »Herrschaft, Klassenverhältnisse und Schichtung«, gehalten auf dem 16. deutschen Soziologentag in Frankfurt/Main). Die zu Zeiten des Liberalismus einst »freie Marktwirtschaft« ist längst zu einem ideologischen Versatzstück geworden. Herrschte eine freie Marktwirtschaft ohne das regulierende Eingreifen des Staates, bräche das gesamte System zusammen.

»Innere Reformen«, d. h. die partielle Befriedigung echter Bedürfnisse, sind in diesem Rahmen nur insoweit möglich, als sie das System nicht gefährden und die Privatinteressen nicht schädigen. Die politische Entwicklung zeigt dies immer wieder: Während der sich im Frühsommer zuspitzenden Konjunktur- und Währungskrise strich die öffentliche Hand ihr Investitionsprogramm drastisch zusammen, nicht jedoch ihr Subventionsprogramm; das bedeutet: der Staat (Bund, Länder und Gemeinden) stellt weniger Geld zur Verfügung für Krankenhäuser, Schulen, Wohnungsbau, Stadtsanierung, Verkehrssystem, Umweltschutz usw. sowie für andere soziale Verbesserungen. Es wäre der umgekehrte Weg durchaus denkbar gewesen, der denselben Konjunkturdämpfungseffekt gehabt hätte: Steuererhöhungen, um Kaufkraft abzuschöpfen und so das Reformprogramm zu retten. Dies hätte aber Konsumverzicht bedeutet, was die gesellschaftlich vermittelte verkümmerte Realitätseinsicht ich-geschwächter Verbraucher nicht zugelassen hätte.

Die Frankfurter Soziologengruppe faßt die Funktion des Staates im Spätkapitalismus so zusammen (zit. nach Doris und Thomas von Freyberg »Zur Kritik der Sexualerziehung«): »Obwohl der ökonomische Prozeß nur durch den Staat und seine regulierenden Interventionen sich aufrechtzuerhalten vermag, behalten private Interessen doch den Primat vor öffentlichen. Private, von Gewinnerwartungen gesteuerte Investitionen sind die eigentlichen wachstumsaktiven Investitionen; sie bestimmen über die qualitative Struktur des Sozialprodukts und damit über die qualitative Richtung des Wirtschaftswachstums. Demgegenüber haben die Investitionen des Staates nur komplementäre (ergänzende) und subsidiäre (unterstützende) Funktionen: komplementär sind die Aufwendungen für die Infrastruktur und das Bildungssystem, subsidiär die für Wissenschaft und Forschung; sie schaffen die institutionellen und materiellen Voraussetzungen für die privatwirtschaftliche Expansion. Aus der Schlüsselrolle der privaten Investitionen folgen zwei Imperative, die die Wirtschaftspolitik des Staates beachten muß: 1. der Dispositionsspielraum privater Unternehmen muß gewahrt bleiben und 2. die ungleiche Einkommens- und Vermögensverteilung ist Resultat des Produktionsprozesses; den Versuchen, sie zu korrigieren, sind daher enge Grenzen gezogen. Diese restriktiven Bedingungen lassen sich exemplarisch an der Einkommensverteilung studieren.«

In diesem Zusammenhang muß angemerkt werden: es zeichnet sich immer deutlicher die Notwendigkeit ab, daß der Staat auch in die privaten Investitionsentscheidungen wird eingreifen müssen, da andernfalls drohende Katastrophen wie die rapide fortschreitende Umweltverseuchung nicht mehr abgewendet werden können. Wissenschaftler behaupten, bereits in der Lage zu sein, den »point of no return« bestimmen zu können, den Zeitpunkt also, von dem ab die Umweltvergiftung nicht mehr rückgängig gemacht werden könne, wenn nicht der Staat auch in die privaten Investitionsentscheidungen eingreife und den »Dispositionsspielraum« einenge. Ähnliches gilt für das Bildungssystem und für den Straßenverkehr.

Einstweilen freilich behalten die staatlichen Investitionen auch in diesen Bereichen ihre komplementäre und subsidiäre Funktion, die Bedürfnisse der Menschen dem ökonomischen System und den es leitenden Interessen anzupassen, nicht etwa umgekehrt, obwohl die psychosozialen Folgen (Heck) und die Unmöglichkeit, Zukunftsprobleme zu bewältigen, vielfach erkannt werden. Das System wird offenbar nicht von einem reformerischen Willen verändert und humanisiert werden, sondern von einem sich abzeichnenden »großen Kladderadatsch« (August Bebel). Welche politisch-gesellschaftlichen Folgen dies angesichts des kollektiv-infantilen Verbraucherverhaltens haben wird, kann nur erahnt werden. Geschichtliche Erfahrungen sind dazu da, sich ihrer nicht zu erinnern.

Sozio-ökonomische Interessen (die, wie Habermas gezeigt hat, nicht zuletzt mit Hilfe von Wissenschaft und Technik, der mittlerweile ersten Produktivkraft, ideologisch als Notwendigkeiten, als Sachzwänge dargestellt werden können; damit gewinnen Wissenschaft und Technik herrschaftslegitimierenden Charakter) bestimmen wie eh und je auch das Normen- und Wertsystem der Gesellschaft. Da der Stand der Produktivkräfte und die am Konsum orientierte Produktionsweise den flexiblen Käufer und Konsumenten voraussetzen, ist die ehedem sexualfeindliche bürgerliche Moral buchstäblich veraltet, weil sie den sozio-ökonomischen Bedingungen nicht mehr entspricht; zwar nicht in der Produktionssphäre und in der Öffentlichkeit selbst, wo weiterhin auf einen moralischen Lebenswandel oder auf Disziplin, Leistung und Kontrolle geachtet wird; wohl aber (als Tendenz) in der Privatsphäre mit ihrer länger gewordenen Freizeit. »Sexualität wird entlassen aus dem Korsett bürgerlicher Zwangsmoral und dem Markt ausgeliefert. Befreite Sexualität wird zum handbaren Instrument, das man zweckrational als Konsumanreiz beim Selbstverkauf einsetzt«, heißt es bei Freyberg/Freyberg. Emanzipatorischen Charakter gewinnt diese interessenbedingte Liberalisierung deshalb noch keineswegs.

Auch hier wird das »crisis-management« des Staates sichtbar, um sich anbahnende Konflikte zu vermeiden. Mit der bedingten Freigabe der Pornographie z. B. trägt er dem Umstand Rechnung, daß Pornographie längst und in wachsendem Maße konsumiert wird und bei konsequenter Anwendung des Gesetzes etwa 2,8 Millionen Bundesbürger bestraft werden müßten. Außerdem wird die textliche und graphische Gestaltung der Werbung zunehmend »pornographischer« (im Sine jenes Kölner Oberstaatsanwaltes, der Pornographie als die Darstellung der primären Geschlechtsteile definierte); der nackte menschliche Körper wird als Konsumstimulans eingesetzt. Diesem Konflikt kommt der Staat zuvor durch die Lockerung des Paragraphen 184, die damit rationalisiert wird, daß sich der Staat nicht in Privatangelegenheiten einmischen dürfe.

Wo sozio-ökonomische Interessen eine Lockerung moralischer Normen nicht erforderlich machen, bleiben sie als Herrschaftsinstrument bestehen. Der gesellschaftlich und für die Stellung der Frau weit wichtigere Paragraph 218, der Abtreibung verbietet, kann auf absehbare Zeit kaum auf eine Novellierung hoffen, die wesentliche Erleichterungen brächte trotz der leidvollen Konflikte für die Betroffenen, für die Frau, das unerwünschte Kind und für den Mann. Der Staat schützt, abermals eine Rationalisierung, »werdendes Leben«, um das »geborene Leben« (so die Unterscheidung der SPD-Fraktion) seinem Schicksal zu überlassen.

Die nach wie vor bestehende Unterdrückung der Sexualität während des Sozialisationsprozesses, die autoritäre und gleichzeitig anpassungsbereite Charakterstrukturen prägt bei verminderter Fähigkeit des Ichs zur Realitätsvermittlung, sowie die partielle Lockerung sexualmoralischer Normen für Heranwachsende und Erwachsene lassen nur eine verkümmerte, infantile sexuelle Betätigung offen. Sexualität wird zum Konsumartikel, der als um so größerer Leckerbissen genossen wird, als verdrängte Ängste und Schuldgefühle dabei wach werden, ihn so gewissermaßen im Wert steigern, das Bewußtsein aber Straffreiheit signalisiert. Die emanzipatorischen Möglichkeiten einer nichtrepressiven Sexualerziehung bleiben ungenutzt, die tradierten Institutionen der Gesellschaft müssen nicht verändert werden (Jürgen Friedrichs), desgleichen nicht die Herrschaftsverhältnisse. Bedeutete das Streben nach sexueller (genitaler) Lust ehemals eine »gesellschaftliche Sprengkraft«, die — so die herkömmliche, ahnungslose Familiensoziologie noch heute — jede Gesellschaft gefährdete und daher unterdrückt werden mußte, so ist unmittelbare autoritäre Unterdrückung zumindest als Tendenz historisch überholt, nachdem sich die früher einheitliche Lebenswelt zweigeteilt hat: In eine scheinbar freie Privatsphäre und in eine als Schicksal erlebte öffentliche. Schicksal, erlebte Abhängigkeit und Hilflosigkeit erzeugen Angst und Aggressivität, die, da die Ursachen nicht zu Bewußtsein gebracht werden können, projektiv abgewehrt werden müssen, im Rückzug auf sich selbst, in der Flucht aus der öffentlichen Sphäre in die private. Hier wird »präödipale Bedürfnisbefriedigung« (Horn) zum einzig möglichen Lebenszweck.
Um nachzuweisen, daß die Gesellschaft generell — diese Pauschalierung sei dem Folgenden vorweggenommen — auf einer infantilen Stufe steht oder sich auf sie zurückentwickelt und sich täglich zur Unmündigkeit organisiert, bedürfte es an sich keiner abstrakten soziologischen oder psychoanalytischen Theorien. Der Tatbestand ist allzu signifikant.
Man nehme einen »Werbeträger«, eine Illustrierte, zur Hand und studiere die Schlagzeilen der Werbetexte: »Autos für eine Generation der Jungen und Junggebliebenen« — »Junge und moderne Schlafzimmer« — »Schützen Sie die Jugend Ihrer Haut« — »Trag ein junges Gesicht« — »Jung und temperamentvoll bleiben« — ». . . revitalisiert und aktiviert den gesamten Organismus« — »Es gibt tausend Möglichkeiten, jünger auszusehen« — ». . . um Jahre jünger« — »Jung, frisch, frech« — »So leben wie die Jüngeren. Alles mitmachen, vital sein. So leben wie früher. Sich so jung fühlen, so kräftig wie eh und je« — »Kein

Grund zur Panik« — »Die heutige Generation nutzt ihre Erfolge. Sie schöpft die Möglichkeiten des modernen Lebens bewußt aus. Und genießt! Sie weiß, worauf es ankommt: Auf die Erhaltung und Stärkung ihrer Aktivität«.

Dazu als optische Ergänzung junge Menschen, idealer Körperbau, strahlend vor Schönheit und Glück, nackte, glatte Haut, sportlich, frei, irgend etwas unbeschwert genießend, spielend — moderne Apollos und Aphroditen.

Es scheint, als könne jetzt endlich die Menschheitssehnsucht nach ewiger Jugend gestillt werden, »Utopia Jugend« ist Wirklichkeit geworden.

In Wahrheit wird hier auf burtale und grausame Weise die Angst des Menschen vor dem Altwerden, dem Alleinsein, der Erfolglosigkeit, im Grunde die Angst vor dem Ausschluß aus der Gemeinschaft geweckt, um ihn zu einem bestimmten Konsumverhalten zu zwingen. Erst dann winkt die Prämie: »Kein Grund zur Panik«; andernfalls wäre es besser, sein Testament zu machen. Diese un-natürliche psychische Rückwärtsentwicklung der Erwachsenen zeigt bereits Züge einer kollektiven Neurose, ist fast schon wahnhaft und unterstreicht einmal mehr die Manipulierbarkeit des Freizeitmenschen.

In der Privat- und Freizeitsphäre gibt es kaum noch erwachsenenspezifische Freizeitgewohnheiten, es herrscht, unerkannt in seiner Brutalität, das Leitbild der Jugendlichkeit. (Allenfalls könnte noch das abendliche Fernsehen als erwachsenenspezifisch bezeichnet werden; aber der passive Konsum des Unterhaltungsangebots zeigt deutlich die arbeitsbedingte Ermüdung, die kaum noch phantasievolle, aktive Freizeitgestaltung ermöglicht. Fernsehen ist Ausdruck von Resignation und Realitätsflucht, letztlich von Angst. Fernsehen isoliert, lenkt von den Triebwünschen durch Identifikationsangebote ab, wobei sich der Fernsehzuschauer gerne ablenken läßt, weil er mit seinen Triebwünschen nichts mehr anzufangen weiß.) Jugendlichkeit wurde zum Synonym für Glück schlechthin, für eine geglückte Lebensgestaltung, für Leistungsfähigkeit, Vitalität, Lebensgenuß, Liebe und vor allem für befreite, ausgelebte Sexualität.

Die Absatzerfolge »jugendlicher« Konsumgüter sowie das immer augenscheinlicher werdende Streben der Erwachsenen nach jugendlichem Verhalten zeigen, daß die Konsumwerbung mit ihrem Appell an die Angst ins Schwarze trifft. Der Jugendlichkeitswahn ist zum kollektiven Ich-Ideal geworden. Ihm nicht nachzustreben hieße, sich selbst einzugestehen, daß man vom Leben nichts mehr zu erwarten hat, daß man zum alten Eisen gehöre, daß man ein »drop out« ist. So wie der Verstoß gegen das Über-Ich Angst vor Strafe und Schuld weckt, so weckt der Verstoß gegen das Ich-Ideal Scham und Angst vor Ablehnung und Verlassenwerden, vor Prestigeverlust.

Die Infantilisierung der Erwachsenen, wie sie im Konsum- und Freizeitverhalten zum Ausdruck kommt, schafft darüber hinaus ein Autoritätsvakuum, d. h., kindlich und kindisch sich verhaltende Erwachsene sind als Vater oder Mutter, aber auch als Lehrer oder sonstige Vorgesetzte dem Jugendlichen, vor allem dem Pubertanden, kein Objekt für Identifikation und Rivalität in jenem seelisch schwierigen und konfliktreichen Prozeß, dem sich Reife und Verhalten des später Erwachsenen endgültig entscheiden. Die Pubertätsphase ist schwieriger geworden, die biologische Geschlechtsreife beginnt früher, der Eintritt ins Berufsleben und damit in die Erwachsenenwelt dagegen später. Der Jugendliche ist somit länger »jung«, er ist abhängig und kann sich daher weniger »erlauben« als ein Erwachsener. Für seine früher geweckten Sexualbedürfnisse, die in dieser Zeit besonders intensiv, jedoch »narzißtisch besetzt« sind, hat eine wenig verständnisvolle Moral prinzipiell nur Verbote und Einschränkungen bereit.

Gleichzeitig hat der Jugendliche häufig kein kritisches Gegenüber in seinen Eltern mehr, an dem er sich messen und von dem er sich ablösen könnte, um zu seinem Ich-Ideal und zu seiner eigenen Persönlichkeit zu finden, zu eigenen Wertmaßstäben, zu Urteilsfähigkeit, zu gekonnten Du-Beziehungen und schließlich zu interessierter Teilnahme an Vorgängen außerhalb des privaten Bereichs. Das Wiederaufleben des ödipalen Konflikts (der Liebesbindung des Kindes an den gegengeschlechtlichen Elternteil und die verschiedenen Abwehrformen der Identifikation: der Knabe z. B. identifiziert sich mit dem starken Vater und begnügt sich mit dem Teilbesitz der Mutter, oder er identifiziert sich mit der Mutter, liebt aber gleichzeitig den starken Rivalen, den Vater), der jetzt den genital reiferen Menschen trifft, kann nicht ausgetragen werden. Es mißlingt eine Ich-Reifung, verbunden damit eine gelungene, d. h. kritische Anpassung an neue soziale Verhaltensmuster. Der Schritt ins Erwachsenenalter wird nicht getan, der Jugendliche bleibt infantil, er bleibt gewissermaßen am Baum hängen, obwohl er die Eltern keineswegs achtet. Die »Identifikationsscheu« (Mitscherlich) des größten Teils der Jugendlichen äußert sich nicht nur in Interessenlosigkeit am politisch-gesellschaftlichen Geschehen, sondern auch an den gültigen Wertmaßstäben der Erwachsenen und auch an der herrschenden Sexualmoral. Die Jugend verachtet im Grunde genommen die Erwachsenenwelt und sie verstößt gegen das gültige Normensystem weniger aus kritischer Einsicht (von einer jugendlichen Elite abgesehen), sondern aus nicht reflektiertem Trotz und Opposition, aus narzißtischer Ich-Verliebtheit, die eines tragfähigen Ich-Ideals entbehrt. Vielleicht auch steht das Moralsystem dem jugendlichen Konsumbedürfnis, das von der Industrie in den letzten Jahren als lukrativer Markt entdeckt und ausgebeutet wird, einfach im Wege. Denn wo konsumiert werden soll, kann es keine asketische Moral geben. Alexander Mitscherlich beschreibt diesen Typus des Jugendlichen in »Die Unfähigkeit zu trauern« so: »Er neigt zur Regression, er zeigt ein Bedürfnis nach früher sozialer und materieller Sicherung. Er löst sich im Grunde von seinen Eltern, auch wenn er sie wenig achtet, nicht. Diese Fixierung erschwert und verzögert die Möglichkeit einer lebendigen Beziehungsaufnahme zu Menschen und Dingen der außerfamiliären Welt.«

So sucht sich der Jugendliche häufig unbewußt andere Autoritäten und Ich-Ideale: Kollektiv in der außerfamiliären Gruppe der Gleichaltrigen, der »Gang«, oder in Fußballhelden, Film- oder Pop-Stars. Statt einer autonomen Persönlichkeit bleibt er ein Fan, ein Anhänger, bleibt er Publikum.

In diesen Zusammenhang gehört wohl auch die zu beobachtende frühe Paarbildung der Jugendlichen, die auf sexuelle Treue gründet und auf eine frühe Eheschließung hinzielt. Die Ehe soll Schutz bieten wie einst bei Vater und Mutter. Das Mädchen sucht im Jungen noch immer den Vater, der Junge im Mädchen noch immer die Mutter, der ödipale Konflikt der Pubertät, die Ablösung von den Eltern, ist offenbar noch immer nicht ausgetragen. Gleichzeitig winkt in der Ehe immer noch die »Prämie« der Sexualität, was darauf schließen läßt, daß sich die vorehelich so frei gebärdende Jugend doch sexuell unterdrückt fühlt. Die Sexualtabus werden zwar verletzt, darüber liegen gesicherte und in Statistiken gefaßte Untersuchungen vor, aber sie haben ihre Kraft behalten, Sexualität in die vorgesehenen Institutionen von Ehe und Familie zu kanalisieren. »Reste alter Sexualmoralen überleben in den Individuen, und da sich Sexualität nach wie vor in Leitbildern von Monogamie, von Ehe und Familie und Häuslichkeit organisiert ... bleibt die sexuelle Revolution aus ... So werden — bei aller Freizügigkeit in der sexuellen Einstellung — Ehe und Familie eben doch ... auch als Bremsen für Sexualität wirksam«, meint der Psychologe Peter Brückner in »Schülerliebe, Analysen und Fakten«. Brückner bestätigt damit, was Wilhelm Reich bereits 1932 beobachtet hatte: »In der kapitalistischen Gesellschaft gibt es keine sexuelle Befreiung der Jugend, kein gesundes, befriedigtes Sexualleben.« Zu ähnlichen Ergebnissen kommen auch die beiden bereits zitierten Hamburger Sexualwissenschaftler Volkmar Sigusch und Gunter Schmid.

Daß sich die »sexuelle Prämie« aufgrund des unbewältigten ödipalen Konflikts nicht als tragfähige Basis für dauerhafte Ich-Du-Beziehungen erweist, zeigen die hohen Scheidungsraten. Aber dies sind dann individuelle Probleme, mit denen die Betroffenen selbst fertig werden müssen. Die Gesellschaft interessiert dann nur die technische Regelung, etwa die materielle Sicherung des schwächeren Ehepartners.

Die zur Zivilisationsneurose gewordene Fetischisierung des Jugendlichen bleibt freilich nicht nur auf die Konsum- und Freizeitsphäre beschränkt, sondern wird zu einem ausschlaggebenden Kriterium für immer mehr Berufe in der Arbeitswelt. Leistungsfähigkeit und Dynamik werden auch hier mit Jugendlichkeit gleichgesetzt. Das »junge Team« ist heute gefragt, die Stellenangebote auf den Anzeigenseiten der Tageszeitungen werben um den »jungen, dynamischen Mitarbeiter«, der »unkonventionell, begeisterungsfähig und voller Ideen« ist. Die Altersgrenze selbst für Spitzenpositionen sinkt ständig. Wer mit 35 oder spätestens 40 Jahren noch nicht den Sprung in eine Spitzenposition geschafft hat und dadurch den Beweis für Leistungsfähigkeit und Dynamik erbracht hat, ist aus dem Rennen: Er hat kaum noch eine Chance, nun auch noch in die Führungspositionen der Wirtschaft aufzusteigen, in jene Zone der Vorstände und Aufsichtsratsposten, wo Alter freilich plötzlich keine Rolle mehr spielt. Die Regeln des Leistungsdrucks und des gnadenlosen Konkurrenzkampfes gelten nicht für die, die sie bestimmen. Die Chefs nennen sich dann höchstens die »Junggebliebenen«. Lebenserfahrung, Bedachtsamkeit, Sachkenntnis, ein besonderes Maß an Verantwortungsbewußtsein können für sich allein Jugendlichkeit nicht ersetzen.

Dieser Konkurrenzkampf hat allerdings seine Folgen. Es zeigt sich, daß Männer in den mittleren und gehobenen Angestelltenpositionen (ähnliches zeichnet sich auch für die Beamtenschaft ab, wenn auch hier noch die »Ochsentour« das Wettrennen mildert) mit 45 oder 50 Jahren in schwere seelische Krisen geraten. Sie haben das Rennen nicht durchgestanden, andere, jüngere, haben sie überholt. Das Enttäuschungserlebnis schafft nicht nur Verbitterung — natürlich sind die jüngeren, erfolgreicheren Konkurrenten weniger qualifiziert, die Welt ist voller Ungerechtigkeiten, Schiebung und Undank —, sondern kann zu schweren psychischen oder psychosomatischen Erkrankungen führen. Sowohl die »Seele« wie auch der Körper versuchen, die Verletzung des Selbstwertgefühls in irgendeiner Form zu verarbeiten, sei es durch Projektion (solche Enttäuschte werden plötzlich unausstehlich), durch Überaktivität (oft genug »Dummejungenstreiche«), häufiger freilich durch Depressionen, Inaktivität, Neigung zu Schwermut, dann auch Magengeschwüre, rascheres Altern, Nachlassen der Spannkraft usw. Schließlich stehen solche Männer nicht nur am Schreibtisch unter Erfolgszwang, sondern auch in der Familie. Womöglich ist der Prestigeverlust, das Gefühl, versagt zu haben, vor den eigenen Angehörigen noch schmerzlicher. Ehefrauen und heranwachsende Kinder sind häufig härtere Antreiber und stellen größere Ansprüche und Erwartungen an die berufliche Leistung des Ernährers (von dem auch das Prestige der Angehörigen abhängt) als der Vorgesetzte.

Es liegt nahe anzunehmen, daß der »junge, dynamische« Streber sich bedingungslos nicht nur mit seinem Betrieb identifiziert, sondern darüber hinaus mit den gesellschaftlichen und sozialen Verhältnissen und Herrschaftsstrukturen insgesamt. Die kurze Spanne, die ihm bleibt, den Sprung nach oben zu schaffen, ehe die Jugend verwelkt, verbietet schlechthin jede Art von Widerstand und Renitenz. So steigert sich der Leistungs- und Konkurrenzdruck bis zum Herzinfarkt und zum Magengeschwür. Jugendlichkeit wird ein vorzügliches Druckmittel zur kritiklosen Anpassung, die kritische Solidarität im Betrieb oder gewerkschaftliches Engagement ausschließt. Die Angepaßtheit der heute 35- bis 45jährigen Jung-Manager in Wirtschaft und Politik gilt freilich als »Pragmatismus« und »gesunde Nüchternheit«. Sie wirkt deprimierend.

Der Jugendlichkeitswahn hat jenseits seiner marktstrategischen Ausbeutung konkrete soziale und gesellschaftliche Ursachen. Außer der schon erwähnten früheren biologischen Reifung und dem späteren Eintritt in das Berufsleben, die zwangsläufig die Spanne des »Jungseins« ausdehnen, wirkt sich aus, daß die Jugendlichen heute weniger Geldsorgen haben als ihre Kameraden in früheren Epochen. Den 14- bis 22jährigen stehen heute in der Bundesrepublik jährlich etwa 22 bis 24 Milliarden Mark zur Verfügung. Damit lassen sich typisch jugendspezifische Wünsche wie Reisen, Tanzen, bunte, phantasievolle Kleidung, Taschenbücher, Schallplatten usw. finanzieren. Die Jugend baute dadurch eine eigene Subkultur auf mit besonderem Habitus, eigenen Verhaltensregeln, freieren moralischen Anschauungen und sogar einer eigenen Sprache.

Dieses vom grauen Alltag scheinbar losgelöste Jugendideal zwingt den Erwachsenen, sich entweder ähnlich zu verhalten und mitzumachen oder abzudanken. Roh und autoritär ist dabei die Sprache der Jugend, sofern man die Jugendmagazine und einzelne Antworten und Formulierungen aus Umfragen als repräsentativ ansehen will.

Im Sexuellen scheint es keine Tabus mehr zu geben, keine Beschränkungen, gegen die verstaubten Alten und ihre repressive Moral wird herablassend polemisiert. Sexuelle Lust wird offen, dabei ganz nüchtern bejaht. »Liebe und Sex sind ganz alltägliche Dinge, Dinge wie Essen und Trinken, wie Geburt und Tod. Wie Tag und Nacht«, hieß es beispielsweise stocknüchtern in dem eingegangenen Jugendmagazin »Twen«. »Sex ist gut und Sex ist schön.« Gegen die »Fossilkultur« der Alten mit ihrem »doppelten Boden«, ihrer »Heuchelei«, ihrer »Dämmerschwüle« wird aggressiv zu Felde gezogen. »Die moralischen Vorstellungen

der Alten werden unserer Zeit überhaupt nicht gerecht«, ihre
Phantasie laufe beim Anblick von jugendlich freiem Sex »Amok
oder zumindest in die Irre«.

Diese jugendliche Aggressivität bestünde zu Recht und könnte
emanzipatorisch wirken, wäre sie nun auch in der Lage, den
zweiten Schritt zu denken und den gesellschaftlichen Rahmen
auszuleuchten, innerhalb dessen sie sich so aggressiv — und un-
gestraft — aufführen darf. (Auch hier muß eine kritische Minderheit, die sich in einigen Schüler- und Lehrlingszeitungen ar-
tikuliert, ausgenommen werden.) So aber kommt ihr nicht der
Verdacht, daß sie womöglich selbst Opfer der bestehenden Produktionsverhältnisse sein könnte, weil sie den Wandel nicht als
gemanagt wahrnimmt, sondern ihn sich selbst gutschreibt.

Diese jugendlich-aggressive »neue« Moral begründet sich einzig
deswegen, weil sie »neu« und »jung« ist, dazu »dynamisch«,
»aufgeschlossen«, »erfolgreich«, »beweglich« und »glücklich«.
»Diese junge Art zu leben . . .«, »unsere neue Moral« usw. wird
der »alten« Art und »den Alten« gegenübergestellt. Diese »junge« Moral ist überzeugt, daß, wenn sie sich durchsetzte, woran
sie nicht zweifelt, die Welt wieder heil würde, denn es stünden
alle Möglichkeiten offen. Für jeden wäre in ihr Platz. Es brauchte sich nur diese junge, neue Moral durchzusetzen, und alle gesellschaftlichen Widersprüche verschwänden. Wo Widerstände
und Widersprüche aus dem »Lager der Alten« noch wirksam
sind, geben die Jugendmagazine technische Anleitungen für
Konfliktregelungen, die mehr oder weniger Möglichkeiten der
Anpassung beschreiben, wie man den Alten eins auswischt, um
weiter ungestört sich des Lebens freuen zu können. Technische
Anleitungen werden auch für sexuelle Probleme gegeben, wobei
auffällt, daß offenbar nur die Mädchen welche haben, da ihnen
die Boys häufig davonlaufen und sie sitzenlassen — wie zu
Großmutters Zeiten.

Diese Jugend bescheinigt sich in ihrer übergroßen Mehrheit
selbst, »hart zu arbeiten«, »Jobs durchzustehen«, um sich jenseits der Arbeitswelt, an der Konsumfront, »eine eigene Kultur
zu schaffen«. Mit naiver Nüchternheit werfen ihre Sprecher die
aktuellen Probleme auf, ohne ihre Dialektik zu durchschauen.
Sie sagen es selbst: Die neue, junge Moral »ist die Meinung
einer großen, breiten Mehrheit von normalen jungen Mädchen
und Männern, die — wie aus anderen Auskünften und Untersuchungen deutlich wird — keine Revolution, keinen Radikalismus links oder rechts, keinen gewaltsamen Umsturz unserer
Gesellschaft wollen, sondern die ihre gutbezahlten Jobs lieben,
sich Haus, Familie, Auto, Kinder, steigenden Wohlstand und
die Weiterentwicklung der Konsumgesellschaft wünschen, die
sich gern waschen, gern pflegen und gern gut kleiden.«
(»Twen« 11/1969). Hier wird offensichtlich Konsumfreiheit mit

Emanzipation verwechselt und nicht erkannt, daß Verbraucher beweglich sein müssen.

Dieser kollektive Irrationalismus, diese orale Freude und Lust am Lutschen, dieser Rückzug auf kindliche Stufen des Verhaltens wird die Welt nicht humanisieren. Im Gegenteil: Nach Ansicht der Psychoanalyse und der kritischen Soziologie ist Infantilismus besonders offen für Manipulation und jene Techniken, Außenreize, die adaptives Verhalten und seine Kontrolle ermöglichen. Politische Denkschablonen, selbst rassische Vorurteile sind beim Gros der Jugend keinesfalls in dem Maße abgebaut wie sexuelle, das bestätigt eine Vielzahl von Untersuchungen immer wieder. Konservative Parteien müssen um ihre Zukunft nicht fürchten, sie werden weiter auf ihre Kosten kommen. Die aktive, kritische und konsequente Minderheit verfärbt das Bild der Jugend in der Öffentlichkeit erheblich. Das läßt die Befürchtung begründet erscheinen, daß, wer es zu seiner Stunde richtig anstellte, diese Jugend ebenfalls für einen »neuen« Aufbruch gewinnen könnte. »Die gegenwärtige Sex-Welle ist Vehikel jedes kommenden Faschismus«, meint jedenfalls der Wiener Historiker Michael Siegert.

Die Grausamkeit des Jugendwahns, der einen lukrativen Markt öffnet, schlägt aber letztlich die Erwachsenen selbst. Keine Statistiken oder Untersuchungen geben Auskunft über das Ausmaß an individuellem Leiden, das allein schon der Versuch, jung sein zu müssen, mit sich bringt; vor allem aber das letztliche Scheitern: Wenn die Falten im Gesicht eben tiefer werden, der Schädel kahl, die Haare weiß, wenn das popige Hemd oder der Minirock Lächerlichkeit signalisieren, wenn — kurzum — die Einsicht unabweisbar ist: du bist alt, kannst nicht mehr mithalten — dann beginnt das Sterben auf Raten, nicht so sehr das physische, sondern das psychische. (Innerhalb der Werbeabteilungen der Industrie reifte mittlerweile die Erkenntnis, daß die Alten und Rentner ein noch unerschlossener Markt sind. Es werden zur Zeit Überlegungen angestellt, wie die von Rentnern gesparten Schätze, zum Teil erhebliche Beträge, die insgesamt in die Milliarden gehen, gehoben werden könnten. Entsprechende Werbefeldzüge, speziell auf eine Alten-Mentalität zugeschnitten, werden vorbereitet. Möglicherweise wird sich daraus eine Subkultur der Alten entwickeln — angesichts der Vereinsamung des Menschen im »dritten Lebensabschnitt« vielleicht sogar begrüßenswert.) Und auch dieses Leiden und diese Angst vor dem Altern haben noch gesellschaftliche Qualität: Indem sie als mißlungene Lebensgestaltung individuell bewältigt werden müssen, trennen sie die Individuen und treiben sie in die Isolation. Wer alle Kraft mobilisieren muß, um Angst und Leid in der Privatsphäre zu bewältigen, ist erst recht kein kritischer »Staatsbürger«, diese Rolle läßt sich dann nicht mehr durchhalten.

Die »Euphorie des Glücks«, so Herbert Marcuse, hindert den Privatmenschen, dessen ökonomische und damit politische Bedeutung nahezu ausschließlich in seiner Rolle als Verbraucher liegt, daran, den Grad der Manipulierbarkeit und ihre Techniken zu durchschauen.

Aus der Analyse des Freizeit- und Konsumverhaltens des modernen privatisierten Menschen drängt sich fast zwangsläufig der Schluß auf, daß die Kirchen als Repräsentanten der autoritären Moral auf verlorenem Posten stehen. Sie haben die Zeichen der Zeit nicht erkannt, zum Teil sicherlich deshalb, weil sie das Mißtrauen gegen die kritischen Humanwissenschaften nicht abzubauen vermochten und statt dessen an dogmatisierten Formeln festhielten, sich allenfalls an den positivistischen, den beschreibenden Sozialwissenschaften orientierten.

Die Entwicklung der Produktivkräfte und das unbegrenzte Angebot an Konsumartikeln und Dienstleistungen begann die asketische, strenge Moral zu zerschlagen. Daß sozio-ökonomische Verhältnisse die Moral bestimmen und nicht irgendwelche gutgemeinten oder auch drohenden Lehren, haben die Kirchen nicht zur Kenntnis genommen; ihre Verzichtsmoral war zwei Jahrtausende lang an der materiellen Armut des Menschen ausgerichtet. Die Kritik der Kirchen an der allgemeinen Sucht nach materiellen Dingen heute, am Tanz um das goldene Kalb des Konsums, ist der Versuch, die schwindende Autorität und Verfügungsgewalt über den Menschen wiederzugewinnen; sie beruht nicht auf einer kritischen Analyse und wird daher von den meisten Menschen ebenso abgewehrt wie die — allerdings von anderen Ansätzen ausgehende und andere Ziele verfolgende — Kritik der Linken. Der Grund ist, daß die Privatsphäre mit ihrem Konsumangebot genügend Ventile bietet zur Verdrängung von Schuld- und Angstgefühlen des Menschen, der sich daher ein besseres Leben im Diesseits erhofft. Das Jenseits lockt weder, noch schreckt es mehr. Hoffnungen und Wünsche werden im Diesseits investiert und schließlich auch zum Teil befriedigt, wenn auch, angesichts der Möglichkeiten für eine Daseinsgestaltung, in kümmerlicher Form, von den Opfern abgesehen, die diese Befriedigung kostet. Gott scheint überflüssig geworden zu sein für viele Menschen, allenfalls macht er sich noch in der Kirchensteuer störend bemerkbar; mit der Kirchensteuer ließe sich eine Monatsrate bezahlen, also vermag der Kirchenaustritt eine Sorge an der Konsumfront zu beheben. Die neue Infantilität treibt den »modernen« Menschen nicht mehr angstvoll, büßend und vertrauend vor das Angesicht eines großen, allmächtigen Vaters und damit in die Arme der Kirchen, sie treibt ihn in den Konsum. Götzendienst oder Gottesdienst, die Unterscheidung ist relativ und unwichtig geworden.

Dritter Teil: Zur Dialektik der Pornographie

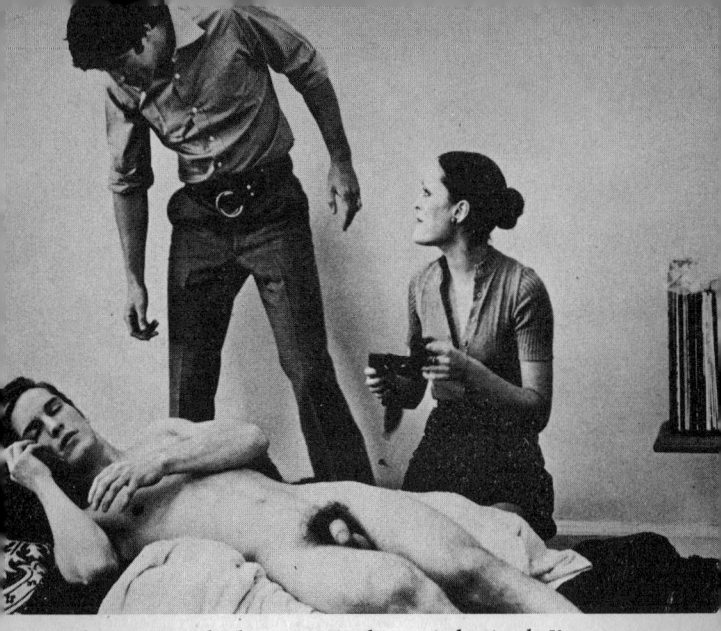

Nicht immer sind Filme wie »Trash« so eindeutig als Kunst auszuma-chen, daß ein Streit, was in verbotener Weise pornographisch sei und was nicht, gar nicht erst aufkommt.

1. Der normale Charakter der Pornographie

Pornographie ist ein besonderer Bereich des Sexuellen. Der Versuch, sie inhaltlich eindeutig bestimmen zu wollen, ist äußerst schwierig, fast hoffnungslos; er hängt weitgehend ab von religiösen, erzieherischen, weltanschaulichen oder sonst moralischen Einflüssen auf den Urteilenden. Das Problem der Pornographie kann daher hier nur eingegrenzt werden auf das, was im Rahmen dieser Untersuchung als Pornographie verstanden werden soll.

Die erste und stets aktuelle Schwierigkeit der inhaltlichen Abgrenzung beginnt dort, wo die Kunst die menschliche Sexualität als Thema aufgreift und darstellt.

Die Auffassung, die Darstellung des Nackten, gar des sexuellen Aktes, sei in jedem Fall bereits Pornographie, ist zweifellos weit verbreitet und sogar maßgeblich. Wo diese Auffassung gilt, verschwinden zeitlose Werke der bildenden Kunst in den Dachkammern der Museen, werden Romane, Gedichte oder Dramen auf die Verbotsliste gesetzt. Im Laufe der wachsenden

»Schwarze Venus im Sektschaumbad« heißt diese Strip-Nummer in einem Westberliner Nachtklub. Sex als Unterhaltung in Nachtlokalen wird geduldet, in Büchern dagegen oft noch verfolgt.

Prüderie der vergangenen Jahrhunderte fielen in der Tat unschätzbare Kunstwerke der strengen Moral zum Opfer, wurden sogar vernichtet und verbrannt (wie zahlreiche Gemälde François Bouchers) oder in Acht und Bann getan, wie beispielsweise griechische Vasenbilder mit ihren Darstellungen von Koitusszenen oder die Fresken im römischen Pompeji. Erotische Kunst aus allen Jahrhunderten wurde und wird unterdrückt und verboten.

Kunst hin, Kunst her, sagen die besonders strengen Moralisten: Schweinerei bleibt Schweinerei, und die menschliche Sexualität sei nun einmal etwas Schweinisches, ihre Darstellung mithin Pornographie. Hier finde auch die Freiheit der Kunst ihre Grenze.

Die Auseinandersetzungen nehmen dort an Heftigkeit zu, wo in der Tat die Darstellung des Sexuellen künstlerischen Maßstäben nicht oder nur teilweise standhält. So ließe sich mit einer gewissen Berechtigung fragen, ob z. B. ein Roman wie »Fanny Hill« vom Sprachlichen, von der Bewältigung des Themas und der Problematik her noch Kunst sei oder »nur« bloße Unterhaltung, zumal der britische Autor Cleland sein Opus selbst nicht allzu hoch einschätzte: er wollte einen absatzträchtigen Reißer schreiben, um wieder zu Geld zu kommen.

Doch leitet sich daraus für den Staatsanwalt die Berechtigung ab, erotische Unterhaltungsliteratur zu beschlagnahmen und Erwachsenen vorzuschreiben, was sie lesen dürfen und was nicht? Gegenüber den zahllosen Strip-Lokalen, wo schließlich ebenfalls erotische Unterhaltung geboten wird, hat der Staatsanwalt längst kapituliert.

Je älter ein Kunstwerk ist, gerade auch ein inhaltlich erotischsexuelles, desto objektiver und leichter läßt sich gemeinhin Übereinstimmung darüber erzielen, ob und inwiefern es Kunst sei; die Zeit wirkt wie ein Filter.

Desto umstrittener hingegen ist dieses Thema in der Literatur, Malerei, Bildhauerei und im Film der Gegenwart, zumal dann, wenn »Kunst« sich nicht mehr mit der »schönen Darstellung« des Sexuellen begnügt und auch nicht mit Unterhaltung, sondern mit ihm ein gesellschaftliches oder gar »politisches« Ziel verfolgt und den Anspruch erhebt, aufklärend und »bewußtseinserweiternd« zu wirken. Dann werden künstlerische Mittel oft nur als Werkzeuge benutzt, die sich diesem Ziel unterordnen, ja, sie können sogar unwichtig werden.

Diese Streitfragen, die z. T. erbitterte theoretische Diskussionen ausgelöst haben, können hier nicht entschieden werden. Wir müssen uns darauf beschränken, das, was hier unter Pornographie verstanden werden soll, weiter einzugrenzen, so unbefriedigend dies auch sein mag. Es soll unterschieden werden zwischen (nach gebräuchlichen Begriffen) »einfacher« und »harter« Pornographie.

Zur »einfachen« Pornographie gehört die Darstellung in Wort und Bild, Film und Schallplatte des heterosexuellen (zwischen Mann und Frau), homophilen (zwischen Männern) und lesbischen (zwischen Frauen) Geschlechtsaktes, der sexuelle Vollzug in seiner unverhüllten Realität und seinen verschiedenen Möglichkeiten und Positionen, Vagina und Penis in realistischer Großaufnahme, dazu auch »Gruppensex« usw.

Zur »harten« Pornographie (wohl zu Recht als pervers oder als krankhaft bezeichnet) wären zu zählen: Geschlechtsverkehr mit Tieren (Sodomie), mit Kindern (Pädophilie), sexuelle Handlungen an Leichen (Nekrophilie), sexuelle Handlungen in Verbindung mit Kot und Urin (Koprophilie) oder mit Gewalt, Schlägen und Blut. Das sind nur wenige Beispiele dessen, was beschädigte menschliche Phantasie im sexuellen Bereich zustande bringt.

Im Sinne der »einfachen« Pornographie hat es Pornographie immer gegeben, falls dieser Begriff in diesem Zusammenhang überhaupt zulässig ist, zumal ihn eine seelenlose juristische Sprache als »obszöne Darstellung unzüchtiger Handlungen« definiert.

Pornographie ist ein normativer Begriff, d. h. in ihm kommt zum Ausdruck, was eine Gesellschaft mit ihrer Moral als »unzüchtig« verstanden wissen will. Für die Griechen und Römer war »Pornographie eine Ausdrucksform der Daseinslust« (A. Mitscherlich), die realistische Beschreibung und Darstellung des Sexus alles andere denn unzüchtig. Insofern zeugt die beschwörende Frage des CSU-Abgeordneten und ehemaligen Bundesjustizministers Richard Jaeger vor dem Bundestag: ». . . müssen ausgerechnet wir Deutsche uns außerhalb der Kulturnationen stellen« von einer gewaltigen Denkhemmung (Tabuhörigkeit), denn die großartige Kultur der Antike war schließlich die Wiege der abendländischen (ganz abgesehen davon, daß Staaten wie Dänemark oder Schweden, die Pornographie nicht mehr pönalisieren und damit kriminalisieren, wohl immer noch als Kulturnationen zu bezeichnen sind. Wenn die Würde des Menschen und ihr Schutz ebenfalls als Kulturleistung gelten darf, so sind

Mit der Photographie und der photographischen Reproduktion erst trat die Pornographie ihren Siegeszug an, sie konnte zum massenhaften Konsumartikel werden, der nach den üblichen Gesetzen des Marktes vertrieben wurde. Gleichzeitig ermöglichte erst die Photographie die unerbittliche realistische Ausleuchtung der Genitalien. Wissenschaftliche Untersuchungen führten allerdings zu dem Ergebnis, daß die aufreizende Wirkung solcher Art genitaler Realistik ziemlich gering ist; zuvor eingeübtes sexuelles Verhalten oder »gelernte« Anschauungen über Sexualität werden kaum beeinflußt. Doch während die Moral der Pornographie den Kampf angesagt hat, wird die Darstellung des Gewalttätigen und Brutalen, die nachweislich schädigende Wirkung hat, mehr oder weniger toleriert.

Darstellung einer kultisch-religiösen Sexualposition auf einer alt-persischen Spielkarte.

im Gegenteil »saubere« Nationen wie Spanien, Griechenland oder Brasilien, denen die Sympathie der CSU und Richard Jaegers gilt, weit weniger »Kulturnationen«).

Auch in anderen Hochreligionen wie dem Buddhismus und vor allem dem Hinduismus war das, was wir heute als »Pornographie« zu bezeichnen. gewohnt sind, integrierter Bestandteil des religiösen und darüber hinaus des gesamten kulturellen Bereichs. Die sexuelle Ekstase, realistisch und überlebensgroß an den Tempeln dargestellt, ist dem frommen Hindu nur eine Möglichkeit der ersehnten Erlösung. Im ekstatischen Geschlechtsakts vereinte Liebende symbolisieren die Einheit von Geist und Natur, von Entrückung und Energie. Die kultische Abbildung des Sexus will dabei durchaus anregen und Verlangen wecken.

Was der verständnislose Europäer als »Arbeitsscheu« verachtet, findet hier eine Erklärung: Sexualität wurde in diesen Kulturen nicht zum Zwecke der Arbeitsdisziplin unterdrückt. Insofern ist dem Hindu zwar die Askese nicht fremd — die Kargheit und Not des Alltags lehren sie ihm —, wohl aber (im großen und ganzen) die gnadenlose Aggressivität, wie sie den »kultivierten« Europäer und US-Amerikaner so blutig auszeichnet. Außerdem fehlt der »weiblichen« hinduistischen Religion jede Neigung zur Mission (im Gegensatz zur monotheistisch-patriarchalischen christlichen oder mohammedanischen Religion), zum häufig gewaltsamen Bekehren des Andersgläubigen, sei es mit dem Schwert, sei es mit der Drohung vor der ewigen Verdammnis.

Der »pornographischen«, lebensbejahenden Ikonographie beispielsweise von Khajuraho oder Bhuvaneshvar steht die christliche Kunst gegenüber mit ihren düsteren Sterbeszenen, den schmerzverzerrten Leibern der gekreuzigten, gesteinigten, gequälten Heiligen in den Kathedralen und in katholischen und vielen protestantischen Kirchen. Eine sadistische Lust am Tode und an der Marter kommt hier in aller blutigen Realistik zum Ausdruck, ohne Zweifel sprengt in diesen Darstellungen die Phantasie die Fesseln einer wahnhaften Körperfeindlichkeit: Grausamkeit, Schmerz und Entsagung als religiöses und kulturelles Ideal und gleichzeitig als Lustersatz. Der Gedanke liegt nahe, daß in der Darstellung des leiblichen Schmerzes unbewußte Ödipusängste zu bewältigen versucht werden, die Furcht vor dem anderen Geschlecht, der Frau, und der Wunsch nach Schutz vor der Kastrationsdrohung sich ausdrückt. Diese Annahme verliert ihren absurden Beiklang, wenn man sich vergegenwärtigt, was die Kirchenväter und andere Geistliche immer wieder über die Frau, die Verführerin des Mannes und Urheberin der Sünde, geschrieben und gesagt haben; sie wurde ins Unreine und Seelenlose, fast in die Nähe des Tieres gerückt, von Tertullian, von Augustinus oder auch z. B. von dem zu seiner Zeit einflußreichen Benediktinerabt Odilo von Cluny († 942), einem der Erneuerer der frühmittelalterlichen Kirche: »Wenn die Menschen sehen könnten, was unter der Haut ist, sie würden sich vor dem Anblick der Frauen ekeln. Wenn jemand bedenkt, was in den Nasenlöchern, was in der Kehle oder was im Bauch alles verborgen ist, dann wird er stets Unflat finden. Wenn wir nicht einmal mit den Fingerspitzen anderer Leute Schleim und Dreck anrühren mögen, wie können wir dann begehren, einen solchen Drecksbeutel gar zu umarmen?« (Zit. nach Günter Speicher, »Die großen Tabus«).

Wie die indische oder chinesische Hochkultur stand auch die japanische
der menschlichen Sexualität unbefangen und »natürlich« gegenüber.
Die »Liebeskunst« war eine Möglichkeit, das Leben zu bereichern und,
fast mystisch schon, den Liebenden intensive Erlebnisbereiche zu eröffnen. Diese Liebesszene ist auf ein Kopfkissen gestickt und stammt aus
dem 18. Jahrhundert.

Daß eine so gnadenlose, sado-masochistische Leibfeindlichkeit nur zu ertragen war, wenn sie von Zeit zu Zeit zum Schwert greifen und sich in Orgien von ketzerischem Blut seelisch entlasten konnte, wird nicht verwundern. Grausamkeit kann sexuelle Lust sehr wohl ersetzen.

Daß aber immer wieder ˜egen diese Moral verstoßen wurde, gerade auch von denen, die sie am nachdrücklichsten predigten, kann gleichfalls nicht überraschen. Das geile Mönchlein oder das lüsterne Nönnchen sind als Figuren der mittelalterlichen Schwänke und Erzählungen keine Erfindungen, wenn auch häufig Karikaturen. Bischöfe zogen mit großem Gefolge in die Bordelle, unterhielten häufig selbst welche, da Geld bekanntlich nicht stinkt. Päpste (vor allem in der Zeit der Renaissance, wie Pius II., Leo X. oder Paul III., um einige der harmlosen zu nennen) delektierten sich an Pornographischem, an hoher Kunst freilich, so an den Stichen des Giulio Romano oder den Sonetten des Aretino. Der Kardinal Pietro Bembo huldigte sogar in einer eigenen »Ode an Priapus« dem »doppelt gespaltenen, knorrenlosen Sprößling«, der »seinen im rötlichen Schein rötlich schimmernden Kopf« erhebt, sobald ihn ein Mägdlein schüttele. Der alte Pius II. gestand es in einem Epigramm ehrlich ein: »An der Keuschheit hab ich, beim Herkules, wenig Verdienst. Aufrichtig gesagt, flieht Venus mich mehr, als daß ich sie meide.«

2. Die Denunzierung der Wissenschaft

Doch zurück zur nicht minder konfliktreichen Gegenwart. Es erhebt sich die entscheidende Frage, welche Wirkung Pornographie auf den Konsumenten habe. Um diese Frage tobt gegenwärtig in der Bundesrepublik eine der heftigsten innergesellschaftlichen Auseinandersetzungen seit 1945, nachdem sich die sozialliberale Bundesregierung entschlossen hat, den Paragraphen 184 des Strafgesetzbuches zu lockern, der Herstellung und Vertrieb von Pornographie unter Strafe stellt. Künftig soll nur noch die »harte« Pornographie bestraft werden, Herstellung und Vertrieb sexueller Darstellungen in Verbindung mit Gewalt, Sodomie, Nekrophilie oder Koprophilie usw., ferner der Vertrieb an Jugendliche oder die unverlangte Zusendung auch an Erwachsene.

Die Konservativen in unserem Lande, die CDU/CSU, NPD, die Kirchen, die konservative Presse, Verbände und Organisationen, aber auch Einzelpersönlichkeiten, stehen seitdem auf den Barrikaden der Moral, um den endgültigen Durchbruch der »Sex-Schlammflut« (so die evangelische Bekenntnisbewegung

»Kein anderes Evangelium«) in letzter Minute zu verhindern. Die wesentlichsten Argumente von christlich-konservativer-nationaler Seite, den Paragraphen 184 nicht anzutasten, lauten:

1. Man könne Pornographie nicht für Erwachsene freigeben, ohne daß nicht auch Jugendliche sie in die Hände bekämen.
2. Pornographie sei »sozialschädlich«, d. h. sie gefährde
   a) die Jugend
   b) die Ehe, damit auch
   c) die Familie und über diesen Umweg
   d) Staat und Gesellschaft.

In ihrer Schrift »Das Gesetz des Staates und die sittliche Ordnung« behaupten sowohl die katholischen wie die evangelischen Autoren, daß die Pornographie als Teil der »sexuellen Revolution« den staatlichen und gesellschaftlichen Umsturz beschleunige. Beelzebub hat viele Namen.

3. Pornographie verstoße gegen die Würde des Menschen, vor allem gegen die Würde der Frau.
4. Pornographie diene den Profitinteressen skrupelloser Geschäftemacher.

Demgegenüber steht die Bundesregierung (zumindest war dies die Ansicht des ersten Diskussionsentwurfs) auf dem Standpunkt, wie es Bundesjustizminister Gerhard Jahn ausdrückte,

1. daß es nicht die Aufgabe des Staates sein dürfe, mit seinen Strafgesetzen Hüter der Moral erwachsener Bürger sein zu wollen, solange Rechtsfriede und -sicherheit nicht gebrochen würden,
2. daß der Paragraph 184 ohnehin nicht mehr ernst genommen würde,
3. daß nach dem gegenwärtigen Stand der Forschung angenommen werden könne, daß die Jugend durch Pornographie in ihrer »sittlichen Entwicklung« nicht gefährdet werde,
4. daß die Jugend sowie Unbeteiligte wirkungsvoller geschützt werden könnten, wenn Pornographie für Erwachsene freigegeben würde.

Alle führenden Vertreter von SPD und FDP haben im übrigen nicht versäumt, ihren Abscheu und Ekel vor »pornographischen Machwerken« zum Ausdruck zu bringen.

Wer versucht, so unvoreingenommen wie möglich die Argumente und Gegenargumente abzuwägen und auf ihre Richtigkeit zu prüfen, dem fällt auf, daß die Gegner der Pornographie kaum wissenschaftliches Material beizusteuern vermögen. Sie stellen bloße Behauptungen auf und bleiben den exakten Beweis schuldig, etwa daß Pornographie tatsächlich sozialschädlich sei. Die Argumentation ist also »moralisch« in dem Sinne, daß Moralgesetze keiner Begründung bedürfen. Theologen und Juristen sind sicherlich kompetent für die Formulierung und Interpretation von ethischen und moralischen Normen; aber Pornographie ist zunächst ein Thema der sozialen und psychologischen Wissenschaften.

Die wissenschaftlichen Forschungsergebnisse zum Thema Pornographie sind gewiß noch spärlich. Aber soweit sie vorliegen, kommen sie zum überwiegenden Teil zu dem Schluß, daß Pornographie weder schädlich sei für den Erwachsenen noch für den Jugendlichen und auch Ehe und Familie kaum gefährde oder gar Staat und Gesellschaft. Zumindest lasse sich eine Sozialschädlichkeit nicht nachweisen. Die meisten zuständigen Wissenschaftler kommen sogar zu dem auf den ersten Blick erstaunlichen Ergebnis, daß Pornographie unter den Bedingungen der gegenwärtig herrschenden sexualfeindlichen Moral und der gesellschaftlichen Verhältnisse nicht nur nicht schädlich, sondern sogar unter Umständen nützlich sei. Das Institut für Rechts- und Verhaltensforschung an der Universität Kalifornien stellte beispielweise in einer Untersuchung an drei Personengruppen (sexuelle Straftäter, Pornographie-Konsumenten und einer Kontrollgruppe) fest, ein Mensch, der in jungen Jahren seine sexuelle Neugier nicht durch Pornographie befriedigen konnte, sei viel stärker der Gefahr ausgesetzt, in späteren Jahren ein abartiges sexuelles Verhalten zu entwickeln, falls ungünstige erzieherische Einflüsse auf ihn eingewirkt haben. Bei Delinquenten, die Frauen vergewaltigten und sich an Kindern vergingen, ließ sich dies deutlich beobachten. Erwachsene, die sich sexuell »normal« verhalten, haben dieser Studie zufolge in ihrer Jugend weitaus mehr Berührung mit Pornographie gehabt als »sexuell geschädigte Gruppen«. Auch »normale« Erwachsene konsumierten mehr Pornographie als Menschen, die Sittlichkeitsverbrechen begangen haben.

Diese Studie der beiden Professoren Harold S. Kant und Michael J. Goldstein ist Teil eines weit umfangreicheren Forschungsberichts, den die Regierung der USA in Auftrag gegeben hatte. Diese amtliche Untersuchungskommission über Obszönität und Pornographie kam zu dem Ergebnis: »Der Ausschuß fand keine empirisch-wissenschaftlichen Beweise für einen Zusammenhang zwischen dem Konsum von Pornographie und irgendwelchen Schäden für Minderjährige oder Erwachsene.« Als sie vorlag, verwarf sie der um seine Wiederwahl fürchtende Präsident Richard Nixon umgehend als »unwissenschaftlich« und als »moralischen Bankrott«. Auch der US-Senat bescheinigte dem Bericht mit großer Mehrheit Unwissenschaftlichkeit, obwohl ihn, wie die Zeitschrift »Psychology today« feststellen konnte, die meisten Senatoren vor der Abstimmung gar nicht gelesen hatten!

Die Ergebnisse von Kant und Goldstein bestätigt unabhängig auch Professor R. Lempp von der Abteilung für Jugendpsychiatrie und -neurologie an der Universität Tübingen. Lempp, der häufig als Gerichtsgutachter tätig ist, stellte »bei der ganz überwiegenden Zahl jugendlicher Sexualdelinquenten, insbesondere auch von jugendlichen sexuellen Gewalttätern«, fest, es sei die Regel, »daß sie sich unmittelbar oder auch längere Zeit vor der Tat nicht mit sexuellen Phantasien befaßt haben und auch nicht von außen dazu stimuliert wurden«. Diese Jugendlichen seien also nur deswegen straffällig geworden, so der Wissenschaftler, weil es ihnen »vielfach nicht möglich ist, innere sexuelle Spannungen auf dem Wege der Phantasie abzureagieren, weil ihnen diese sexuellen Phantasien nicht zur Verfügung stehen«.

Lempp zieht daher den Schluß: »Pornographische Schriften und Filme sind sicher, zumindest für einige Fälle, ein Mittel, diese inneren sexuellen Spannungen in der Phantasie auszuleben und abzureagieren.«

Zu solchen oder ähnlichen kommen weitere Untersuchungen namhafter Wissenschaftler. In einem gesellschaftlichen Klima, das die menschliche Sexualität durch eine prüde Moral als etwas Böses, Schmutziges und Widernatürliches hinstellt, kommt der Pornographie die Funktion eines Ventils zu; sie ist Ersatz für eine beschädigte natürliche Sexualität.

Am sexualwissenschaftlichen Institut der Universität Hamburg ging man der Behauptung nach, ob Pornographie aufreize, den Menschen »aufgeile« und ihn dadurch sexuell aggressiv mache. Zu diesem Zweck wurde in mehreren Versuchen einer Reihe von Testpersonen pornographische Bilder und Filme vorgeführt, zum Teil äußerst »harte« Pornographie. 24 Stunden später wurden die Testpersonen nach ihren Reaktionen befragt. Adolf-Ernst Meyer faßt das Ergebnis so zusammen: »Diese Resultate zeigen klar, daß trotz der recht massiven Reize von Triebdurchbrüchen nicht die Rede sein kann.« Auf zwei Drittel bis vier Fünftel der Versuchspersonen, getrennt nach Frauen und Männern, machte auch harte Pornographie überhaupt keinen Eindruck, d. h., sie beeinflußt nicht ein schon vorher eingeübtes Sexualverhalten.

Selbst wenn die folgenden Beobachtungen wissenschaftlich noch nicht gesichert sind, erscheinen sie doch aufschlußreich und bestätigen Forschungsergebnisse.

Leo Madsen, der als größter skandinavischer Porno-Produzent wohl einige Sachkenntnis beanspruchen darf, gibt ganz offen zu, daß seine Umsätze in Skandinavien katastrophal zurückgehen, seitdem in Dänemark und Schweden die Pornographie weitgehend freigegeben worden ist. Hatte er nach eigenen Darstellungen früher von einem pornographischen Buch 40 000 bis 50 000 Exemplare verkauft, kann er jetzt kaum noch 400 bis 500 absetzen. Zahlreiche Porno-Verlage sind mittlerweile pleitegegangen. Das große Geschäft für die übrigen bringt der Export ins prüde Ausland, vor allem in die Bundesrepublik.

Außerdem hat Herr Madsen beobachtet: »Junge Leute kaufen keine Pornographie, weil sie sich nicht dafür interessieren, und eine Sache, für die man sich nicht interessiert, von der kann man auch nicht verdorben werden.«

Diesen Sachverhalt bestätigte auch Prof. Mitscherlich vor dem Strafrechtsausschuß des Bundestages: »Pornographie ist doch etwas für uns Ältere«, meinte er sarkastisch, vom Redetext abweichend. Und selbst die alles andere als moralisch laxe »Frankfurter Allgemeine« ermittelte in Gesprächen mit Frankfurter Kioskhändlern, Kinobesitzern und Verkäufern, »daß nicht Jugendliche, sondern Personen über 40 den bei weitem größten Kundenkreis für sexbedrucktes Papier bilden«. Das gelte ebenso für sogenannte Aufklärungsfilme wie »Variationen der Liebe«. »Jugendliche genießen lieber Frischobst«, meinte ein Hauptbahnhof-Händler. Auch in die Sex-Läden kommen vorwiegend ältere Herren, die fürchten, »aus dem Verkehr gezogen zu werden«.

Es erhebt sich also die entscheidende Frage, wer denn eigentlich vor Pornographie geschützt werden solle, nachdem sie für den überwiegenden Teil der Jugend offenbar ein alter Hut ist? Wie kann Pornographie für Jugendliche unter diesen Umständen noch »sozialschädlich« sein?

Eher scheint ganz deutlich (freilich nur innerhalb eines sexualfeindlichen gesellschaftlichen Klimas) eine positive Wirkung von der Pornographie auszugehen, wie die genannten Untersuchungen annehmen. Dies bestätigen auch Praktiker wie der Kopenhagener Polizeipräsident Jan Haslund, der darauf hinwies, daß die Sexualkriminalität in Dänemark seit der Freigabe der Pornographie deutlich abgesunken sei. Haslund sieht hier ebenfalls einen ausschlaggebenden Zusammenhang, wenn auch diese äußerst interessante Erscheinung noch nicht wissenschaftlich exakt geklärt ist.

Aber es sind immerhin deutliche Indizien, exaktere jedenfalls, als die ständig wiederholten Schreckensrufe der Moralisten, Pornographie sei sozialschädlich.

Als ein solches Indiz darf auch die Meldung des Hessischen Landesdienstes gelten, mit der Sex-Welle sei für 1970 in der hessischen Landeshauptstadt Wiesbaden ein Rückgang der Vergewaltigungen und sexuellen Handlungen an oder mit Kindern zu verzeichnen. Das wird genau belegt: 1970 habe die Wiesbadener Kriminalpolizei 22 Notzuchtsdelikte registriert, 1969 dagegen 25 und im Jahre davor sogar 35. Die Zahl der sexuellen Handlungen an oder mit Kindern sei von 142 im Jahre 1968 auf 105 im folgenden Jahr und auf 71 im Jahre 1970 abgesunken; das entspräche einem Rückgang um genau 100 Prozent! »Dieser

Trend scheint sich fortzusetzen«, meinte dazu ein Sprecher des Wiesbadener Polizeipräsidiums.

Der amerikanische Psychologie-Professor Sol Gordon faßt seine Ansicht über die Funktion der Pornographie so zusammen: »Wenn alle pornographische Literatur verbrannt werden könnte, so daß nichts mehr davon übrig bliebe, so wäre der Erfolg ein gewaltiges Ansteigen von sexuellen Verbrechen.« (Zit. nach Speicher, »Die großen Tabus«.)

3. Die Sehnsucht nach der verlorenen Schuld

Schwerer abzuschätzen ist die Wirkung der Pornographie auf Kinder. Aber auch hier lassen Untersuchungen den Schluß zu, daß eine schädigende Wirkung zumindest fraglich ist. Zwar müssen bereits Kinder aufgrund einer verständnislosen Erziehung der Eltern, die selbst Opfer einer sexuell- und leibfeindlichen Moral sind, sehr früh psychische »Abwehrtechniken« gegen alles Sexuelle entwickeln, weil es ihnen unter Androhung von Strafe als etwas Schweinisches vorgestellt wird. Aber wenn feststeht, daß Kinder selbst dann keine dauernden seelischen Schäden davontragen, wenn unzüchtige Handlungen (ohne Gewalt) an ihnen begangen werden (Verstörungen und mögliche Schäden treten häufig erst dann ein, wenn so ein Delikt entdeckt wird und das Kind sich plötzlich im Mittelpunkt von Aufregung, Entsetzen und intensiven Verhören durch Eltern, Polizei, Staatsanwaltschaft usw. sieht), so ist kaum einzusehen, weshalb visuelle Pornographie eine seelisch nachteilige Wirkung haben sollte. Daß Kinder zuweilen einen Schock erleiden, wenn sie die Eltern beim Geschlechtsverkehr »ertappen«, ist nicht auf das plötzliche Erleben eines sexuellen Aktes zurückzuführen, sondern darauf, daß das Kind meint, der Vater tue der Mutter brutale Gewalt an, er wolle sie töten.

»Alle Untersuchungen über die Wirkung von Pornographie bestätigen, daß es ungefährlich ist, wenn pornographische Bilder oder Texte zufällig einmal in die Hände von Kindern geraten. Was sie da zu sehen oder zu lesen kriegen, übersteigt einfach ihren Denk- und Erlebnishorizont, bleibt ihnen fremd, wird nicht verstanden und ist darum wirkungslos«, meint jedenfalls der Diplompsychologe Helmut Kentler (»Frankfurter Rundschau« vom 29. 5. 1971). Die Eltern sollten daher »keine Angst vor Porno« haben.

Stärkeres Interesse für Pornographie entsteht im allgemeinen erst mit der Pubertät, wenn sich der Junge oder das Mädchen ihrer genitalen Sexualität bewußt werden. Allerdings wird das

Interesse, die Neugier um so größer und drängender sein, je intensiver und nachdrücklicher dem Pubertanden zuvor als Kind eingeimpft wurde (etwa beim Doktorspielen oder wenn er seine Genitalien anfaßte oder Fragen stellte), Sexualität oder gar seine Geschlechtsteile seien etwas Widerliches und Unnatürliches, und wenn er dann auch als Heranwachsender keine umfassende Aufklärung erhält, zu der schließlich auch die optische Wissensvermittlung gehört.

Der als Aufklärer tätige und schreibende Pfarrer Heinz Hunger hat in seinem Buch »Das Sexualwissen der Jugend« aufschlußreich nachgewiesen, wie erschreckend gering das Wissen der Heranwachsenden über sexuelle Probleme ist, vor allem wieder bei solchen aus den unteren sozialen Schichten und mit geringer Bildung. Aber den Wissenschaftler Hunger verdrängt der einsichtslose Moralist: denn obwohl der Pfarrer auch noch sehr eindringlich darauf verweist, wie sehr die Jugendlichen nach umfassender und detaillierter Aufklärung verlangen, daß hier also ein echtes Bedürfnis, möglicherweise aufgrund von Angst, vorliegt, und wie wenig Eltern und Erzieher dieses Bedürfnis zu stillen vermögen, entrüstet er sich über Jugendliche, die sich schließlich mit Hilfe von pornographischen Erzeugnissen selbst aufklären oder, ihrer drängenden Phantasie nachgebend, selber Pornographisches schreiben. Dabei läge es nahe, anzunehmen, daß es durchaus etwas Natürliches sei, wenn ein 12- oder 13-jähriger nun endlich wissen möchte, wie eine nackte Frau und ihr Geschlechtsorgan en detail aussehen. Es wäre viel gewonnen und um die Aufklärung besser bestellt, wenn sich die Erwachsenen nur erinnern wollten, wie und wo sie selbst aufgeklärt worden sind. Es ist absurd, daß jede Generation die nachfolgende immer wieder unter den Zwang stellt, dieselben schmerzlichen Erfahrungen abermals machen zu müssen. So reproduzieren sich Unterdrückung und eine »beschädigte Sexualität« von Generation zu Generation.

Die Entrüstung der Erwachsenen über das Interesse Jugendlicher an Pornographie rührt freilich nicht zuletzt aus dem nicht zu beseitigenden Vorurteil, ein Kind sei ein geschlechtsloses, unschuldiges Wesen, hingegen charakterlich verdorben, wenn es sexuelle Neugier oder »Veranlagung« zeige. Zu diesem irrigen und irrsinnigen Bild von der Unschuld und Reinheit des Kindes haben die Literatur, Pädagogik, Medizin, Philosophie und vor allem auch die Theologie des 18. und 19. Jahrhunderts, ja selbst noch des 20. wesentlich beigetragen, unter dem Druck einer repressiven, schnell schuldig sprechenden Moral. In dieser Zeit besonders strenger, ans Wahnsinnige grenzende Sexualunterdrückung begann die von Schuld- und Angstgefühlen gequälte Phantasie des Erwachsenen im Kind ein Symbol für die verlorene Ganzheit des Menschen zu sehen; das Kind wurde zum

Sehnsuchtsobjekt, zum paradiesischen Gegenteil eigener, selbst-
anklagender Verworfenheit.

In Wahrheit ist das Kind vom ersten Lebenstag an ein sexuelles
Wesen (wenn auch nicht in erster Linie ein genital bestimmtes
wie der Erwachsene), das aber von der Verworfenheit der Erwachsenen und ihren Vorstellungen von »Reinheit« dazu gezwungen wird, sexuelle Reize und Äußerungen abzuwehren
und zu verdrängen, damit es diesem unmenschlichen, drohenden Bild von Reinheit auch ja entspreche. Dazu Wolfgang
Hochheimer, Direktor des Instituts für pädagogische Psychologie in Berlin (in »Sexualität und Verbrechen«): »Das Kind ist
in eigener, weitgehend unerkannter und fanatisch bestrittener
Weise auch schon Sexualobjekt. Gerade wegen der ganzheit-
lichen Seins- und Reaktionsweise von Kindern sind sie das in-
klusive ihrer mitanklingenden Sexualität und Genitalität. Lie-
besempfindungen, Reaktionen auf leibseelische Nähe, taktile
Reize gehen ihnen durch und durch ... Daneben können sich
schon früh abgesprengte Teilempfindungen und -sensationen
ausbilden mit entsprechenden Befriedigungsbedürfnissen eigener wie fremder Reizungen. Eine große Anzahl von einschlä-
gigen Untersuchungen und Beobachtungen im Gefolge der Freud-
schen Psychoanalyse, aber auch andere Richtungen der Kinder-
psychologie haben im zwanzigsten Jahrhundert mit dem Mär-
chen des ›asexuellen‹ Kindes einigermaßen aufgeräumt.«

Der amerikanische Sexualwissenschaftler Alfred Kinsey wies
sogar zahlreiche Fälle von präpuberalem Orgasmus nach bei
Kindern im Alter von fünf Monaten bis zum Beginn der Pubertät (nach Hochheimer). In einer zitierten Untersuchungsreihe
erlebten 200 von 214 Jungen dieses »sexuelle Höchst-Lustge-
fühl«, Kinsey selbst stellte 273 Fälle von kindlichem Orgasmus
fest. Erstaunlich war auch die Häufigkeit der kindlichen Orgasmusfähigkeit. »Das Psychosexuelle«, schreibt Kinsey in seinem
Buch »Das sexuelle Verhalten des Mannes«, »sieht so aus, daß
sich aus einer allgemeinen physiologischen Grundfähigkeit heraus durch Erfahrungen und Bedingungen entwickelt, was ein
Erwachsener schließlich als sexuell versteht.«

»Kurz«, so Hochheimer, »das kindlich-jugendliche Sexualleben
erweist sich von einer Reichhaltigkeit und Höchstleistungs-
fähigkeit, die in krassem Widerspruch stehen zu den wirklich-
keitsfernen Behauptungen vom ›asexuellen‹ Kind.« Kinsey
stellte fest, daß nur sehr wenige Erwachsene zu mehr als vier
oder fünf Ejakulationen fähig seien, ein zufällig während der
Untersuchungen herausgegriffener Knabe von zehn Jahren erreichte dagegen sechs oder mehr Orgasmen, »und ein Viertel
der vorpuberalen Jungen bis zu 10, gar 20 und mehr in wenigen Stunden«.

Diese wissenschaftlichen Untersuchungen mögen dem Laien

wenig geschmackvoll erscheinen, jedoch sie tragen zu einem besseren Verständnis des Menschen bei und könnten helfen, Vorurteile zu beseitigen. Sie sind notwendig. Aber das ist im Bereich des Sexuellen, der von der Moral überlagert wird und Forschung lange Zeit überhaupt verhinderte, ein mühsames Geschäft. »Wir müssen auch hierzu feststellen, daß die Verhaltenswirklichkeit überdeckt und abgeblendet wird von unseren sittlichen Postulaten und Normsetzungen. Der Mensch akzeptiert sich nicht, oder doch nicht bedingungslos. Er kann das nicht, darf das nicht. Er will von sich in Wirklichkeit nichts oder doch nicht die ganze Wahrheit wissen«, meint dazu Wolfgang Hochheimer.

Daß »sittliche Postulate« und Tabus auch von Wissenschaftlern Denkhemmungen fordern, beweist einmal mehr der plastische Chirurg Dr. Dr. Werner Freytag in seinem Buch »Sex — Ehe — Gesellschaft«. Die Arbeiten des sexualwissenschaftlichen Instituts der Hamburger Universität, die u. a. wichtige Aufschlüsse über das Sexualverhalten der Jugend und der Arbeiter gebracht haben, wertet er als »obszöne Experimente« ab und greift die Wissenschaftler sogar persönlich an: »Sicher aber wird deutlich, daß oft in geltungsbedürftiger, wissenschaftelnder Art die Würde des Menschen entweiht und das Obszöne zum Gegenstand der Lehre gemacht wird.« Als ob die Würde des Menschen nicht von »unwürdigen« sozialen Verhältnissen oder von der moralisch erzwungenen Unkenntnis über sexuelle Probleme, die Vorurteile produzieren, entweiht würde. Nebenbei ist die »Freudsche Fehlleistung« in Freytags Formulierung bemerkenswert: Das Obszöne ist offenbar das menschliche Sexualverhalten, denn dieses ist Gegenstand der Lehre.

»Sittliche Festigkeit« verleiht offenbar jenen Mut, der notwendig ist, sich auch dann an Probleme zu wagen, wenn man von ihnen keine Ahnung hat. So verwundert es Freytag nicht, »daß früher in der so wenig aufgeklärten Zeit, aber bei verantwortungsbewußteren Menschen das Eheleben beständiger war, das Menschsein seelisch wertvoller sein konnte als heute bei jenen, die sich so sehr für die »Literatur der Sexologie und Sexualphysiologie interessieren«. Mit anderen Worten: Das Wagnis, Menschen aufzuklären und sie aus ihrer unverschuldeten Unmündigkeit zu befreien, erscheint moralisierenden »Wissenschaftlern« wie Freytag zu groß, unverhüllt plädiert er für brutale Repression zugunsten eines »beständigen Ehelebens«. Jene »unaufgeklärte Zeit« versuchten wir in den Anfangskapiteln darzustellen; es war die Zeit, wo das sexuelle Schutzbedürfnis des Bürgertums, pädagogisch und medizinisch entwickelt von »Wissenschaftlern« wie Freytag, den Menschen in Angst und Schrecken hielt und die Grenze zum Wahnhaften überschritt. Darüber hinaus zeigt sich in »sauberen« Schriften wie der Freytags immer wieder, wie gering die Toleranzbereitschaft des Moralisten ist, wie eng die Grenzen seiner Duldsamkeit: »Wie trivial, wie lieblos leben die Kommunarden, die Partnertauscher und jene Wissenschaftler, die, sexologisch produktiv, ungehemmt süchtig sind und überdies, oft an Depressionen leidend, häufig aufbrausende Charaktere darstellen?« Diffamierung äußert sich als Haß, Haß als projektive Abwehr eigener Sexualwünsche, die als moralische Festigkeit erscheint.

Der nationalsozialistische Rassenbiologe Hoffmann zeigt die Verwandtschaft dieser Sprache auf: »Der jüdisch-liberalistische Einfluß führt zur brutalen Schändung geheiligten inneren Empfindens« und: »Es wird kaum gelingen, die mittleren, im zeugungsfähigen Alter stehenden Jahrgänge dahingehend zu beeinflussen, ihre beschämende, von jüdischen Sexualbolschewisten aufgeschwatzte Gefolgschaftstreue in Gebräuchen des Liebes- und Geschlechtslebens aufzugeben.«

Man ersetze »jüdische Sexualbolschewisten« durch »wissenschaftlernde Sexologen« und staune oder erschrecke über die enge Verwandtschaft der Sprache und des Denkens. Darüber hinaus läßt Freytag keinen Zweifel, daß er, wie die Nationalsozialisten, die Universitäten von bestimmten Elementen säubern würde, hätte er das Kommando: »Es gäbe nutzvollere Lehrstühle als Sexologie und Sexualphysiologie, wertvollere (!) Hochschullehrer als solche, die das schönste in der Menschenliebe, die wirkliche, edle Liebe, physiologisch sezieren, dabei oft nur das Fleischliche gelten lassen, jedoch am Wesen der Liebe — vor lauter Sex-Kult — vorbeisehen.« (Wie sich edle Liebe, noch dazu innerhalb der Menschenliebe, physiologisch sezieren läßt, bleibt Freytags, des plastischen Chirurgen, großes Geheimnis.)

Immerhin, wissenschaftliche Untersuchungen, die Moralisten wie Freytag offenbar privatim in seiner edlen Liebe berühren, lassen den Schluß zu, daß Kinder und Heranwachsende von Pornographie nicht »verdorben« werden. Eher ist Pornographie ein lösendes und entkrampfendes Ventil für die Phantasie, selbst wenn sie als »Onanievorlage« benutzt wird. Kentler sieht darin eher einen Vorteil (zumal ohnehin über 90 Prozent der heranwachsenden Jungen onanieren, ob mit oder ohne pornographische Stimulantien), weil »damit Anstöße gewonnen werden, die den selbstbezogenen masturbatorischen Akt auf den Partner ausrichten können«.

Im übrigen weisen zahlreiche Untersuchungen darauf hin, daß selbst die deutlichsten Darstellungen in pornographischen Erzeugnissen selbst bei Kindern und Heranwachsenden bereits so gut wie keinen Einfluß auf das im Verlauf des Sozialisationsprozesses »erlernte« Sexualverhalten oder auf erworbene Anschauungen und Einstellungen zum Sexuellen haben. Diese werden von der Erziehung geprägt, wobei die Erziehung und die Art der Sozialisation wiederum abhängen vom sozialen Milieu, das die Eltern und die soziale Schicht, in der die Eltern leben, bestimmen. Diese »sozio-kulturellen Determinanten« sind so gut wie ausschließlich verantwortlich für ein »sexuell beschädigtes Verhalten« (Mitscherlich) oder auch für sexuelle Kriminaldelikte (immerhin sind an einem Delikt wie Nötigung zur Unzucht Jugendliche zu über 40 Prozent beteiligt, an den bekanntgewordenen Sittlichkeitsverbrechen insgesamt zu gut einem Fünftel. Der größte Teil dieser jugendlichen Sexualdelinquenten stammt dabei aus sozial niederen Schichten oder verfügt — meist eine kausale Bedingung — über ein geringes Bildungsniveau, etwa weil sie vernachlässigt wurden oder der öffentlichen »Fürsorgeerziehung« — jedes Teilwort dieses Begriffs ist ein Hohn — ausgeliefert waren. Nur will das eine fanatische Moral nicht zur Kenntnis nehmen, weil sie sich dann zwangsläufig selbst und das von ihr beeinflußte Rechtssystem (das den Straffälligen auf einen freien Willen festnagelt) in Frage stellen müßte, nämlich als mitverantwortlich für diese »sozio-kulturellen Determinanten«.

4. Pornographie als Problem des Antipornographen

Kaum irgendwo wird Heuchelei so häufig angetroffen wie im Bereich der Sexualmoral, wenn auch Heuchelei hier nicht als moralisches Urteil, sondern als psychologische Feststellung gemeint ist (Verdrängung, Rationalisierung, Projektion usw.). Der moralische Eiferer ist sich kaum bewußt, daß seine Sittenstrenge ein Kraftakt ist, mit dem er seine eigenen sexuellen Wünsche, Phantasien und Ängste niederhalten muß. Gefährlich kann dies werden, wenn der unterdrückte Sexus sich als Aggressivität gegen diejenigen richtet, die sich nicht nach den »moralisch-natürlichen« Verhaltensregeln richten. Der verdrängte Wunsch will im Haß, wenn nicht in der Verfolgung des Lüstlings, dann oftmals als rassisch, religiös oder weltanschaulich verfremdet, befriedigt werden.

In der Tat scheint das Problem der Pornographie zunächst ein individuelles Problem des moralistischen Antipornographen zu sein, bevor es gesellschaftliche Dimensionen annimmt: Auch der Antipornograph ist schließlich ein Mensch, dessen Sexualität ein bestimmtes, seine Haltung prägendes Schicksal erfahren hat.

In den meisten Fällen mußte er lernen, ein an sich normal entwickeltes Sexualempfinden radikal zu verdrängen. Schon der Gedanke an sexuelle Dinge muß er bzw. sein Über-Ich abwehren, weil sich sofort Schuldgefühle melden. Aber der entwertete Sexualtrieb rächt sich an der »sittlichen« Person selbst, indem er die Phantasie oder das Unterbewußtsein erst recht sexualisiert, »vergiftet« und somit peinigt. Diese Pein der sexualisierten Phantasie oder des Unterbewußtseins kann aber, wie Kinsey und Freud zeigten, durch Enthaltsamkeit allein nicht bewältigt werden. Die Übertragung sexueller Energie auf andere Ziele, Tätigkeiten, etwa in der Arbeit (Sublimierung), ist zwar ein Ausweg, der aber zum einen meist nur teilweise gelingt, weil der Mensch in verschiedenen Rollen aktiv ist, zum anderen aber im Grunde keine wirksame Abhilfe schafft (nach Ansicht Kinseys überhaupt keine, er hält Sublimierung für nicht möglich). Der seine Sexualwünsche Verdrängende befindet sich in der vergleichbaren Situation eines zum ständigen Hungern gezwungenen Gefangenen, dessen Phantasie und Gefühlsleben bewußt oder unbewußt um das Essen oder Sattwerden kreist. Deutsche Kriegsgefangene bestätigten, daß der permanente Hunger allmählich alle anderen Gedanken verdrängte (etwa an die Entlassung oder an die Familienangehörigen) und soziale Bindungen wie Rücksicht, Kameradschaft oder das Diebstahlstabu schließlich aufhob. Wer etwas zu essen hatte, zog sich den Neid und den Haß der Hungrigen zu.

Ähnlich, wenn auch psychisch weit differenzierter und problematischer, bewältigt der Antipornograph seine zwanghaft verdrängte Sexualität (was hier als Feststellung gemeint ist und keinesfalls als Abwertung oder Disqualifikation). Er verfolgt »zwangsläufig« denjenigen, der sich an Pornographie verlustiert, weil er insgeheim, ihm selbst nicht bewußt, an dieser »Delikatesse« teilhaben möchte, aber nicht teilhaben darf. (Von der anderen Möglichkeit, daß sich diese Aggressivität infolge des Bewältigenmüssens auch gegen die eigene Person richten und psychische Krankheiten oder »abnormes« Verhalten nach sich ziehen kann, wurde in anderem Zusammenhang gesprochen, abgesehen davon, daß der Verfolgungszwang gegenüber anderen selbst schon ein psychopathologisches Symptom ist.) Seine eigenen sexuellen Schwierigkeiten rationalisiert er dann damit, es gelte, Jugendliche vor sittlichem Verderben zu bewahren, die »Würde der Frau« zu sichern oder das moralische Chaos abzuwenden.

Solchermaßen autoritäre und aggressive, konfliktbeladene Personen sind aber gerade gesellschaftlich und politisch äußerst aktiv, sofern hohes Bildungsniveau und hoher sozialer Status hinzukommen. (Wohingegen autoritäre bzw. autoritätshörige Menschen mit durchschnittlicher oder geringerer Bildung und Sozialprestige politisch eher apathisch sind, aber gerade durch diese Apathie die vorgegebenen gesellschaftlichen Verhältnisse stabilisieren helfen. Vgl. dazu »Autoritarismus und politische

Apathie« in Heft 22 der »Frankfurter Beiträge zur Soziologie« von Michaela von Freyhold. Diese nach erster Durchsicht äußerst gründliche Studie konnte für diese Untersuchung nicht mehr berücksichtigt werden.)

Alfred Kinsey verglich die moralische Einstellung von besonders sittenstrengen Menschen mit der durchschnittlichen Häufigkeit ihrer sexuellen Aktivität und stellte fest: Je weniger sexuell aktiv ein solcher Mensch ist (sei es sozialisationsbedingt, sei es, seltener, anlagebedingt), desto strikter seine Forderungen nach Enthaltsamkeit und »sauberer« Moral, die er an andere und an die Gesellschaft und ihre Rechtsprechung stellt. »Es scheint tatsächlich so zu sein, daß intolerante Charaktere zur Gesetzgebung drängen« (sofern es gilt, moralische Normen Gesetz werden zu lassen), schreibt der britische Psychiater und Soziologe Alex Comfort (in »Der aufgeklärte Eros, Plädoyer für eine menschenfreundliche Moral«). »Daher die Tendenz gesetzlicher Normen, jene Ansichten über Sexualität widerzuspiegeln, die am wenigsten liberal sind.« (In der gegenwärtigen Diskussion um die Paragraphen 184 oder 218 ist dies augenscheinlich, wenn auch lediglich mit umgekehrten Vorzeichen: Während die Liberalen der Auseinandersetzung, von einigen Engagierten abgesehen, mehrheitlich passiv zusehen, organisiert die dem Bestehenden verhaftete Moral Widerstandsaktionen, Versammlungen, Appelle, Proteste, sammelt Unterschriften und zwingt eine liberale Regierung Schritt um Schritt zu Zugeständnissen.)

In der Tat spiegeln die Sexualvorschriften im Strafrecht keineswegs die in der gesamten Gesellschaft üblichen Anschauungen und Verhaltensweisen wider, sie müßten sonst wesentlich toleranter sein; vielmehr geben sie gerade die Haltung derjenigen wieder, die entweder »am meisten gestört oder von Verneinung bestimmt sind« (Comfort). Daß die Sexualnormen des abendländischen Kulturkreises zum großen Teil von der katholischen Kirche, und das heißt ganz konkret: von relativ wenigen Männern, die sich der völligen sexuellen Enthaltsamkeit verschrieben haben, bestimmt wurden und noch werden, muß objektiv und völlig wertfrei als Absurdum der kulturgeschichtlichen Entwicklung Europas bezeichnet werden.

Als solche Heuchelei muß auch das Argument bezeichnet werden, eine Freigabe der Pornographie würde skrupellosen Geschäftemachern zu riesigen Profiten verhelfen. Das Heuchlerische an diesem Argument wird deutlich, wenn man sich des »Geschäfts mit der Gewalt« erinnert. Die Darstellung, ja sogar die Verherrlichung des Gewalttätigen, Grausamen, Blutigen, des Tötens und Mordens ist in unserer Gesellschaft alltäglich und allgegenwärtig; es ist salonfähig: in Film und Fernsehen, in Romanen, »Krimis«, in Landserheften und in Comic strips.

Wo bleibt hier die Sorge um Kinder und Jugendliche? Der Profit aus dem Geschäft mit der Gewalt geht in die Milliarden und übertrifft den aus der Pornographie immer noch um ein Vielfaches; er ist gesellschaftsfähig und gilt als Zeichen von Cleverneß und Tüchtigkeit. Aber die Stimmen der Entrüstung stehen in einem geradezu grotesken Mißverhältnis: Den lauten Schreckensrufen über die steigende Porno-Flut steht die fast schweigende Tolerierung der Gewalt gegenüber.

Einige deutsche Schriftsteller halten einen dekorierten Offizier für »obszöner« als die Darstellung eines sexuellen Aktes. Das mag dichterische Übertreibung sein, der nicht jedermann beipflichten muß. Tatsache indessen ist, daß Wissenschaftler und Techniker, deren Lebensaufgabe es ist, sich den Kopf über immer wirksamere Waffensysteme zu zerbrechen, als honorige Leute gelten. Auch jene nicht eben wenigen Rüstungs-Lobbyisten, die ihre guten Beziehungen zu den Regierungen spielen lassen und deren Absatzinteressen (das Bild beginnt sich durch Untersuchungen allmählich zu einem erschreckenden Ganzen zu fügen) innerhalb des »militärisch-industriellen« Komplexes nicht nur die militärische Strategie, sondern vor allem auch die Verteidigungsideologie der westlichen Welt beeinflussen, auch Rüstungs-Lobbyisten sind ehrenwerte Männer. Waffenhändler gelten in vielen Teilen der Welt ebenfalls als ehrbare und meist als hochwillkommene Geschäftsleute. Sofern jemand beim Waffenschmuggel ertappt wird, begeht er nach landläufiger Ansicht eine Art Kavaliersdelikt. Als »Geschäftspartner des Todes« hat diese Herren noch niemand bezeichnet; gesellschaftliche Ächtung oder Isolierung drohen ihnen nicht, im Gegensatz zu den doch vergleichsweise harmlosen »Geschäftemachern mit dem Schmutz«, auf die sich der Haß der Moral entlädt.
Der Held, der überlegene Töter, einst nur das Ideal des den Staat tragenden Adels (der ausschließlich nur sich, den Stand, nicht aber Staat und Volk als »Nation« verstand), ist ein »gemeines« Jedermann-Ideal geworden. Ob Achilles, Friedrich der Große, Django oder William Calley, der gewalttätige Held befriedigt offenbar aggressive Bedürfnisse ich-geschwächter, aufgrund ihrer Erziehung, von der unbegriffenen Natur oder durch den gesellschaftlichen Prozeß geängstigter Menschen. Die Identifikation mit dem allmächtigen Helden baut einen Ich-Ersatz auf, wobei die Glorifizierung des Heldentodes, als Massenphänomen eine Erscheinung erst des Nationalismus, unter diesen Umständen wärmstens empfohlen und gestorben werden kann.
Der Tübinger Jugendpsychiater Professor Lempp jedenfalls betont: »Sicher ist jedoch die negative Wirkung optischer Eindrücke, insbesondere von Filmen, die Gewalttaten und Roheitsdelikte darstellen, wesentlich größer als die pornographischer

Abbildungen und Filme. Auch hier ist festzustellen, daß die Möglichkeit negativer Einwirkungen in besonderem Maße vom familiären Hintergrund und dem Milieu abhängig ist, in dem der Betroffene aufwächst.«

Wir meinen ein weiteres groteskes Mißverhältnis, eben Heuchelei, am Werk zu sehen, wenn sich sittenstrenge, meist fromme Antipornographen über die Maßen erregen, wenn irgendwo ein steifer Penis sichtbar wird oder eine offene Vagina, daß es sie hingegen kalt läßt, wenn von der namenlosen sexuellen Not die Rede sein soll in den Gefängnisanstalten, deren Insassen fast verrückt werden (Männer konstruieren »Fickmaschinen« oder bringen ihre Hand kaum noch von ihrem Geschlechtsteil, werden homosexuell und masturbieren sich gegenseitig, entlassene Frauen begehen Straftaten, um mit ihrer lesbischen Freundin im Gefängnis wieder vereinigt zu sein), oder in den Fürsorge- und Erziehungsanstalten, wo geschlechtsreife Menschen gnadenlos unterdrückt (und wegen geringfügiger anderer Delikte geprügelt) werden, wenn die Rede sein soll von den alleinstehenden Frauen, den alten Menschen usw. Ein fanatischer, psychologisch indes gut erklärbarer Trotz bemüht sich mit aller Kraft, die Ergebnisse der Wissenschaften zu verleugnen.

Als Heuchelei schließlich muß auch bezeichnet werden, wenn die kirchliche Presse oder konservative Zeitungen wie der »Bayernkurier« Sturm laufen gegen kulturkritische Sendungen im Fernsehen, sofern sexuelle Probleme in irgendeinem Zusammenhang eine nicht tabuisierte Rolle spielen, und diese seltenen Versuche einer Aufklärung als Pornographie und Schweinerei verdammen, hingegen die zunehmend pornographischer werdende Werbung der Industrie (deren Interessen sie sich häufig verbunden fühlen) tolerieren und Kritik dagegen als »rote Ideologie« abqualifizieren.

Denn nicht nur der Porno-Händler an der Straßenecke oder einschlägige Produzenten machen ihr »schmutziges Geschäft« mit dem Sex. Wesentlich »sauberer« zwar, aber wirksamer und vor allem gewinnbringender bedient sich die Werbung sexueller Stimulantien, weil sie dem Absatz förderlich sind. Nackte Schenkel und Busen werben für Unterwäsche, Betten und Kosmetika ebenso wie für Zigaretten, Getränke und Autoreifen, ja selbst für die verschiedenen Möglichkeiten der Geldanlage. Die menschliche Sexualität, vor allem die Reize der Frau, wird nutzbringend verwertet, wobei die Werbung ebenso bewußt auf »moralisch« verdrängte sexuelle Bedürfnisse zielt und sich zunutze macht wie der Porno-Fabrikant. Würden sich heute die großen Illustrierten an die öffentlich propagierten Normen von sexueller Sauberkeit halten, müßten die meisten von ihnen Konkurs anmelden. Es kann kaum ein Zweifel daran bestehen, daß die sogenannte Sex-Welle sich in erheblichem Maße den Methoden und Erkenntnissen von der werbetechnischen Verwertbarkeit der unterdrückten Sexualität verdankt. Die Erfordernisse der Industrie leisten also entscheidende Schrittmacherdienste für die allgemeine »Verwilderung der Sitten«; sie öffnete vermutlich erst der »Porno-Flut« die Schleusen, indem sie moralische Vorbehalte allmählich abbaute. Der sittenstrenge CSU-Abgeordnete Richard Jaeger opponierte, das muß gesagt werden, als einer der wenigen gegen diesen Verursacher des moralischen Dammbruchs: »Sumpfblüte des Kapitalismus« nannte er vor dem Bundestag diese Entwicklung.

5. »Liebe — das beste Umfeld für die Werbung«

»In den hochindustrialisierten kapitalistischen Gesellschaften ist der Kompromiß entstanden, Sexualität selbst als Ware zu verkaufen oder als Anreiz in die Werbung für Konsumgüter mit einzubeziehen. Der Grad der Liberalität wird damit abhängig von den Absatzproblemen der Wirtschaft, nicht aber von der rationalen Einsicht in die Freigabe der Sexualität zugunsten individueller Bestimmungen«, schreibt der Hamburger Sozialwissenschaftler Jürgen Friedrichs.
»Jasmin«, die »Zeitschrift für das Leben zu zweit«, bietet sich in einer Eigenwerbung der Industrie mit dem Hinweis an: »Weil Liebe das beste Umfeld für die Werbung ist.«
Nach Anfangsschwierigkeiten — Charles Wilp erregte vor Jahren mit seinen Veith-Pirelli-Beinen noch Proteste der Automobil-Verbände, die Offenheit, mit der Intimthemen angesprochen wurden, etwa in der Werbung für Tampons, kam zu abrupt — ist Sex in der Werbung handlich und zu einem unentbehrlichen Instrument geworden. »Mit dem Fallen weiterer Tabus wird das erotische Reizangebot eher noch steigen müssen«, versichert Gabriele Chmielewski von der Frankfurter ARC-Werbeagentur (laut »Volkswirt« vom 2. 1. 1970). Sex um jeden Preis und für jeden Artikel werde zwar verschwinden, wissen die Fachleute, dafür werde er aber auf Artikel konzentriert werden, für die erotisches Flair nachweisbar absatzfördernd ist. Die Zukunft werde noch sehr viel freizügigere Konzeption erfordern; so sei es nur eine Frage der Zeit, wann die Werbung auch nach landläufiger Ansicht sexuell »Abartiges« werde aufgreifen müssen, weil es »besonders intensive Reizsignale« ausstrahle, etwa lesbische Liebe, Homosexualität, Gruppensex usw. Darüber hinaus werden einstweilen noch statische Bilder (der Herr beispielsweise, der hinter einer durchsichtig bekleideten Dame

steht und mit beiden Händen ihre Genitalzone streichelt) sehr bald »action« werden.

Gabriele Chmielewski weiß auch: »Der nackte Mann kommt todsicher.« Doch werde er von der Werbung »äußerst feinfühlig« eingeführt werden müssen. Für den normalen Mann ist der nackte Kollege uninteressant, ja störend, weil er, der häufig etwas außer Form Geratene, den Idealtyp als Konkurrenten neidvoll abwehrt. Auch die Frau betrachtet nackte Männlichkeit — verinnerlichten moralischen Normen gehorchend — eher mit Scham und peinlichen Gefühlen, wenn auch nur in Gegenwart anderer. So wird der künftige nackte Mann als Konsumanreger entweder ein prächtiger nackter Muskelprotz sein, etwa ein Neger, der als Sklave an sado-masochistische Phantasien der Frauen appellieren soll, oder er wird, falls er ein heimischer Weißer ist, ein sanfter, romantischer Typ sein; denn das männliche weiße Leitidol für Frauen, so haben die Professionellen herausgefunden, ist gegenwärtig der »Udo-Jürgens-Typ«.

Auch die Werbetexte werden eindeutiger an verdrängte Sexualwünsche appellieren. Die Werbepsychologen wissen, daß fast drei Viertel aller Frauen zeitlebens nur mit einem Mann sexuell verkehren, daß sie sich aber frustriert nach anderen Sexualpart-

Die Werbetechnik bedient sich seit langem sexueller Stimulantien, um den Absatz zu fördern; sie werden immer freizügiger. Es ist kaum zweifelhaft, daß dadurch das Klima für die Porno-Flut vorbereitet wurde. Genußfreudigkeit, Jugendlichkeit, Sex, problemlose Zweisamkeit: Die Kaufentscheidungen fallen in der Privatsphäre, sie muß als heile Welt vorgestellt werden.

nern sehnen. Das läßt sich ausnutzen, etwa so: »Sie hat sich den Hunderter ehrlich verdient. Sie hat viel dafür tun müssen. Aber es hat ihr Spaß gemacht. Sie würde es jederzeit wieder tun. Sie ist die Straße lang. Dann fand sie den Richtigen. Es war Liebe auf den ersten Blick. Ihr ging es gar nicht ums Geld.« Dazu das Bild, von unten fotografiert: Ein hochgeschobener Rock, praller After und wohlgeformte Schenkel, die Frau schiebt einen Hunderter ins Strumpfband.

Handelt es sich um eine Hausfrau, die nebenbei »anschaffen« ging und dabei neue Lustbereiche entdeckte? Keineswegs, der Richtige, den sie fand, war der Stoff für ein Cocktail-Kleid . . .

Der Amerikaner Vance Packard hat in seinem Buch »Die geheimen Verführer« schon vor Jahren gezeigt, wie die allgemeine sexuelle Frustration von der Werbeindustrie ausgebeutet wird. Mit sexueller Emanzipation hat dies nichts zu tun, die Sexualität läuft lediglich am etwas längeren Zügel. Es wird »Vorlust« angeboten, die sexuell Frustrierten und Unterdrückten konsumieren Sex, nicht Sexualität, und auch nur mit den Augen, als Voyeure. Dadurch werden sie von ihren Bedürfnissen erfolgreicher abgelenkt als durch unmittelbare Repression, schon deswegen, weil Voyeur-Sex die Phantasie hemmt. (Selbst die um sich greifende Fettsucht führen Psychologen zu einem erheblichen Teil auf sexuelle Frustration zurück, auf eine Rückentwicklung auf eine orale Stufe, die sogenannte »orale Regression«. So steht z. B. fest, daß Kinder unter der Obhut überbesorgter und dominierender Mütter leicht zur Fettsucht neigen, die leicht chronisch wird, ohne daß Drüsenstörungen vorliegen.)

Pornographie — vor allem die optische — erfüllt also eine dialektische Funktion innerhalb der industrialisierten kapitalistischen Gesellschaften: Sie ist einmal ein notwendiges Ventil, um frustrierten und aggressiv aufgeladenen Sexualphantasien Abfuhr zu ermöglichen und so die seelische Spannung zu mildern.

Zum anderen aber hält Pornographie, gerade auch ihre »saubere« Variante, die Konsumwerbung, die menschliche Sexualität auf einer infantilen, unausgereiften Stufe fest. Dadurch verhindert sie nicht nur Emanzipation und trägt nichts zur Bewußtseinsentwicklung über sexuelle Probleme bei, sondern kann im Gegenteil wiederum zu schweren Konflikten führen. Eine solche Kritik der Pornographie geht dabei freilich von anderen Voraussetzungen aus und verfolgt andere Ziele als die der verständnislosen Moral.

6. Pornographie als Spiegel des verkümmerten Sexus

Wenn man so will, so spiegelt bereits die Pornographie den Klassencharakter der sich unter den Gesetzen des Frühkapitalismus formierenden Gesellschaften Europas wider.

Als Kunstprodukt oder verbunden mit Kunst diente sie anfangs als raffiniertes sexuelles Stimulans den aristokratischen, später den hochbürgerlichen Schichten. Aber hier decken sich pornographisch-voyeuristischer Genuß mit einer gemäßen amoralischen Lebensweise. Ausgesprochen zotige Pornographie diente fast ausnahmslos als Karikatur des ungebildeten, tölpelhaften Volkes, vorzüglich der Bauern und des niederen Klerus, wie literaturwissenschaftliche Untersuchungen vor allem der altfranzösischen Schwänke zeigten. Hier entfährt die Seele dem Bauern aus dem After, so sehr stinkend, daß nicht einmal der Teufel sie haben mag, die Männer »scheißen« den Weibern in den Schoß oder »ins Maul«, Koitieren wird zur Strafaktion, das Volk wühlt im Fäkalischen, es besteht aus grotesken Gnomen mit überdimensionierten Geschlechtsteilen. Vor allem die Sexualgier des bäuerlichen Weibes ist Gegenstand feudalistischer Heiterkeit, ihm gegenüber sind alle Zoten und schlüpfrigen Benennungen erlaubt, die sonst nicht schicklich gewesen wären. Analerotische Bedürfnisse und Ödipusängste wurden auf diese Weise gestillt. »Gerade im Pornographischen findet die Repression des Nichtadeligen, vor allem des Bauernstandes und des schwachen Geschlechts ihren ästhetisch überzeugendsten Ausdruck, da sich ergötzliche Ausschweifungen mit der Wahrung gesellschaftlicher und sittlicher Normen verbindet. Den Verfolgern ist die Lust am Verbotenen erlaubt« (Peter Brockmeier in »Repressive Pornographie«, Streitzeitschrift, VII, 1969). So war es zu allen Zeiten.

Derweil begnügte sich das niedere Volk bis ins 18. Jahrhundert, wie wir sahen, mit derberer Kost, die in der Tat Ausdruck von Lebenslust war, bis die bürgerliche Prüderie alles Pornographische in den Untergrund verdrängte (oder verfeinerte und »kunstvoll« verschleierte. Denn konsequenterweise blühte ein Großteil der Romanliteratur, der Liebeslyrik, des Dramas und vor allem der Oper und Operette auf dem Boden der Sexualverdrängung. Die »Überhöhung des Alltags«, der sich der Zuschauer einer Operette beispielsweise hingibt, soll letztlich auch eine Überhöhung seines »alltäglichen« Sexuallebens sein. Ludwig Marcuse jedenfalls sieht im Obszönen in der Kunst das Obszöne schlechthin.).

Erst nachdem die Fotografie ein perfektes Produktions- und Reproduktionsverfahren ermöglichte, trat die Pornographie ihren egalitären Siegeszug an. Zugleich kam sie auch der sexuellen Frustration besser entgegen; denn das erotisch-sexuelle, »pornographische« Kunstwerk kann Natur nie direkt abbilden, selbst im Detail nicht, sondern nur einen Eindruck von Natur vermitteln, wie alle Kunst. Sexuelle Schaulust will aber das unerbittlich ausgeleuchtete Detail, die Vagina in Großaufnahme und möglichst in Farbe. Der Voyeur will sich nicht noch in der Phantasie anstrengen müssen, die Fotografie verhilft ihm zu absolut passivem Genuß.

Da die Produktionskosten für Porno-Filme und farbige Magazine naturgemäß hoch sind, mußte — Bedarf war ja immer schon vorhanden — nach den üblichen Methoden eine Marktpolitik und Absatzstrategie entwickelt werden. Der Markt funktioniert heute, wie nicht nur das skandinavische Beispiel zeigt; auch in der Bundesrepublik schossen mittlerweile sieben oder acht Verlage aus dem Boden, und die verkaufte Auflage der über 20 Wochen- oder Monatsblätter beläuft sich auf über 20 Millionen Exemplare.

Das ganze Ausmaß der sexuellen Verkrüppelung wird täglich millionenfach dokumentiert.

Die öffentlichen Filmtheater hätten wahrscheinlich bis auf wenige Ausnahmen alle schließen müssen, wenn sie nicht der Sex-Film am Leben erhielte. Der Sex-Film nach Art des »Graf Porno«, »Liebeslust in fremden Betten« oder »Sexspiele & Ekstasen« bietet scheinbar alles: koitierende Paare, lesbische oder homosexuelle Szenen, Sadismen, verbunden mit zotigen Kalauern. Doch das »Eigentliche«, auf das der Zuschauer wartet, wird nicht gezeigt: die Genitalien geraten detailliert nicht in die Kamera. Der Voyeur wird zwar geil gemacht, aber am Ende doch betrogen, denn die Grenze des gesellschaftlich Tolerierten ist einstweilen erreicht.

Mit diesem Betrug aber wird der geprellte Zuschauer zwangsläufig auf den schonungslosen Porno-Film oder das Porno-Magazin verwiesen, die auch den höchsten Ansprüchen des Voyeurs gerecht werden. Selbst im Bereich der Pornographie noch zeigt somit die öffentliche Moral der Funktion nach ihren doppelten Boden.

Daß ökonomische Bedürfnisse moralbildend und -verändernd wirken, ist im Rahmen dieser Untersuchung wiederholt betont worden. Hier mag sich folgende Beobachtung anschließen, wobei offenbleiben muß, ob sie einen Zufall festhält oder nicht: Franz-Josef Wuermeling hatte als Bundesfamilienminister den staatlichen Bau oder die Förderung von Kindergärten im Namen der CDU/CSU aus der »grundsätzlichen sittlichen Erwägung heraus« abgelehnt, daß die Frau sich um die Kinder zu kümmern habe, daß der Erwerbsdrang der Mütter auf Kosten der Kinder ein Verstoß gegen sittliche Normen sei. Diese Haltung entsprach durchaus den ökonomischen Bedingungen der 50er

Jahre. Die Wirtschaft der Bundesrepublik befand sich damals noch in der »investiven Phase« des industriellen Aufbaus. Es gab zudem genug Arbeitskräfte. Als Anfang der 6oer Jahre nach der »Freßwelle« die verschiedenen Konsumwellen anliefen, die Kapazitäten jetzt der Konsumgüterindustrie ausgebaut werden mußten und Arbeitskräfte knapp wurden, galten plötzlich diese »grundsätzlichen sittlichen Erwägungen« nicht mehr. Die Wirtschaft holte immer mehr Frauen an neue Arbeitsplätze, und Bruno Heck, der Wuermeling 1962 abgelöst hatte, begann dem Rechnung zu tragen: Der Staat stellte Mittel für Kindergärten bereit (wobei freilich der Nachholbedarf zum allgemeinen Nachteil bis heute nicht gedeckt werden konnte). Aus der Not wurde sogar eine Tugend: Heck, der kaum noch ein Wort über die Berufstätigkeit der Mütter verlor, erkannte die erzieherischen Möglichkeiten der Kindergärten.

Pornographie ist heute keineswegs mehr »Ausdruck der Daseinslust«, sondern der sexuellen Not und Verkümmerung. Sie zeigt, daß die Menschen der Konsumgesellschaften immer noch sexuell zu kurz kommen, daß sie im Grunde mit ihrer Sexualität nichts anzufangen wissen, trotz erheblicher Ausweitung der Freizeit und einer im Vergleich zu früheren Zeiten weitaus attraktiveren Privatsphäre. Das massenhafte Bedürfnis nach leicht verdaulichem Sex-Konsum mit den Augen offenbart gerade einen Mangel, keineswegs eine Übersättigung. Die Mechanismen der Unterdrückung haben sich lediglich gewandelt; die interessenbegründete Eintracht der Normen durchsetzenden Autoritäten zerfiel, vor allem das ökonomische Interesse sich hinter die Kulisse der Libertinage zurück und überläßt es den traditionellen Autoritäten wie den letztlich ebenso betrogenen Kirchen und der Justiz, ihr die Kunden zuzutreiben.

Dem Voyeurismus der Männer entspricht dabei offenbar die Neigung zum Exhibitionismus der meisten Frauen und Mädchen: Die fast schon wuthafte Lust, sich nicht nur »sexy« zu schminken, sondern auch im möglichst knappen Mini-Rock, zu dem das farblich abgestimmte Höschen einstweilen noch als notwendiges Dekor gehört, in engen »Hot-Pants« oder im verschwindenden Bikini zur Schau zu stellen. Die Frau bietet sich, als emanzipiert sich selbst betrügend, dem voyeuristischen Bedürfnis des Mannes an, das bißchen rachsüchtige Lust auskostend, den Erregten dabei zappeln zu lassen. Das ideologisch vermittelte Streben der Frau nach materieller Sicherung durch den »Ernährer«, dem sie als sexuelle Prämie ihren Körper bietet, wird hier sichtbar, möglicherweise auch die Angst, diesen Ernährer zu verlieren. Auf diese Angst anspielend und zugleich vor Konsumverzicht warnend, wirbt Beate Uhse: »Schenken Sie Ihrem Mann hin und wieder eine neue Frau, aber sorgen Sie dafür, daß Sie es sind!« So werden Frauen unentwegt gezwungen, zu kaufen und sich mit »Körperpflege« zu beschäftigen, um für den Mann stets parat zu sein und an nichts anderes zu denken. Das uralte, gegenseitig repressive Verhältnis der beiden Geschlechter — die Frau als Sexualobjekt des kastrationsgeängstigten und -abwehrenden Mannes — ist augenscheinlich und die Absatzinteressen der die Mode steuernden Industrie ebenso.

Pornographie, zumal ihre kommerzielle Ausbeutung, ist also gleichzeitig ein Zeichen des Unnatürlichen, der unterdrückten Sexualität, und kein Signum der Befreiung und »individuellen Bestimmung«.

Und wie in einem Zirkel verstärkt sie das Unnatürliche und fördert eine im Grunde verklemmte Einstellung. Denn das von ihr vermittelte Bild der stets »geilen« Frau, die sich nur nach der Paarung in allen denkbaren Positionen sehnt, ist, vom Ästhetischen abgesehen, ebenso wirklichkeitsfremd wie das des superpotenten Mannes, der grundsätzlich jede Frau raschestens zu »explosionsartigen Orgasmen« bringen kann. Es ist eine sexuelle Märchenwelt, die die (einfache) Pornographie vorstellt; sie könnte für die Beziehungen zwischen Partnern u. U. doch gefährlich werden, wenn sie unbewußt als Maßstab genommen würde, an dem ein Partner den anderen mißt und danach dessen sexuelles Vermögen beurteilt. Enttäuschung am anderen und Minderwertigkeitsgefühle sowie Angst aufgrund des vermeintlich eigenen Unvermögens könnten die Folge sein. Pornographie als Quelle psychischer Störungen und als Gefährdung einer Reihe von Ehen kann nicht ausgeschlossen werden.

Denn Pornographie beschränkt sich zudem auf die reine Genitalität, sie beschreibt genitale Techniken; Genitalität wird zum entpersönlichten Leistungsnachweis, der egoistische, den Partner letztlich mißbrauchende Leistungsgedanke aus der Arbeits- und Konsumsphäre taucht wieder auf. Das Moment der Zärtlichkeit fehlt, die Akteure symbolisieren die Vereinzelung und Einsamkeit des »modernen« Menschen. Pornographie ist »organisierte Sprachlosigkeit«, mit ihrem Konsum kann der einzelne seine sexuellen Schwierigkeiten nicht bewältigen.

Konsum von Pornographie ist das andere Extrem zu den moralgeschwängerten Aufklärungstraktaten. Beide Kehrseiten dieser einen Medaille sorgen in ihrer Wirkung dafür, daß aufgeklärte, unbefangene Einstellung zur Sexualität nicht möglich wird.

Das moralische Normensystem des christlich-abendländischen Kulturkreises trägt also einen Januskopf. Es hat sich zweifellos dort bewährt, wo es den Mitmenschen zu schützen und seine Würde zu erhalten suchte. Der lateinisch-christliche Begriff der »misericordia« beispielsweise konnte den Germanen ins Althochdeutsche nicht übersetzt werden; sie verstanden ihn nicht. Unser heutiges »Mitleid« oder »Erbarmen« sind neuere

Wortschöpfungen, die auch in vielen anderen Kulturkreisen fehlen.

Andererseits aber versagte dieses Moralsystem, weil es den Menschen, vor allem im Bereich der Sexualität, überforderte; indem es ihn um eines abstrakten Ordnungs- und Herrschaftsdenkens willen in seinen Bedürfnissen und Wünschen unterdrückte, trug es dazu bei, seine aggressiven Kräfte in zerstörerischer Weise freizusetzen. Sigmund Freud faßte 1930 seine Kritik am herrschenden Moralsystem, das zum »Kultur-Über-Ich« wird, so zusammen: »Auch dies kümmert sich nicht genug um die Tatsache der seelischen Konstitution des Menschen, es erläßt ein Gebot und fragt nicht, ob es dem Menschen möglich ist, es zu befolgen. Vielmehr, es nimmt an, daß dem Ich des Menschen alles psychologisch möglich ist, was man ihm aufträgt, daß dem Ich die unumschränkte Herrschaft über sein Es zusteht. Das ist ein Irrtum.«

Die Interessenidentität der christlichen Religion und der ökonomischen und politischen Macht an einer repressiven, Disziplin und Unterwerfung garantierenden Moral zerfällt, die ökonomischen Interessen setzen sich durch: Sie sorgen für einen allmählichen Abbau der sexualfeindlichen Normen in der Privatsphäre, einmal, um Konsum zu fördern, zum anderen, um Leistungsdruck und Entfremdung in der dem Vereinzelten nicht mehr begreifbaren öffentlichen Sphäre erträglicher zu machen und ihn für seinen Rückzug in die entpolitisierte Privatwelt zu entschädigen.

Wiederum versagt dieses amoralische Moralsystem, wenn denn mit Maßstäben des Humanen gemessen werden soll: Es garantiert zwar nach wie vor Ordnung und funktionierende Herrschaftsverhältnisse, aber es entzieht sie der Wahrnehmung, somit auch dem kritischen Widerstand, und verhindert erst recht jede Chance auf Emanzipation. Der kollektive Marsch zurück ins Infantile ist in vollem Gange.

Literaturverzeichnis

ADORNO, THEODOR W.: ›Sexualtabus und Recht heute‹, in: Sexualität und Verbrechen, Frankfurt/M. 1963

—, Jargon der Eigentlichkeit, Frankfurt/M. 1964

—, ›Die revidierte Psychoanalyse‹, in: Soziologica I, Frankfurt/M. 1962

BERNFELD, SIEGFRIED: Antiautoritäre Erziehung und Psychoanalyse, 3 Bde., Darmstadt 1969/70

BERGMANN, J., u. a.: ›Herrschaft, Klassenverhältnis, Schichtung‹, in: Spätkapitalismus oder Industriegesellschaft?, Stuttgart 1969

BÖNNER, KARL HEINZ: ›Sexualität. Die Krise der Familie‹, in: Veränderung der Gesellschaft. Sechs konkrete Utopien, Frankfurt/M. 1970

BROCKMEIER, PETER: ›Repressive Pornographie‹, in: Streitzeitschrift, Heft VII, 1969

BROSCH, PETER: Fürsorgeerziehung. Heimterror und Gegenwehr, Frankfurt/M., 1. u. 2. Aufl. 1971

BÜRGER-PRINZ, HANS: Ein Psychiater berichtet, Hamburg 1970

CLAESSENS, DIETER: Nova Natura. Anthropologische Grundlagen modernen Denkens, Düsseldorf-Köln 1970

—, Instinkt, Psyche, Geltung, Köln-Opladen 1970

COMFORT, ALEX: Der aufgeklärte Eros. Plädoyer für eine menschenfreundliche Moral, Reinbek b. Hamburg 1969

ECKENSBERGER, DIETLIND: Sozialisationsbedingungen der öffentlichen Erziehung, Frankfurt/M. 1971

FREUD, SIGMUND: Gesammelte Werke, 19 Bde., London-Frankfurt/M. ab 1940

FREYBERG, DORIS und THOMAS, VON: Zur Kritik der Sexualerziehung, Frankfurt/M. 1971

FREYTAG, WERNER: Sex — Ehe — Gesellschaft, Freiburg i. Br. 1971

FROMM, ERICH: Die Kunst des Liebens, West-Berlin 1956

—, ›Zur Theorie und Strategie des Friedens‹, in: Der Friede im nuklearen Zeitalter, München 1970

FRIEDRICHS, JÜRGEN: Referat vor dem Sonderausschuß für Strafrechtsreform (Manuskript), 1970

HABERMAS, JÜRGEN: Technik und Wissenschaft als ›Ideologie‹, Frankfurt/M. 1969

—, Erkenntnis und Interesse, Frankfurt/M. 1968

—, Strukturwandel der Öffentlichkeit, Neuwied 1962

HAENSCH, DIETRICH: Repressive Familienpolitik, Reinbek b. Hamburg 1969

HELD, FRITZ: Jugendpsychiatrische Studien, Neuwied 1966

HENTIG, HARTMUT VON: ›Freizeit als Befreiungszeit‹, in: Jahrbuch für kritische Aufklärung, Club Voltaire IV

HORN, KLAUS: ›Über den Zusammenhang zwischen Angst und politischer Apathie‹, in: Aggression und Anpassung in der Industriegesellschaft, Frankfurt/M. 1968

HORN, IMME und KLAUS (Hrsg.): Familie — Jugend — Gesellschaft, Schwalbach-Frankfurt/M. 1967

HOCHHEIMER, WOLFGANG: ›Das Sexualstrafrecht in psychologisch-anthropologischer Sicht‹, in: Sexualität und Verbrechen, Frankfurt/M. 1963

HOFSTÄTTER, PETER R.: ›Strafe und Verwerfbarkeit in sozialpsychologischer Sicht‹, in: Sexualität und Verbrechen, Frankfurt/M. 1963

HORKHEIMER/ADORNO: Autorität und Familie, Paris 1936

—, Dialektik der Aufklärung, Amsterdam 1947; Neuausgabe Frankfurt/M. 1969

HUNGER, HEINZ: Das Sexualwissen der Jugend, München 1967

JAEGGI, URS: Macht und Herrschaft in der Bundesrepublik, Frankfurt/M. 1970, 5. Aufl. 1971

JÜRGENS, A.: Referat vor dem Sonderausschuß für Strafrechtsreform (Manuskript), 1970

KENTLER, HELMUT: ›Sexualerziehung — wozu?‹, in: *Frankfurter Hefte*, Heft VII, 1970

—, Für eine Revision der Sexualpädagogik, München 1970

KERN, HORST / SCHUMANN, MICHAEL: Inustriearbeit und Arbeiterbewußtsein, Frankfurt/M. 1970

KINSEY, ALFRED: Sexual Behavior in the Human Male, Philadelphia 1949 (deutsch: Das sexuelle Verhalten des Mannes, Frankfurt/M. 1970 — Taschenbuchausgabe)

—, Sexual Behavoir in the Human Female, Philadelphia 1953 (deutsch: Das sexuelle Verhalten der Frau, Frankfurt/M. 1970 — Taschenbuchausgabe)

KOCH, FRIEDRICH: Positive und negative Sexualerziehung, Hamburg 1971

KOFLER, LEO: Der asketische Eros, Wien 1967

LEMPP, R.: Referat vor dem Sonderausschuß für Strafrechtsreform (Manuskript), 1970

LIDZ, THEODORE: Das menschliche Leben. Die Persönlichkeitsentwicklung im Lebenszyklus, Frankfurt/M. 1970

MARCUSE, HERBERT: Kultur und Gesellschaft, 2 Bde., Frankfurt/M. 1965

—, Kultur und Eros, Stuttgart 1957

—, Triebstruktur und Gesellschaft, Frankfurt/M. 1965

—, Der eindimensionale Mensch, Neuwied-Berlin 1967

MAYNTZ, RENATE: in: Familie—Jugend—Gesellschaft, hg. von Imme und Klaus Horn

MITSCHERLICH, ALEXANDER: Die Idee des Friedens und die menschliche Aggression, Frankfurt/M. 1969

—, Auf dem Wege zur vaterlosen Gesellschaft, München 1963

MITSCHERLICH, ALEXANDER und MARGARETHE: Die Unfähigkeit zu trauern, München 1968

MOSER, TILMANN: Jugendkriminalität und Gesellschaftsstruktur, Frankfurt/M. 1971

NEILL, ALEXANDER S.: Theorie und Praxis der antiautoritären Erziehung, Reinbek b. Hamburg 1969

PLACK, ARNO: Die Gesellschaft und das Böse, München 1967

REICH, WILHELM: Die sexuelle Revolution, Frankfurt/M. 1969

—, Die Funktion des Orgasmus, Köln 1969

REICHE, REIMUT: Sexualität und Klassenkampf, Frankfurt/M. 1968

SCHELSKY, HELMUT: Soziologie der Sexualität, Hamburg 1955

Schülerladen Rote Freiheit. Sozialistische Projektarbeit. Analysen, Protokolle, Dokumente. Hg. v. einem Autorenkollektiv, Frankfurt/M., 1. u. 2. Aufl. 1971

SCHWENGER, HANNES: Antisexuelle Propaganda, Reinbek b. Hamburg 1969

SIGUSCH, VOLKMAR: Referat vor dem Sonderausschuß für Strafrechtsreform (Manuskript), 1970

SIGUSCH, VOLKMAR und GUNTHER SCHMIDT: Arbeiter-Sexualität, Neuwied-Berlin 1971

SIEGERT, MICHAEL: ›Revolution, Atheismus, Pornographie‹, in: *Neues
Forum*, Wien, Heft 202, 1970

SOCARIDES, CHARLES W.: Der offene Homosexuelle, Frankfurt/M. 1971

SPEICHER, GÜNTER: Die großen Tabus. Macht und Ohnmacht der Moral,
Düsseldorf-Wien 1969

SPITZ, RENÉ A.: ›Hospitalismus‹, in: Der Kranke in der modernen Gesellschaft, Köln-Berlin 1969

SPOCK, BENJAMIN: Aufforderung zum Widerspruch, Frankfurt/M.-Ber-
lin 1970

UEXKÜLL, THURE VON: ›Die Berufstätigkeit der Frau in psychosomati-
scher Sicht‹, in: Der Kranke in der modernen Gesellschaft, Köln-
Berlin 1969

USSEL, JOS VAN: Sexualunterdrückung, Reinbek b. Hamburg 1970

WARNER, SAMUEL: Ein Psychotherapeut berichtet, Düsseldorf 1969

Fischer
Taschenbuch
Verlag

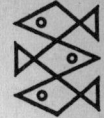

Studienausgaben

Humboldt

Herausgegeben von
Kurt Müller-Vollmer
3 Bände. (6040—6042)
Band 6042 erscheint
März 1972

Marx-Engels

Herausgegeben von
Iring Fetscher
4 Bände. (6059—6062)

Lenin

Herausgegeben von
Iring Fetscher
2 Bände. (6012, 6013)

Luther

Herausgegeben von
Karl Gerhard Steck
(6007)

Nietzsche

Herausgegeben von
Hans Heinz Holz
4 Bände. (927—930)

Fischer
Taschenbuch
Verlag

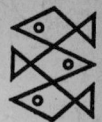

Sigmund Freud.

Fischer Taschenbuch Verlag

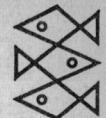

Psychologie und Verhaltensforschung.